As Leis Estelares
O Caminho da TerraEstrela

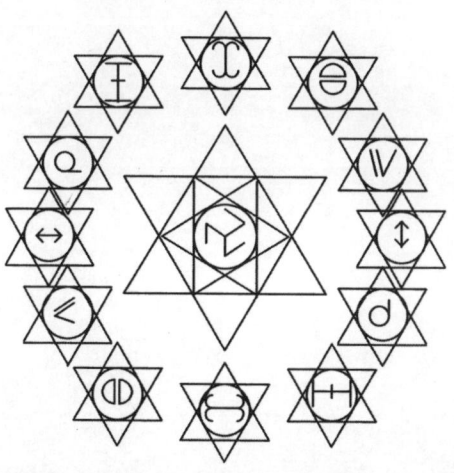

Manual da Lei Estelar da Federação Galáctica

Estrela de Prata

As Leis Estelares O Caminho da TerraEstrela

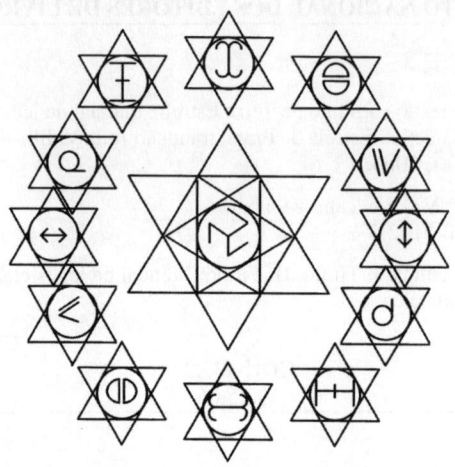

Manual da Lei Estelar da Federação Galáctica

Tradução:
Julia Vidili

Traduzido do original em inglês sob o título *Maka Wicahp Wicohan*
Direitos de edição e tradução para todos os países de língua portuguesa.
Tradução autorizada do inglês
© 2006, Madras Editora Ltda.

Editor:
Wagner Veneziani Costa

Produção e Capa:
Equipe Técnica Madras

Tradução:
Julia Vidili

Revisão:
Maria Cristina Scomparini
Alessandra J. Gelman Ruiz
Marinete P. Ferrarini

CIP-BRASIL. CATALOGAÇÃO-NA-FONTE
SINDICATO NACIONAL DOS EDITORES DE LIVROS, RJ.

E85L
Estrela de Prata

As leis estelares: o caminho da Terra Estrela: manual da lei estelar da Federação Galáctica/Estrela de Prata; tradução Julia Vidili. – São Paulo: Madras, 2006.

Tradução de: Maka wicahp wicohan
ISBN 85-370-0102-3

1. Ciências ocultas. I. Título. II. Título: Manual da lei estelar da Federação Galáctica.

06-1621.		CDD 133.3
	CDU 133.3	
08.05.06	10.05.06	014427

Proibida a reprodução total ou parcial desta obra, de qualquer forma ou por qualquer meio eletrônico, mecânico, inclusive por meio de processos xerográficos, incluindo ainda o uso da internet, sem a permissão expressa da Madras Editora, na pessoa de seu editor (Lei nº 9.610, de 19.2.98).

Todos os direitos desta edição, em língua portuguesa, reservados pela

MADRAS EDITORA LTDA.
Rua Paulo Gonçalves, 88 — Santana
CEP: 02403-020 — São Paulo — SP
Caixa Postal: 12299 — CEP: 02013-970 — SP
Tel.: (11) 6281-5555/6959-1127 — Fax: (11) 6959-3090
www.madras.com.br

*Dedicado à Sétima
Geração
e Além e Além*

Índice

As Leis Estelares 12
Um Plano Divino Segundo o qual Podemos Viver Nape Zi,
Mão Amarela (Emmanuel, Mestre Jesus Cristo) 12

Mensagem da Mãe-Terra 16
ISTA TO, olho azul 16

As Leis Estelares da Roda da Humanidade

Lei Universal do Livre-Arbítrio

Yin

TUNKASILA, os Avôs 22
Protegem a Liberdade Pessoal 22
ARCTURUS 24
Invoca o Raio da Liberdade 24
QUAN YIN, Mãe de Misericórdia 26
Acessa o Grande Conselho Cármico 26

Liberdade Espiritual do Homem

Yang

MATO MANI, Urso que Anda 29
Abre Pórticos que Haviam Sido Fechados .. 29
MAHPIYA OYATE, Povo das Nuvens 31
Inicia a Alquimia do Eu 31
KRISHNA 35
Invoca o Caminho Dhármico 35

Lei Universal da Mudança

Yin

KIMIMILA, Mulher Borboleta 38
Invoca a Medicina da Borboleta 38
MNI WICONI, Águas da Vida 40
Revigora Ciclos de Vida Estagnados 40
TAKU WAKAN TANKA OYATE 42
Grande Símbolo do Mistério 42

Crescimento Espiritual do Homem

WANYECA, Vaga-lume 45
Auxilia no Caminho Sagrado 45
TAWACIN AWANYAGKIYAPI, Guardiões da Mente 48
Despertam a Mente Superior 48
ST. GERMAIN 50
Orienta a Evolução no Espírito 50

Lei Universal do Movimento e do Equilíbrio

HOGAN IYOTAN TANKA OYATE, Povo Baleia 54
Cura Desequilíbrios Físicos, Emocionais, Mentais e Espirituais 54
TAWAMNIPA OYATE 57
Inicia a Manifestação da Energia Criativa .. 57
MAITREYA 60
Reforça a Evolução por meio da Graça e da Força 60

Força Espiritual, Saúde e Felicidade

UNCI, as Avós 63
Abrem Portas para a Unificação do Eu 63
IYOZANZAN ZIZI, Raio Dourado 67
Estrada Dourada da Saúde 67
ARCANJO MIGUEL 70
Dá Forças por meio da Lei Divina 70

Lei Universal da Inocência, da Verdade e da Família

UNCI IKTOMI, Avó Aranha 73
Proteção da Avó para a Criança, a Família, o Clã e a Comunidade 73
SIHA TANKA, Sasquatchitan 76
Cultiva a Pureza, a Inocência e a Verdade ... 76
GAUTAMA BUDA 79
Abre a Mente Original 79

Proteção Espiritual da Família

TATANKA OYATE, Nação Búfala 83
Lei pelo Discernimento Espiritual 83
WICAHPI WINYAN, Vênus – Mulher Estrela 86
Faz com que a Pessoa Tenha o Relacionamento Correto com a Família Solar 86
EL MORYA 90
Escudo do Coração do Pai 90

Lei Universal da Simetria

WAMBDI OYATE, Nação Águia 95
*Ajuda a Pessoa a Ascender da Mente
Material para a Mente Espiritual* 95
MESTRES DO EGITO 98
Estabelecem a Presença Divina 98
ISTA TO, Olho Azul 102
Dirige os Olhos ao Criador 102

Yin

Lei Espiritual da Igualdade

CANUPA, Duas Árvores 107
*Fortalece o Respeito por Mitakuye
Owasin, Todos os Parentes no
Arco Sagrado da Vida* 107
ANPETU WINYAN, Pai Sol 111
Invoca a Comunidade Espiritual 111
ITE OTAPI, Muitas Faces 115
*Unifica a Humanidade por meio do
Tornar-se Um Só* 115

Yang

Lei Universal da Vida

UNCI KEYA, Avó Tartaruga 120
O Caminho Reto 120
QUETZALCOATL 122
*Desperta os Centros de Luz Humanos e
Harmoniza com o Centro Galáctico* 122
ARCANJO GABRIEL 125
*Reconecta a Linha da Vida ao Grande
Sol Central* 125

Yin

Lei Espiritual da Escolha

WAGMIZA WINYAN 129
Portais que Manifestam Energia 129
IYOYANPA IZANZAN, Luz Brilhante 131
Símbolo Mensageiro da Teia de Luz 131
BUDA DA VERDADE 134
Abre Pórticos de Possibilidade Futura 134

Yang

A Cerimônia das Estrelas
As Leis Estelares do Altar Estelar da Roda da Humanidade

A Primeira Cerimônia das Estrelas – A Primeira Porta de Metatron – A Porta do Coração 140
Os Três Pórticos do Norte: O Pórtico da Purificação 140

A Segunda Cerimônia das Estrelas – A Segunda Porta de Metatron – A Porta da Mente 148
Três Pórticos do Leste: O Pórtico da Sabedoria 148
A Terceira Cerimônia das Estrelas – A Terceira Porta de Metatron – A Porta do Corpo 157
Três Pórticos do Sul: O Pórtico da Pureza 157
A Cerimônia das Estrelas – A Quarta Porta de Metatron – A Porta do Espírito 165
Os Três Pórticos do Oeste: O Pórtico da Introspecção 165

Cerimônia das Estrelas
As Leis Estelares do Altar Estelar do Menino Sagrado
O Altar Estelar das Sete Estrelas
Lei Universal da Luz, do Som e da Vibração

Yin

UNCI HINHAN, Avó Coruja 172
*Desperta a Sabedoria Interior
e a Lembrança* 172
ODOWAN SKUYA, Doce Canção 175
Harmoniza o Eu com a Palavra Celestial 175
SANTA AMETISTA 179
Desperta para a Comunidade Cósmica ... 179

Lei Espiritual da Intuição

MNISUNKA WINYAN, Mulher Lontra 184
Cura o Corpo Emocional e o Coração 184
OILELE CEKPA WINYAN,
Chamas Gêmeas 188
Abrem o Manancial da Intuição Criativa ... 188
TIN WAKIYENA WAKAN WINYAN,
Pomba Sagrada 191
*Transforma por meio da Alquimia
do Pensamento* 191

Yang

Lei Universal do Julgamento

CASCAVEL 197
Evoca a Experiência Visionária 197
O GRANDE CURANDEIRO, o Doutor 200
*Invoca os Juízes Cósmicos para Resolver
Questões Interdimensionais* 200
ALOHA 203
*Equilibra o Carma e Alinha o
Caminho Sagrado* 203

Yin

Lei Espiritual do Carma

INYAN OYATE, Povo Pedra 207
Invoca o Ciclo de Causa e Efeito 207
HADEN 209
*Abre a Passagem para Transcender e
Transmutar o Carma* 209
KAHOMNIYA WICAHPI WINYAN, Mulher
Estrela Rodopiante 211
O Espelho do Eu 211

Lei Universal da Natureza

TAHCA SAN CIKALA, Pequeno Cervo ... 215
O Poder para Ser 215
ITANCAN PEJUTA, Chefe Curandeiro 218
Harmonia nas Relações de Luz 218
MELQUISEDEQUE 220
Invoca a Chama Inextinguível 220

Lei Espiritual da Proteção

HEHAKA WICASA, Homem Alce 222
Direta e Objetiva 222
SATURNÁLIA, Pai Saturno 225
Responsabiliza-se pela Evolução da Alma ... 225
ARCANJO JOFIEL 228
Invoca a Proteção da Luz 228

**Cerimônia das Estrelas
Estrela do Menino Sagrado**
Altar das Sete Estrelas 232

**Cerimônia das Estrelas
As Leis Estelares do Altar Estelar do Criador
Lei Universal do Amor**

WICASA LUTA, Homem Vermelho,
Cristo 242
Estimula e Protege as Transições da Vida ... 242
BODHISATTVA, Grande Cura 244
Essência da Felicidade e da Vida 244
ISTA WANZI, Um Olho 247
O Olho da Compreensão 247

Lei Espiritual da Cura

HUPAHU LUTA, Joaninha da
Asa Vermelha 250
Irradia Energia Curativa 250
QUÍRON 254
Abre Portais de Cura 254
SHAKINAH 258
Invoca o Espírito da Cura 258

Lei Universal da Percepção

TATE, o Vento 261
Abre o Olho Interior 261
PALHAÇO DO RELÂMPAGO 264
Promove Compreensão Multidimensional ... 264
ARCANJO URIEL E
ARQUÉIA AURORA 267
Alinha o Eu à Verdade Universal 267

Lei Espiritual da Visão Futura

THOTH 271
A Marca do Profeta 271
MAMMY, Mãe Universal 274
Dirige os Movimentos do Tempo 274
SHANG TI, Avô Tempo 276
Abre a Passagem dos Avôs 276

Cerimônia das Estrelas

O Altar Estelar do Criador 279
ISTA WANZI, Um Olho 279
As Quatro Portas de METATRON 293

As Leis Estelares

Um Plano Divino Segundo o qual Podemos Viver
Nape Zi, Mão Amarela (Emmanuel, Mestre Jesus Cristo)

As Leis Universais e as Leis Espirituais como vocês as conhecem começaram a existir por meio do Pensamento do Criador na Criação do Universo.

As Leis Estelares são *codificação*. Essas Leis são *memória* e *codificação* e estão dentro das energias da Mãe-Terra; são as energias dentro de seu corpo físico, as energias dos reinos que estão além do além do além — além de sua compreensão. Além de todas as coisas é onde vocês encontrarão o princípio dessas Leis, à medida que compreendê-las também como símbolos.

Elas foram projetadas para que ninguém esqueça onde começou sua Aurora de Existência. Cada uma dessas Leis está surgindo agora e torna-se mais presente do que nunca no olho da mente, assim como no reino físico. Seu reino deve despertar e ajudar vocês a se lembrarem. Cada uma dessas Leis é significativa. Elas foram repassadas ao longo das eras.

Esses símbolos não são religiosos, ou seja, não são ligados ou relacionados aos termos dogmáticos das Igrejas. Eles estavam ocultos para que vocês não se esquecessem de que *são seres livres*, e que *estão ligados a todas as coisas*; de que *vocês são*, de que vocês simplesmente *são*. Vocês são parte da Presença do "EU SOU". Vocês são essas Leis. Vocês são *Luz*.

Cada uma dessas Leis vibra conforme um *ritmo de luz*. Elas são *formas de energias* que carregam Leis estabelecidas durante e no início da Criação. Foram projetadas para criar equilíbrio, para criar harmonia entre todas as coisas. Essas Leis não apenas afetam as Leis da Terra, como são Leis enigmáticas também entre aquelas dos outros Universos. Assim, são Universais por toda a Criação.

A Lei Universal e Espiritual vibra segundo seu Deus. Cada Lei tem uma cor do arco-íris que o Criador deu a vocês. Proclamou-se que esse arco-íris seria um sinal do Amor do Criador por vocês. E é muito mais que isso, pois cada uma dessas cores vibra segundo um som, segundo um campo de energia e segundo uma Lei que tem grande importância para todos; é a abertura de passagens para outras dimensões de luz, para outros planos de existência, para ir além do que é conhecido em seu reino. Essas Leis e esses Símbolos estão além das palavras.

Não é possível dar uma descrição completa de uma cor, mas vocês podem senti-la. Você poderia dizer: "Azul é azul. É um belo azul". Mas o que vocês *sentem* dessa cor? A vibração das cores e de nós mesmos abre cada chacra que há no corpo.

Seus chacras estão afinados e emanam cores de seu corpo. Não são necessariamente as cores do campo áurico de seu corpo. Vão muito além disso, até o Universo. Fique sabendo: a *cor vibratória* e a *taxa de troca entre Luz e Som* são o que conectou vocês e os mantêm conectados a Deus e a *Tudo o que É*, e ao Amor do Criador e *Tudo o que É*.

Quando vocês começam a usar a entonação, o canto, os cânticos, os tambores, isso tudo altera seu senso de ser para ajudá-los a entrar em Conexão com seu Criador. As Leis que estão dentro de vocês, codificadas na própria alma de seu ser, são despertadas.

Nenhum símbolo é mais importante do que outro. Estão relacionados um ao outro. Assim como os seres espirituais, estão todos trabalhando juntos. Estão todos em harmonia.

Assim, as Energias Estelares estão sendo fornecidas pelos Universos aos habitantes da Mãe-Terra.

Estaríamos criando, por assim dizer, um despertar dentro da humanidade? Estamos entrando em um novo reino de compreensão: será o *conhecimento*. As pessoas o sentirão dentro de si mesmas. E elas podem não saber de onde ele vem, mas será um *conhecimento*.

Cada Lei destravará a chave para uma *compreensão* ainda maior e um *conhecimento* maior do que aquele que havia no passado. Isso foi feito desse modo porque a Mente, o Corpo e o Espírito da Espécie Humana não eram capazes de compreender a plena concepção dessas Leis.

Todos os Grandes Mestres que vieram ao Universo para ensinar tinham um entendimento dos *Princípios Universais*, das *Leis Universais e Espirituais*. As Leis tinham de ser mantidas. E eles as compreendiam plenamente. Mas houve ensinamentos que foram mal interpretados porque a mente do homem não era capaz de entendê-los totalmente.

Assim, cabe a vocês retornarem à forma da *Criação Original do Espírito*. E agora estamos entrando no Tempo da Grande Batalha. O Armagedon não será lutado sobre a Terra. Para os que sabem o que é o Armagedon, ele está nos Céus, dentro da Mente do Homem.

Assim, surgem os Exércitos de Anjos que querem suprir *nova força* na *nova vida* e *um novo rumo de vida*, pois muitas coisas se passaram. Parte dessa missão consiste em reunir a Energia para sustentar a elevação da mente do homem.

Assim, essas Leis servem cada uma a um propósito na Unidade e na Harmonia para despertar a Humanidade para o Mundo de Alegria, Amor e Paz do Criador.

Essas Leis foram postas em movimento para trazer a Mãe-Terra e Seu Povo de volta a um Mundo de Amor, de volta aos Braços e ao Trono da Luz.

As Leis certamente aumentam a taxa vibratória de seu corpo. Seu Corpo Mental também melhorará. Sua *inteligência* aumentará. Suas habilidades de curar seu Pensamento aumentarão.

A capacidade de curar com um simples toque aumentará. É um despertar daquilo que vocês são, *"pois isso, e coisas muito maiores, devem saber"*. Muitos de vocês já estão começando a compreender. Estão despertando para seus *dons* — o Dom do Espírito, os Dons do Eu Superior. Alguns conhecem o Eu Superior como *Espírito Sagrado*. Quando vocês estão em contato com esse aspecto de seu ser, esses *dons* se tornam parte de vocês. Vocês observam a elevação de suas vibrações ao despertar para isso. Nesse Reino do Espírito Superior, sempre, não apenas por um momento fugidio, será normal possuir esses *dons*. Estar na Vibração da Luz com todos esses *dons* é o aspecto normal de seu ser.

Reconheçam isso. Sejam isso. Basta pedir

As Leis Universais e Espirituais falam uma à outra em Harmonia Musical, na Linguagem da Luz, na Linguagem do Som, na Linguagem do Amor.

Os Anciãos das Estrelas que lhes deram as *Leis Universais e Espirituais* são de Órion, porém, a informação vem de *todos* os Sistemas Estelares. Eles foram os Embaixadores dessa informação. Foram escolhidos e selecionados para vir a vocês, para despertá-los para a tarefa de se lembrarem e de ajudarem os outros a se lembrar. Assim, não representavam apenas a si mesmos, mas a todos os outros reinos também.

Na humanidade, as pessoas tendem a separar o mundo conhecido das Nações Estelares. O Povo das Estrelas não vê a separação como a Mente Humana vê. Mesmo seu próprio DNA é parte daqueles que têm ventosas nos dedos, dos que têm seis dedos, certo? Se vocês olharem para um embrião humano, verão que ele passa pela mesma evolução que qualquer extraterrestre bípede. Vocês já pararam para pensar de onde vieram? Quando vocês dizem que esses seres são seus Irmãos e Irmãs, assim é. Todos são Irmãos e Irmãs porque o Criador assim os fez por Lei — a Lei Estelar.

As Leis Estelares, embora sejam universais, são análogas àquelas que cada país na Mãe-Terra estabelece por meio de uma Bandeira de Símbolos. Cada Lei representa uma Galáxia Universal. Isso cria uma unidade de apoio por toda a Federação.

No princípio, não havia separação de forma humana nem Leis estabelecidas para Homens e Mulheres. Vocês precisam compreender *quem vocês são* agora. O feminino está mais harmonizado para compreender as Leis Universais. Os varões têm maior compreensão da Lei Espiritual. Assim, haverá um deslocamento na compreensão e um movimento na direção da justeza das Leis Estelares quando os mil Anos de Paz começarem.

A Mente Humana pode tornar as coisas difíceis. Ao longo das eras e em cada encarnação, acreditou-se que era necessário experimentar dificuldades para estar aqui. Aceitem o Estado de Graça, o Estado de Ser Um Só, o Estado do Amor. Ele sempre esteve aqui.

Há outros que lutam também. Eles estão vindo à Federação da Luz. Regozijem-se por isso, pois vocês estão entrando em um Novo Modo de Vida! Vocês estão se movendo para o Fogo da Luz, um Fogo que não queima, um Fogo de Transmutação: a Chama Eterna do Amor.

Por isso, despertem a porção Estelar em si mesmo, que é a *codificação da luz!* Seu DNA é a Luz de seu Coração. Portanto, esqueçam o pensamento de que seu DNA é tridimensional. Compreendam, isso sim, seu DNA como Luz, Som e Cor. Compreendam que as fitas de DNA que estavam faltando estão começando a se aproximar. Estão fazendo a reconexão do reino físico com o espiritual, o Reino de Fogo dentro de vocês. Portanto, é muito mais do que se vê nos microscópios.

As *Leis Universais e Espirituais* são honradas por toda a Criação, por *Tudo o que É*. Se elas não forem honradas, não haverá Paz. Isso foi decidido assim para que vocês tenham uma *escolha*. Toda a Criação honra o Livre-Arbítrio, não apenas na Vida Humana, *mas em todas as coisas — plantas, rochas, terra, animais — toda a Criação*. Os seres que o compreendem melhor são os do Reino das Plantas, pois Ele existia antes do Reino Humano. E se desenvolveu em uma vibração mais elevada, uma luz mais elevada que a da existência humana. Assim, o Reino das Plantas doa-se a você. Ele o faz para que vocês possam honrar a si mesmo e para ajudar seu corpo a se mover em direção à Luz. Por isso, reconectem-se ao físico e empenhem-se nesse Despertar do corpo.

Orem e meditem. Encontrem o centro dentro de si, para que possam atingir a compreensão da Criação Divina que existe dentro de vocês. A limpeza do Espírito Humano e a limpeza do Corpo irão elevá-los a uma Vibração Superior de Luz. Vocês podem conectar-se a Seres Avançados que podem ajudá-los a compreender coisas mais profundas e, a partir daí, a ir ter com um Ser mais Elevado, passar à Sexta e Sétima Dimensões do Ser Humano.

Quando seu Corpo começa a vibrar em uma razão mais elevada, vocês criam um *conhecimento* dentro do Corpo, que será automático. Ele será simplesmente parte de vocês. É uma *aceitação*, um *conhecimento* da Luz e da Verdade.

Assim, seu Corpo assumirá a Vestimenta da Vida. Vocês a vestirão como parte de si mesmo. Essa Vestimenta da Luz é um Vestuário de Amor, um Vestuário de Paz, um Vestuário de Alegria. Pois a Verdade é Luz.

Amamos vocês.

Mitakuye Oyasin (Todos os meus Parentes). NAPE ZI, Mão Amarela.

Mensagem da Mãe-Terra

Ista To, Olho Azul

Todos vocês foram guiados por seu Ser Superior. Foram guiados por seu Espírito. Foram guiados pelo Criador. Todos foram *escolhidos* para estar aqui. Todos receberam *dons* de cura. E esses *dons* pertencem à Humanidade. Utilizem esses *dons* para criar o Equilíbrio — primeiro dentro de si mesmo e de sua família. Em seguida, leve-nos a seus Parentes — às Pessoas do Mundo. Todas as direções — Leste, Oeste, Norte, Sul. Acima e Abaixo. Utilizem esses *dons* para *ajudar a Mãe-Terra a curar* os erros que cometemos.

A Mãe-Terra tem sido boa para nós. Ela nos nutriu com seu Leite — O *Mni Wiconi*, a Água da Vida. Ela nos nutriu com os alimentos da Terra, com os Frutos de Seu Corpo. Ela nos reconfortou em nossas mágoas, nas tristezas e privações da vida. Ela e o Criador sempre estiveram presentes. Quando vocês se sentiam abandonados, era apenas um momento em que necessitavam crescer. Vocês precisavam tirar um tempo para si, um tempo para aprender e *entrar em si mesmo* e encontrar as energias curativas necessárias.

Muitos se aprimoraram e se tornaram como o Espírito, como um canal para levar adiante a palavra. Muitos de vocês utilizaram sua própria ação como um presente para outros. Superaram as maiores dificuldades e seguiram as disciplinas em seu caminho, que os ajudaram a ser os Mestres que vocês são. Muitos de vocês ultrapassaram suas próprias limitações de compaixão apenas para ajudar outras pessoas a crescer e a caminhar com o Espírito, para seguir em um esforço unificado de proteger e defender a Mãe-Terra.

Pense na Mãe-Terra como sua própria Filha. Como você protege sua Filha?

Pensem na Mãe-Terra como sua Irmã, como uma Irmã caçula. Como vocês ajudam sua Irmã nas dificuldades?

Pensem na Mãe-Terra como sua Mãe — para adorar, para cultuar. Adorem-nA.

Pensem na Mãe-Terra como sua Tia, assim como sua Tia lhes ensinaria a se disciplinarem.

Pensem na Mãe-Terra como sua Avó, como sua conselheira nos momentos mais profundos de sua vida.

Pensem na Mãe-Terra como a Mãe Universal de toda a Criação — a Criação que ajudou vocês com a felicidade de ter uma boa saúde e uma longa vida.

Tantas *Energias Femininas* estiveram em sua vida, e elas os ajudaram a criar a Pessoa que vocês são. Tantas *Energias Femininas* estiveram em sua vida, e elas as ajudaram a criar a Mulher que vocês são. Tantas *Energias Femininas* estiveram em sua vida, e elas os ajudaram a criar o Homem que vocês são. Honrem essas *Energias,* pois essas *Energias Deusas* são tão vitais à sua existência como o Homem e a Mulher.

Quando vocês olham para o Céu e o Firmamento, vêem as Nuvens. Essas Nuvens são a Pluma de sua Mãe. Essas Plumas, as Nuvens, carregam o nome Dela: *Pacha, Ina, Unci maka.* Honrem esse nome em seus momentos de necessidade e em seu período de escassez. Sempre se lembrem de *devolver à Mãe-Terra dez vezes* aquilo que Ela lhes deu para que todos os Seres da Criação possam gozar dos frutos de suas ações.

No Reino Animal, observem os modos da Ursa. Enquanto ela dorme, seus filhos brincam. Seus filhos fazem coisas longe do olho vigilante da Mãe. Assim é a Mãe-Terra — enquanto Ela dorme, nós brincamos. Quando Ela despertar, como uma Ursa, estará faminta e se sacudirá. *Ela se levantará no momento em que menos esperarmos.* Precisamos tomar conta Dela. Tenha carinho por Seu momento de sono. Precisamos honrar Seu momento de descanso. Precisamos cultuar esse momento de sonho.

Agora, por meio desse sono, nossa Mãe-Terra nos ajudará com as mensagens de que necessitamos em nossa Caminhada nessa Trilha. Precisamos *ouvir Sua voz silenciosa com nossa mente.* Devemos *ouvir Sua voz silenciosa com nosso coração.* Ouçam cada mensagem que Ela trouxer a seu Espírito. Vocês terão uma *vida de equilíbrio e harmonia* com a criação.

Homens de conhecimento, e vocês, homens de Espírito, tratem a Mãe-Terra como tratariam suas esposas. Tratem a Mãe-Terra com *respeito* e *honra.* Dêem a Ela todo o apoio e o Amor de que Ela necessita para criar Seus filhos.

Compartilhem com sua esposa toda a Sabedoria de sua Mãe e de sua Avó. Protejam sua esposa, pois ela é filha de uma Mãe.

Essas são as instruções da Mulher Novilha de Búfalo Branco. Essas são as Instruções da Bem-Aventurada Virgem Maria. Essas são as Instruções da Senhora de Guadalupe. *Honrem* essas Instruções. Elas são presentes para a *Nova Raça da Humanidade*, que é a *Nova Raça da Paz*, a *Nova Raça da Honra*, a *Nova Raça do Respeito*, a *Nova Raça do Equilíbrio*. Por intermédio delas, vocês encontrarão a *Harmonia com a Mãe-Terra, as Energias Femininas do Universo e o Criador*.

Honre cada próximo como Homem e como Mulher.
Sem o outro, você não pode viver.
Sem o outro, você não pode crescer.
Vocês estão em equilíbrio como Seres Humanos.
Vocês são um só como Seres Humanos.
Como um Ser Humano, vocês são a mesma energia —
Apenas com um nome diferente: *Homem. Mulher.*

Honrem o próximo, pois vocês *honrarão* o Criador.
Honrem o próximo, pois vocês *honrarão* a Mãe-Terra.
Honrem o próximo, pois vocês *honrarão* a si.
Honrem o próximo, pois vocês *honrarão* toda a Criação.
Honrem o próximo, pois vocês *honrarão* o Universo.

Homens, *honrem* os rumos de seu Avô.
Não olhem para outro homem como um inimigo.
Não olhem para outro homem como um diferente.
Não olhem para ele como seu adversário.
Olhem para ele como seu Irmão.
Olhem para ele como seu Tio.
Olhem para ele como seu Pai.
Olhem para ele como seu Avô.
Tratem a si mesmos como vocês tratariam outro homem.
Tratem o outro como vocês tratariam a si mesmos.
Ele tem o mesmo Sangue.
Ele tem a mesma Carne.
Ele vem do mesmo Criador.

Não condenem um homem pela cor de sua pele, o matiz de sua carne, o tom de sua voz ou a curvatura de seu rosto. Aquilo que *não é visto* dentro dele pode *amar* vocês. Cuidem de seu companheiro homem como vocês cuidariam de si mesmos. *Quando vocês virem a si mesmos, verão um Homem da Criação, um Homem de Equilíbrio, um Homem de Harmonia e Paz.*

Ao sair para ganhar o sustento de sua família, *respeitem* toda a Vida. *Respeitem* todas as Formas de Vida. Não cacem pelo prazer de matar. Se vocês querem caçar pelo prazer de matar, saiam e cacem um homem, pois ele é seu semelhante e atira de volta a flecha.

Quando vocês se sentirem soberbos, poderosos e superiores a outros homens, vão à floresta. Parem diante do poderoso pinheiro. Digam-lhe o quão grande vocês são. Vão para diante da poderosa folha de capim.

Digam-lhe o quão grande vocês são. Coloquem-se diante desse poderoso pinheiro e daquela poderosa folha de capim e vejam quem agüenta mais tempo.

Se vocês se sentem como um lobo em sua morada, vão à floresta. Passem algum tempo ali. Encontrem a tranqüilidade. Descansem um pouco. Retornem como uma pessoa completa.

O maior presente que vocês podem dar a seu irmão ou a seu companheiro homem é o Dom do Conhecimento.

Para o Pai, por sete conjuntos de quatro verões, saiam para as montanhas com seu Filho. Fiquem nus por algum tempo com seu Filho. E, sabendo que esse é o vínculo na decência do homem, digam a seu Filho que vocês o *amam*. Só levará um momento. E, no tempo certo, seu Filho perguntará a si mesmo: *"Meu pai me amava?"* O vento lhe dirá a resposta.

Pais e Mães, em sua juventude, encontrem tempo para seus Filhos. Pois, na velhice, seus Filhos encontrarão tempo para vocês.

Pais e Mães, se quiserem corrigir um Filho, façam de modo a construir seu Espírito. Não levantem a mão para ele, pois vocês podem danificar a propriedade do Grande Espírito — Seu Dom da Vida por meio de vocês.

Pais e Mães, olhem dentro dos olhos de uma criança pequena, e vocês conhecerão o *Amor* do Grande Espírito.

Os Filhos pertencem aos Pais, pois os Pais já foram Filhos. As Filhas pertencem às Mães, pois as Mães já foram Filhas. Se a Mãe criasse um Filho, ele nunca se tornaria um Guerreiro. Se o Pai criasse uma Filha, ela sempre teria problemas em sua busca pela delicadeza. O orgulho do Pai em seu Filho é o brilho do Filho em um esforço meritório. O orgulho da Mãe em sua Filha é a delicadeza desta. O Pai é a Lei da Tenda. A Mãe é o Amor. Se a Mãe se tornar a Lei e o Amor da Tenda, o Pai torna-se inútil aos olhos dos Filhos. Se o Pai se tornar a Lei e o Amor da Tenda, a Mãe torna-se inútil aos olhos dos Filhos. Cada um deve ter seu lugar.

Essas Disciplinas foram dadas aos Homens da Sociedade da Raposa-Orelhuda e à Sociedade dos Sonhos para criar a Igualdade entre Homem, Mulher e Criança. Essas Leis e Disciplinas vieram do Espírito. Vieram de nossos Ancestrais e foram dadas à Raça desta Terra.

Por isso, *honrem* os Mestres desta Terra. Eles sacrificaram seu sangue para que vocês pudessem ter uma boa vida. Honrem os ensinamentos deles, pois eles honraram os seus. Eles adotaram seus meios de vida, seus modos de orar. Eles adotaram esses costumes por causa da depressão, supressão e opressão de seus companheiros.

Por esse movimento em direção aos Costumes da Terra, o Homem Vermelho é o Mestre. Por isso, *honrem* seus Ensinamentos. Ele detém esses Segredos. Ele detém essas Tradições. Ele detém essas Oralidades que sustentaram a parte mais profunda de sua alma, porque ele amou as Avós, ele amou os Avôs, ele amou os Rumos da Terra.

Os Anciãos receberam as Disciplinas para proteger a Terra. O Homem Vermelho não pôde proteger a Terra, pois o Homem Negro, o Homem

Branco e o Homem Amarelo abusaram da Água, do Fogo, do Ar. As responsabilidades não foram obedecidas. Assim, com grande dificuldade, nossa Mãe-Terra está ferida. Ela tem ferimentos em Seu Corpo. Seu Cabelo foi cortado. Sua Pele foi rasgada. E Suas Roupas foram arrancadas enquanto Ela dormia. *Quando Ela despertar, precisaremos nos preocupar.* Antes que Ela desperte, podemos corrigir nossos erros vestindo-A, penteando Seu cabelo e limpando Suas feridas. Podemos fazer isso como Homens Espirituais e Mulheres da Terra.

Aprendam a *Linguagem da Mente, do Coração* e *do Espírito*. Ela é mais poderosa que a Linguagem da Língua e da Boca. Aprendam a *Linguagem do Coração*. Pois ela é mais poderosa que a Mente e a Linguagem da Língua e da Boca. Combinem a *Linguagem do Coração e da Mente* antes de usar a Linguagem da língua. Usem essas Linguagens em uníssono. Quando a Linguagem for formada pela essência das Três, haverá a *Linguagem do Amor e da Paz*. Será a Linguagem que começará o Processo de Cura dentro de nós mesmos e por toda a Mãe-Terra.

Mitakuye Owasin
Ista To, Olho Azul

As Leis Estelares da Roda da Humanidade

LEI UNIVERSAL DO LIVRE-ARBÍTRIO

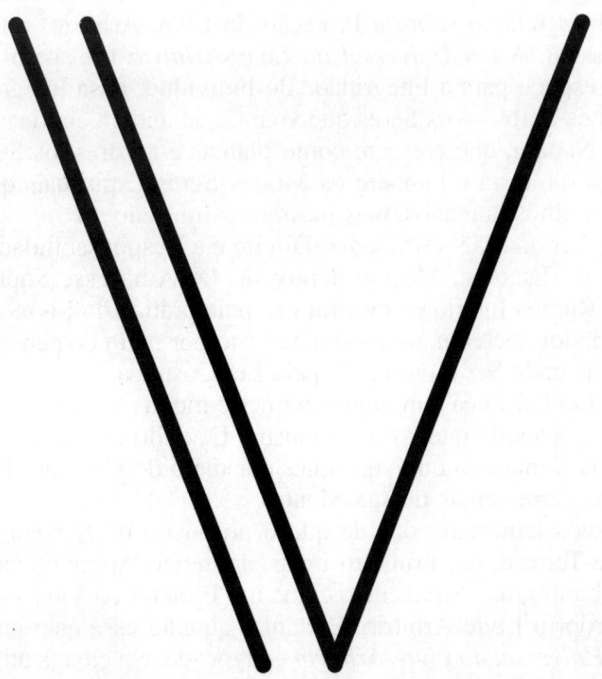

Protege a Liberdade Pessoal
Invoca o Raio da Liberdade
Acessa o Grande Conselho Cármico

Tunkasila, os Avôs

Protegem a Liberdade Pessoal

Os Avôs falarão sobre a Proteção do Livre-Arbítrio, a Proteção da Opção Pessoal. A *Lei Universal do Livre-Arbítrio* faz apelo à energia e defende o espaço para a Integridade do Indivíduo. Essa Integridade serve para todos os Seres — os Seres que voam, que andam em duas Pernas, os Seres que Nadam, que crescem como plantas e árvores, os Seres que vivem dentro da Terra e também os Muitos Seres Espirituais que *não são vistos* pelos olhos humanos, mas mesmo assim estão aí.

Cada Ser da Mãe-Terra tem o Direito e a Responsabilidade do Livre-Arbítrio e da Escolha. Mesmo dentro do DNA há esse Sopro de Vida. Assim, os Rumos Interiores mostram-se pela prática do Livre-Arbítrio.

O Criador decretou e tornou manifesto por meio do pensamento e do Coração que cada Ser é protegido pela Lei Cósmica.

Essa Lei Cósmica tem muitos nomes e muitas formas — é o Círculo. Esse Círculo é aquilo que você demonstra. É aquilo que vem a você. Escolha com sua Vontade o que você quer por meio do Coração. Em seguida, crie com as ferramentas de sua Mente.

Os Avôs lembram você de que o propósito do Ser Humano sobre nossa Mãe-Terra é, em primeiro lugar, aprender. Aprenda com todos os Seres como um igual. Sirva então como um Protetor da Vida — a Vida que tem seu próprio Livre-Arbítrio. Portanto, quando essa energia conhecida como *Lei Universal do Livre-Arbítrio* é invocada, ela emana uma radiância de proteção em uma área dentro de um indivíduo e no ambiente que o rodeia. Essa proteção é chamada "respeito".

O modo mais forte de obter o que seu Coração deseja é respeitar o outro. Sinta primeiro. Depois aja. Reflita no Espelho do Eu e no Espelho da Vida.

O Livre-Arbítrio é a Liberdade de todas as coisas movendo-se juntas em Harmonia — uma dando lugar a outra. É por isso que as pessoas Dançam e Oram juntas. Cada uma tem um Dom para doar ao Todo. Doando o *seu* Dom, *todos* os Dons podem ser recebidos e divididos.

Os Avôs usam seus Dons para beneficiar a Humanidade e a Nação Animal, a Nação das Árvores, a Nação do Povo Mineral-Pedra.
Respeite toda a Harmonia da Vida.
Essa é a chave para buscar aquilo que é conhecido como *Livre-Arbítrio*. O Livre-Arbítrio está no Grupo, no Círculo. O Livre-Arbítrio está na rendição do indivíduo à Beleza maior — na rendição, na descoberta de quem ele ou ela é de verdade.
O Livre-Arbítrio não é sair por aí fazendo qualquer coisa que você desejar. Ele é uma sensação interior e uma ação a partir de uma posição de Respeito, Paz e Beleza. Os Avôs pedem a todos que conheçam seu Coração, que encontrem e sintam aquilo que é o Centro da Vida.

Descubra o que é realmente importante para você.
Então, com ousadia, sem temor e com grande entusiasmo,
Faça aquilo que vivifica seu Coração.
Esse é o Caminho para o verdadeiro Livre-Arbítrio.
Esse é o Caminho do Respeito.
Quando todos os Corações se expressam de forma pura,
a vida é real, é poderosa,
é a Grande Beleza por que todos ansiamos e buscamos.
Proteja aquilo que é chamado Livre-Arbítrio.
Afine-se com o Coração e com o Ritmo do Coração.

Amor é o Caminho para o verdadeiro Respeito,
para o verdadeiro Equilíbrio,
e é o Rumo para o Caminho Sagrado.

Arcturus
Invoca o Raio da Liberdade

Arcturus é um lugar muito bonito. Aprendemos a Verdadeira Expressão da Liberdade. Estamos em ressonância com essa Trilha Sagrada. Isso significa que praticamos os Princípios do Sétimo Raio. Aqui, sobre a Mãe-Terra, as civilizações humanas estão igualmente destinadas a um grande domínio sobre essa Expressão da Verdade.

Primeiro, vemos que é muito importante para os Seres Humanos descobrir que a Liberdade é para eles mesmos. Aprenda a Respeitar a Liberdade do outro. Permita que os ciclos e os ritmos naturais fluam ininterruptamente. Permita que o outro *seja quem realmente é*.

Esse símbolo conhecido como *Lei Universal do Livre-Arbítrio* é definido e compreendido dentro de nossos Templos de Cura. É uma vibração, uma compreensão. Esse Símbolo é emitido a partir de nossos mundos e de nosso Sol Central como um Presente ao Universo.

É por isso que falamos a vocês neste momento. Somos Guardiões desse Raio Sagrado da Liberdade para o Universo.

Compreendam que cresceremos ainda mais quando os terráqueos, os Seres Humanos, revelarem-se em seu Destino de Liberdade. Há muitos Mestres e Professores da Liberdade aqui com a Mãe-Terra.

Portanto, diríamos: **"Abra seu Coração e sua Coroa, permita que a Sabedoria que está ali se desdobre. Cada um dos Seres que vem à Mãe-Terra, vem com um grande domínio daquilo que significa ser Livre".**

Dentro de nossos Templos de Cura, nossos Sacerdotes e Sacerdotisas e Seres de Luz concentram essa Vibração Universal e emitem essa energia para toda a Vida neste Universo. Algum dia essa mesma prática será conhecida também pelo povo da Mãe-Terra.

Cada indivíduo tem a escolha da magnitude e extensão de seu serviço. Portanto, dizemos a você que cada um pode optar por se abrir para esse Raio Sagrado da Liberdade. Canalize essas energias pela sua Aura, por seu Coração e por sua Mente. Permita que essas energias fluam a partir do

Sol Central em seu Coração e em sua Mente para a Mãe-Terra, para todos os Reinos da Vida e, especialmente, para os outros Seres Humanos.

Há muitos modos de acessar esse Raio Sagrado com o uso desse Símbolo. Não vamos lhe contar todos os segredos neste momento, pois essas respostas estão dentro de você.

**Seja criativo. Expresse sua própria Liberdade. Explore.
Esse é o propósito desta Lei:
a Liberdade de ser, de explorar, de viver,
de criar com o Universo.**

Os princípios desse Raio da Liberdade são os *Princípios de Transformação*. Eles são as Compreensões de Calma, de Coexistência com toda a Vida. Abrir-se a essa Vibração de Liberdade é reconectar-se a uma Grande Família de Luz que serve neste Reino Sagrado da Criação de Deus.

Permita-se abrir, fluir com essa energia. Ela transformará os obstáculos e as dificuldades da lembrança — libertando seu Corpo, seu Coração e sua Mente.

O domínio do conhecimento e da aplicação levará você a novas experiências, novas compreensões e lembranças de como a vida sagrada realmente é!

Sugerimos que esse poder da *Lei Universal do Livre-Arbítrio* seja usado com respeito por toda a Vida, pois esse Raio da Liberdade valoriza esse respeito e magnetiza aquilo de que você precisa diretamente para si. E assim dizemos: *"Crie seu próprio Espaço Sagrado"*. Ele pode estar em seu Coração, dentro de sua casa particular. Pode estar entre os Elementos Sagrados.

Use essa Divina Ciência da Transformação e da Compreensão para ajudar a todos os Seres desde o Coração, do lugar em que se deseja o Bem para todos. Ajude a Mãe-Terra a se erguer na Luz Maior. E, ao evocar esse Dom e essa Lei da Mãe Sagrada, siga sua própria Sabedoria Interior, de Coração, com a expectativa de ter sucesso em aprender a honrar nossa Mãe, a Terra. Como um Dom, essa energia o abrirá para aquilo que você já é.

Saiba que Nós, de Arcturus, estamos mantendo essa concentração por você. E saiba que, ao atingir a vibração conhecida como a *Cor Violeta*, conhecida como *Misericórdia,* conhecida como *Ascensão*, estará revelando um plano que você já tinha preparado para si.

**Vá devagar.
Avance com honra por toda a Vida.
Compreenda que seu serviço,
pela aplicação desta Lei Universal,
abençoará a todos, abençoará a você mesmo
e abençoará a seu Universo.**

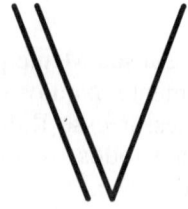

Quan Yin, Mãe de Misericórdia

Acessa o Grande Conselho Cármico

Sou aquele que vocês conhecem como **Grande Ser da Liberdade**. No Oriente, sou conhecida como **Mãe de Misericórdia**.

Estou aqui para compartilhar alguma compreensão básica. Essa Lei Sagrada é, por si só, um Portal de Liberdade. Onde quer que seu símbolo seja invocado sob qualquer forma, os Conselhos Cósmicos são prevenidos.

O Conselho Cósmico responsável pelo Livre-Arbítrio sobre a Mãe-Terra é conhecido como *Grande Junta Cármica*.

É conhecido como *Círculo de Decisão*, pois cada uma das Formas de Vida, cada Ser deste Sistema Solar, deve vir diante de nosso Conselho, sentar-se conosco e compartilhar. Juntos, então, esboçamos o Caminho Sagrado para cada encarnação no Mundo Físico. Isso significa que nosso Conselho é responsável por tudo o que ocorre em sua Terceira Dimensão. Isso é particularmente verdadeiro para os Seres Humanos, o que ajuda cada um a cumprir seus Deveres Sagrados.

Quando essa Lei Universal é invocada, prestamos atenção. A *Lei Universal do Livre-Arbítrio* tem dentro de si as chaves para o fim da dualidade, para a Alvorada da Unidade. Ela tem as Chaves da Transcendência e do Grande Advento da Paz Universal.

Como Portador da Misericórdia, desejo que todos saibam que o Perdão e a Compreensão são o caminho mais seguro para essa Paz.

Ser *livre de julgamento* é o rumo mais seguro para a liberdade pessoal.

Por isso, não dependa do julgamento dos outros. A verdadeira natureza do Livre-Arbítrio é Liberdade de Todos.

Saiba que essa Lei pode ser invocada como um Padrão de Liberdade. Os Anjos e os Seres de Liberdade descem como um Redemoinho para proteger os direitos e os dons daqueles que a invocam. A invocação dessa *Lei Universal* atrai a atenção de nosso Conselho Sagrado do Carma.

Assim, você pode se abrir a uma grande oportunidade. Esse mesmo Conselho é quem decide se você está pronto para atravessar o Véu até a Luz Maior. Também decidimos se ainda é benéfico e necessário ter mais lições com a Mãe-Terra.

Quando você estiver pronto para crescer mais, invoque essa Lei. Aprenda mais sobre Liberdade! Aprenda mais sobre você mesmo e sobre os outros. Se você invocar essa Lei com medo, o medo será a primeira coisa que você vai aprender. Se você invocar essa Lei com expectativa de Amor, o Amor florescerá. Esse Símbolo traz aquilo que está em seu Coração. Ele acelera o ciclo de sua libertação de todas as coisas que o mantêm longe *daquilo que você realmente é*.

Você pode vir diante de nosso Conselho a qualquer momento com o uso dessa Lei.

Nosso Conselho é formado por Sete Grandes Anciãos, sendo que todos vêm trabalhando com a Mãe-Terra por muitas Estações Cósmicas. Todos eles Amam cada um dos Seres que vivem, respiram, existem, criam e se expressam na Mãe-Terra. Se você tiver uma inquietação que deseja trazer diante de nosso Conselho, receberá a Sabedoria que busca em um Sonho, em uma Visão ou em uma Voz que falará.

Essas respostas sempre dirão respeito ao Caminho Sagrado de seu eu. Saiba que o Caminho Sagrado de outrem é problema *apenas* desse outrem e, é claro, deste Conselho.

Por isso, concentre-se em seu próprio crescimento, em sua própria expressão de Liberdade e em honrar a Liberdade dos outros. Saiba que essa Vibração Sagrada, conhecida como *Lei Universal do Livre-Arbítrio*, abri-lo-á para *aquele que você é* em muitas dimensões, pois a Energia da Liberdade é uma energia de integração, uma energia que tem alcance maior do que você pode se lembrar ou ter experimentado.

Saiba que no Centro de Tudo, Nós, do Grande Conselho Cármico, lembraremos você de seu próprio Labor Sagrado. O Caminho que você escolheu foi aprovado por nós e juntos celebramos antes de sua chegada à Mãe-Terra.

O Perdão é o caminho mais rápido para seu objetivo. O Perdão é o caminho mais rápido para libertar seu corpo de suas doenças e sua mente de suas incompreensões.

O Perdão é o Caminho da Liberdade.

Todo o nosso Conselho está a seu serviço. Somos um espelho para você.

Que o Raio da Liberdade, as Chamas da Misericórdia, a Sabedoria dessa lei Pacífica da Grande Vibração Flamejante abençoem a todos, abençoem a Mãe-Terra e abençoem a sua Família Solar.

Saiba que logo as coisas mudarão e você *Verá, Ouvirá, Saberá e Sentirá*.

Nós, da Grande Junta Cármica, deste Conselho de Sete, com grande Amor em nossos Seres, estamos com você agora e para sempre.

Liberdade Espiritual do Homem

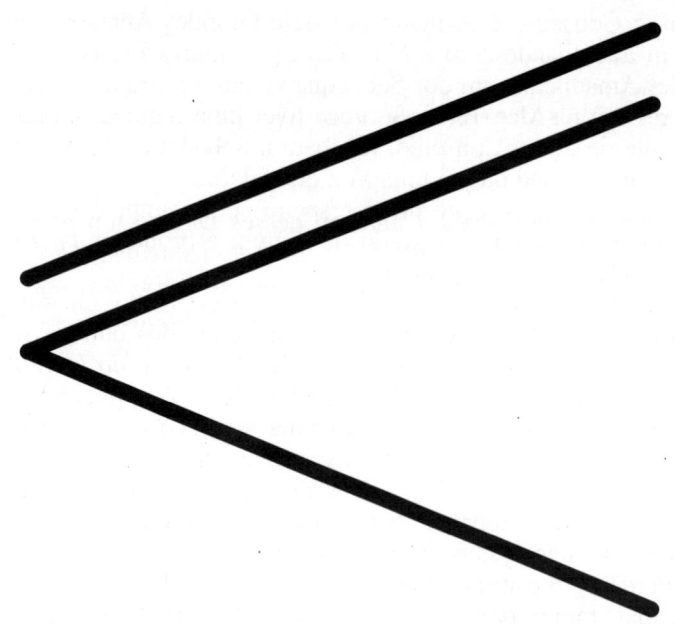

Abre Pórticos que Haviam Sido Fechados
Inicia a Alquimia do Eu
Invoca o Caminho Dhármico

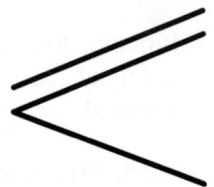

Mato Mani, Urso que Anda
Abre Pórticos que Haviam Sido Fechados

Os Pórticos foram fechados porque o Ser Humano não estava pronto. Esse é um fardo carregado pelo Guardião. Os Clãs Urso são um desses guardiões. Eu sou **Urso que Anda** e estou aqui para falar pelo Povo Urso.

Os Seres Humanos têm muitas Bênçãos. Bênçãos são Dons espirituais. Há Dons que vão até o Mundo interior. E há Dons conhecidos em reinos distantes e invisíveis. Cada um desses Dons é um *privilégio — privilégio que espera ser exigido. Dons de Visão Espiritual, Oração, Cura e Relacionamento com Tudo o que É são possíveis para aqueles que aprendem o Amor e gostam de Todos os Seus Parentes.*

A *Lei Espiritual da Liberdade do Homem* abre esses Dons para você. Ela os abre para aqueles que vêm com Coração e Mente abertos.

Há alguns testes, pois um Dom é Responsabilidade Sagrada. Os testes virão de acordo com a Lei Espiritual. Sim, todos podem abrir seus Dons se estiverem prontos para amar Todos os Parentes, Tudo o Que É. Veja se está pronto para honrar a Dança da Vida.

"Você colocaria um prato na mesa para seu parente, o Urso? Você poderia continuar a amar, mesmo se o medo o tentasse?"

Os Seres Humanos têm muitas emoções para pôr em ordem. O coração emocional é um Tesouro de Vida. O coração que deve ser limpo. Os fogos devem purificar-se no coração. Dessa forma, os Dons estarão ali.

Se você deseja abrir as Portas que Foram Trancadas, prepare-se para as bênçãos que são mais difíceis para você. *Abrace seus desafios!* Muitos parentes esperam pelo despertar dos Seres Humanos; a abertura do Coração Humano. Estamos prontos para vocês.

Houve um tempo muito feliz em que toda a vida era Respeito e Equilíbrio. Por isso, *olhe para dentro de você*. Abra as portas que mais o assustam. Assim, seu coração abrir-se-á.

Faça isso agora. Saiba que os dentes do Urso podem comê-lo; mesmo assim, a mente do Urso o abençoará.

O Urso sugere ao Ser Humano: *"Abra as Quatro Passagens da Mente"*. Há passagens na *frente* da cabeça e *atrás* e passagens nos dois *lados*. Talvez então você seja capaz de *ver* novamente e *saber* que não está sozinho.

Não se esqueça de abrir a porta no *alto* da cabeça. Ouça as palavras do Criador. Reconecte-se a esses reinos mais elevados.

Abra a porta que está *lá dentro*, se você puder encontrar a chave. Você se lembra do Amor? Procure *lá dentro*. O Silêncio abraçará você assim como abraça o Urso. *Vá para dentro de você*. Conheça o Silêncio do Mistério. Dance um pouco com a Grande Mãe. Assim, você saberá o que é o Amor. Mas você deve continuar até encontrar a *si mesmo*.

Nós, dos Clãs dos Ursos, oramos pelo Seres Humanos. Estamos felizes por não ter mais de fechar as portas. Estamos felizes porque esses ensinamentos estão chegando novamente às pessoas.

Encontre sua Liberdade e liberte-nos a todos.

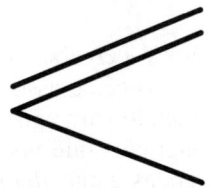

Mahpiya Oyate, Povo das Nuvens

Inicia a Alquimia do Eu

Somos uma raça do Povo Estelar que existe além dos limites físicos. Foi exatamente por isso que os Conselhos nos escolheram para falar a vocês. Podemos ser chamados de **Povo das Nuvens**. Nossa forma altera-se como as nuvens. Existimos em um lugar que, para que vocês compreendam, é o *espaço interdimensional*.

Estamos aqui para falar a vocês sobre o que significa ser o *Verdadeiro Eu*. O destino humano é um destino de grande beleza, que literalmente não tem limites nem fronteiras para o Eu.

Somos pessoas que fluem juntas, se fundem e emergem. Assim são as profundezas *dentro* do Ser Humano. Como o *espaço interior* ainda é um Mistério, a nossa vida é inimaginável para vocês. Seres Humanos, mesmo da forma como são agora, são muito mais do que comuns.

Seria a transmutação realmente tão comum? E quanto a vocês mesmos? Você sabem que são Criadores. E mesmo assim tudo parece tão comum.

Percebemos que os Seres Humanos têm grandes capacidades e habilidades que ainda não reconhecem dentro de si. Vemos o futuro dos povos humanos como algo muito bonito.

A palavra *alquimia* trata de transformação, da inter-relação de todas as coisas. Assim como nosso próprio povo se transforma e se toca entre si em *níveis interiores*, assim como duas nuvens passam uma através da outra, também assim há muitos elementos dentro de cada Ser Humano, como a sabedoria e a inteligência. Eles podem ser conhecidos como *partes do Eu*.

É fácil compreender que existem a personalidade e a Mente. Existe o Coração. E existe a fisicidade.

Percebemos que cada atividade do dia humano é uma realidade completa. Dessa forma, vocês são realmente multidimensionais. Mesmo assim, muitos mundos são percebidos como apenas um.

Perceber o *mundo interior* é perceber as muitas facetas da alma e da criatividade; seres com quem você se associou no passado, presente e futuro; seres que você está formando para existir no futuro; o Ser que você é no *eterno agora*; os Seres Sagrados que você reverencia e aqueles que você odeia; *todas* essas presenças estão *dentro de você* e estão trabalhando no relacionamento umas com as outras.

Vimos muitos seres culparem outros por suas ações ou culpar por elas uma *força espiritual* exterior a eles. Percebemos que essas forças devem estar *dentro* para que haja qualquer efeito. E assim dizemos: *"Olhe para dentro de si e compreenda que as verdadeiras transformações são interiores".*

Quando os Mundos Interiores estiverem equilibrados, os Seres Humanos atingirão mundos muito maiores. Civilizações e formas de vida como a nossa estão mais do que prontas para receber, ensinar, trocar, para brincar com os Seres Humanos e apreciar cada um deles.

Houve um tempo, não muito remoto, em que todos os Seres Humanos andavam com o *Povo das Estrelas*, com os *Reinos dos Mestres e Anjos,* com as *Avós* e *Avôs*, com os *Ancestrais* e com os *Animais*. Eles se comunicavam de mente para mente.

Essas atividades ainda ocorrem com grande freqüência na Mãe-Terra. Elas simplesmente estão escondidas e guardadas. E é bom que assim seja. Aqueles que não compreendem essas habilidades normalmente têm inveja.

Com o benefício dessa Lei Espiritual Sagrada, você pode obter novamente a Liberdade que procura.

Você pode criar altares. Pode desenhar com símbolos. A chave é ser criativo e sentir os caminhos, os *caminhos interiores*. Equilibre os seres *dentro de você*. Traga a integração a todos esses sentimentos.

A maior vitória nesta era para os Seres Humanos será, em verdade, a *Paz interior* que tem sido tão ensinada, pois os ensinamentos da Mãe-Terra incluem vastas bibliotecas sobre a *Paz interior*.

Quando essa biblioteca da *Paz interior* for completada e essas forças, entidades, seres, compreensões e aquilo a que vocês chamam *idéias* estiverem todas *em equilíbrio dentro de você*, então os Seres Humanos se tornarão aquilo que os Povos Estelares chamam de *plenamente conscientes*. É isso que chamamos estar *"disponível para ir brincar"*, para fazer algo, para expressar o Amor e os Dons dados pelo Criador.

Desenvolva suas cerimônias pessoais relacionadas a esse símbolo, a essa Lei Sagrada.

Honre a Lei.
Clame por sua liberdade.
Escolha o equilíbrio dentro de você.

Assim, a *Alquimia do Eu* é o Poder de Conseguir o Equilíbrio por meio dos Quatro Elementos de seu mundo, os quatro que se manifestam no reino físico.

Lembre-se também dos elementos conhecidos como *éter*, *maná* e *essência*. Esses seres astrais são importantes para seu mundo.

Honre esses elementos em suas cerimônias. Lembre-se de suas cerimônias que honram esses elementos: seja um *banho*, uma *dança*, *oração*, a *comunhão*, seja a *comunicação estelar*.

Apelem aos seres que são *da Luz*.

Apelem aos seres que têm seu *Amor em plena glória*.

Apelem aos *Mestres da Paz*.

O Povo Pedra de seu planeta são Professores de Paz muito poderosos.

O Povo Água ensina a *paciência* e a *flexibilidade*.

O Povo Fogo ensina as Leis da Transmutação e a se tornar Um Só por meio da Energia.

A Respiração Sagrada é o Dom da Vida.

Conheça e explore essas bênçãos que são parte de seu mundo, pois há muitos mundos que não perceberam esses dons. Toque e abrace, *faça amor*, se você quiser, com essas Relações. Conheça a delicadeza e conheça a força. Permita que esses sentimentos, *todos* os seus sentimentos, fluam por você. Eis a alquimia em ação.

Permita que os pensamentos que vêm desses sentimentos se desdobrem sozinhos, pois esse é um dos resultados da *alquimia do eu*: novo pensamento, criatividade.

Saiba que na Liberdade há a necessidade de escolha: a escolha da ação ou da paciência.

Aprecie seu corpo. Há muitos seres que não têm a bênção da forma física como você. Podemos afirmar que há muitas capacidades dentro do corpo humano que a maioria das pessoas ainda não utiliza.

Esteja consciente das *células* de seu corpo. Alimente-as com os muitos Elementos de que necessitam. Esteja consciente de seus *órgãos*. Alimente-os com aquilo de que necessitam. Se você tem questões sobre o que as *células* ou *órgãos* ou *moléculas* ou *átomos* ou qualquer parte de seu ser necessita, simplesmente pergunte.

Eles são parte de você, assim como você é parte do Sol. Seu Pai Sol cuida de você gentil e cuidadosamente. Por isso, conheça também as preocupações e mensagens de seu corpo, pois o corpo é, de fato, um templo Sagrado, uma Árvore da Vida, um Grande Mistério que espera ser descoberto. Você é uma bênção que nós, o Povo das Nuvens, e muitos povos das Nações Estelares, esperamos para ver, pois os livros humanos não estão terminados e os autores são *vocês!*

Essa *Lei Espiritual da Liberdade* é um princípio muito ativo e poderoso. Saiba que quando você aplica essa energia ela inicia de fato uma transformação dentro de você.

Inicie essa transformação com Amor e Amor será o resultado.
Inicie essa transformação sob a orientação e proteção daqueles que ajudam você a partir do Espírito.
Sempre siga sua Intuição.

Siga o Espírito no momento.

Crie com os Dons que você recebeu.
Saiba que sua contínua *Alquimia do Eu* será expandida, reforçada e mesmo purificada por meio dessa *Lei Espiritual da Liberdade*.
A Humanidade logo estará com muitas Pessoas belas e gloriosas. A Liberdade delas e a sua Liberdade são certas,
pois já estamos com vocês no Futuro.
Alcançamos vocês neste momento pelos Portais do Tempo.
Permita que seu *Mundo Interior* se transforme como as Nuvens, pois o Espírito é uma Nuvem de Vida.

Krishna
Invoca o Caminho Dhármico

Aqui é **Krishna**.
Eu sou um antigo professor de seu passado. Deixarei que saibam que poucos daqueles que ouvirão estas palavras não me conhecem.

Estou para falar sobre um caminho mais antigo — o Caminho de Dharma, o Caminho da Graça por meio do Serviço. Quando você *se dá plenamente*, o Universo o abençoa além de sua imaginação.

Muitas Pessoas estão muito fascinadas com o caminho do Carma: o caminho do "Eu faço isso e *presto,* isso volta para mim".

Mesmo assim há também muitos *Mestres e Professores* nos Reinos da Luz que apreciam fantasias e aventuras muito maiores. Isso se deve à sua fascinação por: *"Quero saber como dar algo a meu irmão e irmã hoje!"*

O caminho Dhármico é seguir o coração até sua extrema alegria! Aprenda a lidar com essa energia dentro do corpo de um modo calmo, porém apaixonado.

O caminho Dhármico é a Trilha do Mestre. É o Caminho da Graça. Quando você agracia os outros, o Universo agracia você. Assim, esse ciclo, chamado Lei da Causa e Efeito, gira para abençoá-lo, mais do que para lhe ensinar uma lição que *você realmente queria aprender*!

Opte por dar algo de seus dons. É assim que os dons se desenvolvem. É assim que você atinge a Liberdade que diz desejar tanto. *Exija essa Liberdade por meio do uso de um de seus Dons especiais hoje.* Saiba que outra oportunidade para seu Dom logo se mostrará.

Você não precisa sair em busca de um lugar para colocar seus Dons, pois o Universo lhe dará um momento e um lugar ainda mais perfeitos do que você poderia conceber. *Simplesmente esteja pronto para dar* o seu Dom quando o Universo disser: *"Estou pronto!"*

Quando você retém seus Dons e o Amor, causa o que chamamos *Carma*. Se você **doar livremente a cada dia**, logo passará a um ciclo que está além da ilusão. Então a verdadeira abundância torna-se seu rumo. As asas do Pássaro Sagrado tornam-se suas e o elevam a planos superiores.

É assim que vocês ascendem, *Ó Gentes da Mãe-Terra!* Expressem os seus Dons. E a Beleza os elevará!

Quando você ora ou medita, está usando seus Dons. Pratique Dons espirituais, pois eles aprimoram e permitem que aqueles que o rodeiam empreguem seus Dons espirituais, pois, quando uma pessoa caminha pela Trilha Sagrada conhecida como *Entrega*, conhecida como *Serviço*, conhecida como *Amor*, ela se espalha e cresce pela Teia da Vida.

Sua família, seus amigos e sua comunidade não podem resistir ao bem que crescerá então dentro deles. Antes que saibam o que estão fazendo, estarão fazendo o que você está fazendo: gozando dos Dons da Vida.

É por isso que o caminho é conhecido como *Trilha da Graça*. Ele diz: **"Venha cá e faça aquilo a que você vinha resistindo. Doe."** Use seus talentos sagrados! Use-os quando o Universo disser: *"Está na hora!"* Então, o poder vem! E então, a magia vem. E o Espírito diz: *"Hurra!"*

Sirva! Use seus talentos estabelecidos e crie dentro de si mesmo, pois é *você* quem cria e abre esses talentos.

Se você acreditar que pode curar,
Você aprenderá como curar.
Se você acreditar que pode orar,
Aprenderá como orar! E
Se você acreditar que pode fortalecer um outro,
Um outro será então fortalecido!

Eis todo o Caminho Dhármico. Pertence à Liberdade Espiritual do Homem seguir a Elevada Estrada do Espírito. Trata-se de exigir a Sagrada Responsabilidade da Entrega e de andar por ela com Orgulho e Força e Amor!

Esta Vida é Verdadeira. Por isso, deve-se vivê-la, *Ó Gentes!*

Exija o seu destino! Dharma! Faça o que seu coração realmente quer fazer! E saiba que isso já é assim.

Lei Universal da Mudança

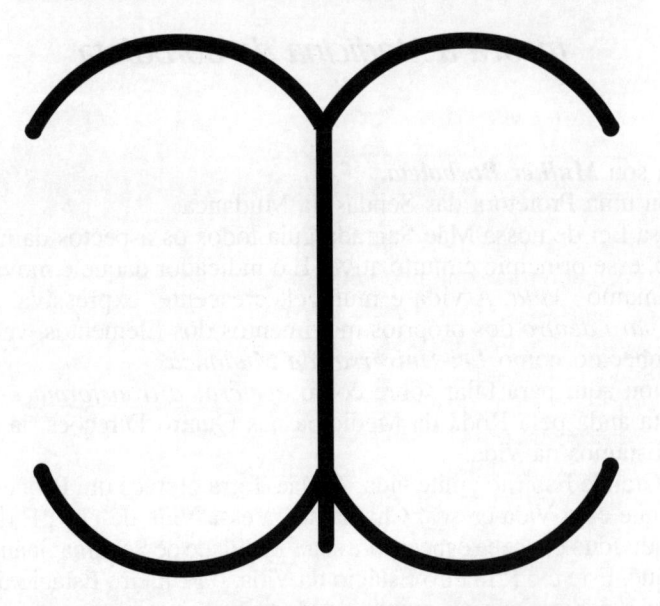

Invoca a Medicina da Borboleta
Revigora Ciclos de Vida Estagnados
Grande Símbolo do Mistério

Kimimila, Mulher Borboleta

Invoca a Medicina da Borboleta

Eu sou **Mulher Borboleta.**
Sou uma Protetora das Sendas da Mudança.
Essa Lei de nossa Mãe Sagrada guia todos os aspectos da mudança. Portanto, esse princípio é muito ativo. É o indicador daquele movimento a que chamamos *Vida*. A vida é mutável, crescente, expressiva. Se você *olhasse para dentro* dos próprios movimentos dos Elementos, veria o padrão conhecido como *Lei Universal da Mudança.*

Estou aqui para falar sobre como *acelerar a transformação,* pois a Borboleta anda pela Roda da Medicina nas Quatro Direções, já que tem Quatro Estágios na Vida.

O Grande Espírito emite vida. A Mãe-Terra oferece um Pequeno Mundo para que essa Vida cresça. Chamamos a essa Vida de *Ovo.* E dentro do *Ovo,* o indivíduo concebe e incorpora sua Finalidade de Ser, imaginando quem é e por quê. Este é o Primeiro Estágio da Vida, o Primeiro Estágio da Transformação. É por isso que o Caminho da Medicina primeiro manda o indivíduo estar consigo e com o Espírito para estar nesse *Ovo da Centralização.* Ele é um Útero de Nutrição. A proteção para a alimentação necessária já está ali, pois o Universo cuida de tudo o que é dele.

Com grande empolgação, o Ser move-se dessa direção do Leste para o Sul, avançando como a *Lagarta* para experimentar a vida, novos conceitos; para se tornar algo mais, *vivendo a vida intensamente* com vigor na força do eu, para experimentar o Amor, para experimentar a Natureza Inocente, para experimentar a Verdade no mundo e ingerir as Bênçãos da Árvore da Vida.

Esse passo na Roda normalmente é bem longo, uma vez que há muito a digerir para compreender essa visão, esse propósito descoberto no Leste.

Quando a Visão da Vida se revela e você se torna um só com suas experiências, é hora de ir para o Oeste, hora de *entrar* naquele *Casulo,* de entrar naquela caverna, como ensina o Urso. *Olhe para dentro de si mesmo* para revelar as experiências da Vida, sinta o calor da Mãe novamente nesse Útero Cósmico, reflita-se no Espelho do Eu, descubra o Amor dentro do Silêncio Sagrado e transforme-se por dentro para se preparar para o Grande Dia da Cura, pois apenas dentro da proteção da Mãe-Terra as Asas do Espírito podem crescer e as habilidades espirituais podem amadurecer. No Oeste, assim como no Leste, o *Casulo* revela a transformação, assim como o *Ovo* revela a Vida. As experiências do Sul são finalmente compreendidas — por dentro e por fora — e em relação com o Universo Silencioso.

E, em algum momento durante a oração, a Aurora abre-se novamente. Os Fogos Interiores irrompem! O *Casulo* se abre. E, como se saísses de sua própria Pele, como se largasse o seu Manto, você se dirige para o Norte — um Novo Ser.

Trata-se de dirigir-se para os Ares da Verdadeira Realidade, dirigir-se para a Sabedoria dos Avôs.

É necessário Paciência para secar as Asas antes do vôo, para receber essa cura e completa integração. Então, em uma manhã fresca e ensolarada, o Espírito vai chamar. As Asas se desdobrarão. A Roda terá sido percorrida. A Vida terá evoluído. E o Vôo para um novo serviço com os Néctares da Vida será seu.

Nesse lugar chamado Porta do Espírito, você permanece no Serviço com os Espíritos da Respiração Sagrada. Essa é a promessa da Medicina da Borboleta. Esse é o Ciclo da Transformação trazida pela Medicina da Borboleta.

Durante o curso da revelação humana, os Seres Humanos devem percorrer esse caminho pelo Arco-íris, pelas Sete Montanhas do Eu, percorrendo essa Roda da Transformação. Isso significa sete vidas, sete realidades, sete corpos ou formas físicas.

Mesmo assim, por meio do Dom dessa Lei Universal oferecido por nossa Mãe Sagrada, pelo dom da Medicina da Borboleta instantaneamente invocado, essa transformação é acelerada a grandes capacidades. Dentro de um Ciclo Lunar, um ser dedicado pode completar uma dessas Montanhas Sagradas do Eu. Dentro de um ano, a Medicina da Borboleta estará ancorada e completa, um ciclo pleno no ritmo das estações da Mãe-Terra.

Os Santos, por meio de nossa Medicina, podem transformar um Ser *em um único dia!*

Assim, antes de invocar essa Medicina de Transformação Pessoal, apele a essa Lei Sagrada, ore junto com os Espíritos que guiam você, compreenda e escolha o ciclo de seu desdobramento — seja um Dia, uma Semana, uma Lua ou um Ano. Para uma viagem em torno dessa Roda, a Grande Mãe do Mistério oferece a bênção aos Seres Humanos, pois essa mudança é graciosa, um caminho acelerado.

Faça uma escolha. Abrace-a. Torne-se sua escolha. Aproveite-a.

Sempre ande pela Trilha da Borboleta com sinceridade e a Mulher Borboleta estará ali para vigiar, proteger e ensinar.

Mni Wiconi, Águas da Vida

Revigora Ciclos de Vida Estagnados

Você se sente empacado? Se *sim*, então você *está*. Eu sou um **Viajante Cósmico** que atravessou o Portal conhecido como *Órion*. Eu trarei um vislumbre dessas energias, pois estou aqui como Vigilante, Observador e Professor de outro lugar em nosso Universo, um lugar em que *a Vida flui com tal força que a Água e o Fogo são um só!*

A idéia de estagnação é nova para o meu ser. Eu a observei. Portanto, na verdade, não existe algo como a estagnação. Existe simplesmente aquilo que é *lento* e existe aquilo que é *rápido*.

Se você quiser se mover para além do ciclo que o enfastia, invoque essa *Lei da Mudança* e logo Novas Passagens estarão ali para você. Escolha a Passagem que você quer abrir, pois o Universo apresentará muitas. A primeira Passagem talvez seja a melhor, pois pode ser um teste para uma Passagem maior que virá.

O coração é sempre o melhor modo de saber

A estagnação, o fastio, o pensamento de que você está empacado em algum lugar com freqüência ocorre porque você optou por sair da Trilha do Espírito. Em algum lugar, você escolheu uma prioridade diferente. Podemos até dizer que sua evolução chegou a uma paralisação, que você precisa de um reinício, que precisa apertar o botão de aceleração para abrir a Porta da Renovação. Essa Lei Cósmica, esse caminho de energia, certamente realizará a sua renovação.

As Águas Moventes de meu próprio lar virão a você e libertarão os elementos dentro de você que parecem estar estagnados, trazendo-lhe novos pensamentos, nova energia e novos sentimentos. Cabe a você decidir o caminho, escolher aquilo que você quer receber e aquilo que quer deixar para trás.

É crucial que, quando essas energias se apresentarem após a invocação dessa Lei, você diga rapidamente: *"sim"* ou *"não"*, pois isso dirigirá o rumo de seu destino. Especialmente o dia da invocação dessa Lei e o ciclo de quatro dias a partir desse momento determinarão a Senda de sua Estação, pois essa *Lei Universal da Mudança*, quando invocada para transformar ciclos de vida estagnados, demanda um Ciclo de Quatro Luas.

Por isso, reserve um dia inteiro para orar com essa Lei Sagrada. E invoque as **Águas Moventes**. Eu estarei aqui e ouvirei suas orações. As orações desse dia traçarão o curso de seu Ciclo de Quatro Luas. Esse ciclo lhe ensinará muito sobre as Águas Viventes da Vida.

Portanto, prepare-se. Reserve o Espaço Sagrado para que essa Lei funcione. Prepare suas Orações. Prepare seu Corpo. Prepare seu Coração, Mente e Espírito, pois cada um desses é um Ciclo Lunar de Transformação.

Se você está pronto para o *rápido* e para a *aceleração* que foi profetizada, invoque essa *Lei da Mudança* e as Águas Viventes influirão em seu Corpo, Coração, Mente e Espírito.

Por Sete Horas, ore com cada uma dessas Medicinas. Ore por seu Corpo, Coração, Mente e Espírito. As Orações dessas Sete Horas refletirão o Arco-íris da Experiência durante esses Ciclos de Quatro Luas. As Águas viventes agora fluem dentro de sua Aura.

Lembre-se de fazer apelo a seus protetores, não tanto por si mesmo, mas pelos outros, pois esse Ciclo de Quatro Luas será passado longe dos outros. As Transformações do Eu que ocorrerão na transformação das energias de vida estagnadas serão FORTES para aqueles que rodeiam você. Portanto, faça apelo a Avós, Avôs, Mãe-Espírito e Pai-Espírito para que lhe envolvam e abriguem seus Parentes contra a intensidade dessa energia.

Prepare. Invoque. Aproveite a viagem, pois durante esse Ciclo de Quatro Luas você experimentará Grandes Reinos de Transformação Interior.

Taku Wakan Tanka Oyate
Grande Símbolo do Mistério

Saudações, Meus Parentes. *Eu sou Bodhisattva do Mistério,* um servo de nossa Sagrada Mãe Cósmica.

Estou aqui para compartilhar algo muito pequeno, para ensinar uma abordagem apropriada para o Mistério por meio dessa Lei Sagrada.

Se algum Parente precisar viajar para o Grande Além, esta Lei Sagrada abrirá a Fenda da Eternidade e permitirá a entrada no Vazio do Mistério.

Parentes, façam apelo a mim, Bodhisattva do Mistério, e zelarei por vocês durante suas viagens ao Grande Desconhecido.

O Grande Desconhecido só pode ser acessado por razões muito importantes e com a *orientação direta do Espírito*. O Mistério não é lugar para um piquenique dominical. É um lugar de Assuntos Sagrados.

Para se preparar para uma jornada dentro do Mistério e utilizar o caminho dessa *Lei Sagrada da Mudança*, você deve jejuar por quatro dias, ter um propósito bem claro no Coração e ter uma oração.

É nesse momento que o Bodhisattva do Mistério virá a você. Despertarei seus Guardiões para que o concentrem para *A Viagem*. Abrirei o Portal e levarei você para onde precisar. Segurarei o espaço para você e permitirei que sua Oração seja ouvida.

O Bodhisattva o levará ao Reino Mui Sagrado de nossa Mãe Cósmica. Cantarei uma Canção Sagrada para você. Levarei você pela Mãe até a montanha de sua oração. Selarei o portal de sua entrada. Abençoarei o seu propósito e confirmarei o seu Jejum na Montanha.

Eu sou Bodhisattva do Mistério.

Durante seus Quatro Dias de Oração, peço que ore pelos Parentes e entregue seu corpo em sacrifício ao Reino das Pedras, ao Reino das Árvores, ao Reino dos Animais e ao Reino dos Espíritos.

Eu sou o Guardião que assegurará que você esteja bem.

A sua entrega será o elemento que usarei para abrir o Portal do Mistério. Suas orações serão ouvidas como Uma Oração diante de nossa Santa Mãe Cósmica.

Suas orações serão o Novo Corpo que emerge após sua Entrega, após sua Jornada, após seu Jejum.

Prepare-se bem antes de invocar Bodhisattva do Grande Mistério, pois estou muito ocupado zelando pelas Palavras e pelos Pensamentos de nossa Mãe Cosmos. Mesmo assim, regozijo-me por servir com você em nosso grande propósito.

Prepare o altar no Espaço Sagrado. Então virei a você.

Uma Entrega. Uma Oração. Uma Jornada.

Bodhisattva do Mistério curva-se à vida que há em você.

Crescimento Espiritual do Homem

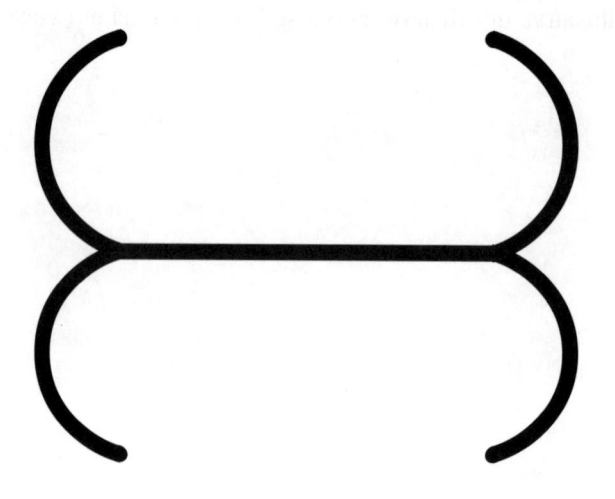

Auxilia no Caminho Sagrado
Desperta a Mente Superior
Orienta a Evolução no Espírito

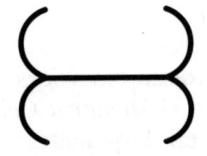

Wanyeca, Vaga-lume
Auxilia no Caminho Sagrado

Saudações, Nossos Parentes.
Nesta noite o **Povo Vaga-lume** está com vocês. Somos Luzes nesse Caminho Sagrado. Somos Professores que ajudam vocês a olharem por onde andam. Compreendam que *vocês devem escolher, com cada passo, qual o caminho pelo qual andam,* pois, *dentro* desses lugares a que vocês chamam de *subconsciente,* a cada momento o Ser Humano escolhe o caminho pelo qual anda.

Estejam *conscientes* de sua Escolha do Caminho Sagrado e seu subconsciente sempre escolherá o Caminho da Luz. Estejam *conscientes* do lugar chamado Coração e os Reinos Interiores conhecidos como *subconsciente* sempre escolherão a *Luz.*

Nós, o Povo Vaga-lume, ensinamos vocês a *emitirem luz.* Os Seres Humanos têm muitas luzes. No passado, vocês brilhavam como nós brilhamos agora. No futuro será assim novamente.

Aquilo que tem sido *inconsciente* deve passar ao *consciente.* O Caminho Sagrado deve ser parte da *Mente Consciente* para que esse brilho retorne. Essa *Luz Interior* é a escolha da Luz manifesta na fisicidade. Esse nível de manifestação significa que você está seguro de seu Caminho.

Nós, Vaga-lumes, conhecemos nosso Caminho. Somos os Indicadores do Rumo, os Portadores de Luz e os Guias ao longo do Caminho da Vida.

Se vocês forem bons observadores, perceberão que, em momentos diferentes, nossas luzes têm cores diferentes, pois *estamos em ressonância* com as energias necessárias naquele momento.

Assim, também o seu próprio destino de luz ensinará vocês a estarem *em ressonância* com a Mãe-Terra e a se prepararem para esse momento.

Concentrem-se na *Luz;*
Internalizem o *Arco-íris;*
Familiarizem-se com a *freqüência;*

Com a *consciência*
De cada uma dessas *Cores*.
Pois essas Cores despertarão em vocês
    Aquilo que é chamado *Memória Celular*.
A sabedoria que já está ali despontará
Vocês se lembrarão!
Os Antigos Modos retornarão,
pois o Futuro e o Passado são apenas um.

Somos Pequenos Seres Estrelados que voam pela Mãe-Terra. E voamos pelo Mundo Natural. Repare como ficamos junto das Árvores e nos Campos. Vocês encontrarão bem poucos de nós nas cidades.

Aprendam com nosso exemplo. Se vocês nos seguirem com oração em seu coração, nós o guiaremos a lugares sagrados. Se vocês nos seguirem com confusões ou anseios em sua Mente, com ganância ou ciúme em seu coração, nós os guiaremos a um lugar de aprendizado. Ambos serão ensinamentos.

Repetimos, respondemos à *vibração* que vocês nos oferecem, assim como toda a vida responde a vocês de maneira similar.

Se vocês desejam que seu Caminho seja Sagrado, ajam como um Ser Sagrado. Escolham o momento para ser tão Sagrado quanto souberem.

Será uma revelação. A força viva crescerá. E logo aquele lugar lá dentro chamado *subconsciente* será purificado. Ele se tornará seu amigo e não mais o carcereiro de seus pensamentos passados.

Libertem-se praticando a Santidade.

Concentrem-se naquilo que é belo lá dentro e compartilhem isso com seu mundo

Essa é a chave. E ela é simples. Essa chave abre reinos de Beleza a vocês.

Se vocês fossem um Ser Puro, responderiam a alguém que ainda tem muito o que aprender? E mesmo assim, nós, os pequenos Vaga-lumes das Estrelas, respondemos a vocês assim como o fazem muitos de seus Parentes.

Por isso, aprendam com nosso exemplo. Aprendam com o exemplo das Pessoas Santas que andam ao lado dos Seres Humanos. Escolham nutrir aquilo que é belo dentro de vocês. Então o seu Caminho Sagrado ficará claro. Então os seus Ajudantes virão a vocês. Saibam que todos os seus Ajudantes estão apenas esperando — esperando por sua purificação, esperando para que o Espelho de Seu Eu seja limpo, esperando que vocês *fiquem prontos para receber os Dons que estão pairando muito próximos.*

O Povo Vaga-lume vai atirar sua *Luz* sobre vocês se quiserem encontrar o seu Caminho Sagrado. Nós os levaremos em uma jornada dentro de si mesmos para encontrar esse Pólo Central, a razão para vocês estarem aqui.

Orem por nossa Nação e se entreguem aos Parentes. É também isso o que pedimos a vocês, pois a Vida é Entrega e é a condição do Criador.

O *Amor* é a Água que gira a Roda da Vida. Por isso, entreguem-se. Permitam que seu *Amor* cresça. Então nós, o Povo Vaga-lume, vamos ajudá-los a crescer de acordo com as Leis Espirituais que o Criador dispôs.

Para fazer com que essa jornada pelo Eu seja mais fácil e graciosa, vocês podem se purificar com a luz como já ensinamos. Vocês podem se purificar com a meditação — vão para um lugar tranqüilo e encontrem seus professores pessoais — e permitir que seus sentimentos e suas intuições ensinem vocês. Assim, se vocês desejam uma jornada mais fácil, preparem-se.

Nossa nação ajudará vocês no momento em que chamarem. No momento em que invocarem esse Símbolo Sagrado do *Crescimento Espiritual do Homem*, levaremos vocês pelos desafios de seu subconsciente. Nós os ajudaremos a encarar todas essas coisas. Nós os despertaremos para suas lições interiores. Nós as libertaremos para que possam emergir dentro de sua consciência. Ajudaremos vocês a purificarem seus reinos interiores.

Essa Pureza é necessária para descobrir o seu Caminho Sagrado. Asseguramos que, tão rapidamente quanto possível, vamos guiá-los para essa memória. E então, como uma explosão de *luz*, iremos, pois nosso objetivo é guiá-los até o Caminho, colocá-lo diante de vocês se vocês *seguirem* a nossa *luz*, se vocês se *concentrarem* no *caminho* pelo qual viajamos, se *sentirem* aquilo que está *dentro* de vocês.

Assim, meus Parentes, nós, o Povo Vaga-lume, esperamos o seu *chamado*. Esperamos o seu *desejo de Pureza*. Esperamos a sua *sinceridade* para andar pela Estrada do Espírito.

Nós os guiaremos com grande Amor e Verdade!

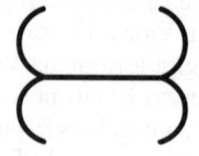

Tawacin Awanyagkiyapi, Guardiões da Mente

Desperta a Mente Superior

Como ***Guardiões da Mente***, saudamos vocês nesta noite.

A Mente é algo muito incompreendido neste momento sobre a Mãe-Terra. Ó, Seres Humanos, a Mente é mais que a carne. É muito mais que o cérebro. Porém, é verdade o que você sente. É verdade que o cérebro possui as Passagens para o Espírito. Assim, *ó Ser Humano, Mente é Espírito!* A Mente é o seu próximo passo em direção à Verdadeira Vida. A Mente é algo que poucos compreendem.

Percebemos que o Seres Humanos naquele lugar chamado *O Extremo Oriente* têm uma compreensão maior da Mente que a maioria dos homens. Eles falam do *esvaziamento* da Mente como o Caminho para a *Mente Original*, a Mente do Mestre, que é também a da Criança.

Para despertar a Mente,
 Purifique seus Pensamentos
  Desarme os julgamentos
   Abra-se a Novos Modos de Compreensão
Pois, se você tem julgamento, significa que você precisa
   Abrir-se a Novos Ensinamentos.
    Livre-se de seus medos.
    Abra-se a Novas Maneiras de ser.

A Mente, a Verdadeira Mente, pousará dentro de você como uma Pomba, se você apenas desarmar o julgamento. Pensamentos rígidos ou imóveis são pensamentos que o matam. Pensamentos que crescem e se expandem fazem-no viver. Assim, como uma criança, abra-se a novas experiências. E nós, os Guardiões da Mente, podemos trazer de volta sua *Natureza Original*.

Nós podemos abrir essas Passagens da Mente. Podemos purificar as glândulas. Podemos equilibrar e recriar a sua química. Podemos restaurá-lo em todos os níveis da Mente. O seu papel é *desarmar a negatividade*. O seu papel é *ter pensamentos sagrados*. O seu papel é *adotar pensamentos de paz*.

Então, haverá espaço para a Mente Superior dentro de você. *Comece hoje!* O processo de purificar os pensamentos, de obter a *Mente Original*, leva tempo. Você deve desfazer o que já fez. Deve antes de tudo perceber por que fez aquilo. Você deve esvaziar pensamento a pensamento, molécula a molécula. Assim, quando iniciar esse processo com sinceridade, nós, os Guardiões, podemos acelerar seu crescimento.

Não venha a nós a menos que você seja sincero. Sinta dentro de si. Espere até ser sincero. Espere até ter coragem de ter a Mente de uma criança. Espere até ter a coragem de ser o *junco oco*, de ser um receptor de pensamentos sagrados.

Então, vá atrás da Mente Superior. Faça apelo ao seu Guardião da Mente. Viremos a você durante o sonho e removeremos os problemas que o assombram, pois se experimenta perturbações em seus sonhos, isso se deve a coisas ruins na Mente. Seus sonhos serão o primeiro modo pelo qual o ajudaremos, pois, em verdade, o sonho é a realidade. O sonho é o Reino Puro da Mente e a primeira passagem para compreender o que realmente é a vida que o rodeia.

Com sinceridade, podemos vir a você. Podemos trazer as lembranças da glória passada, lembranças das vitórias futuras e lembranças de por que você é do jeito que é.

Sinceridade é a chave.
Sabedoria é o Objetivo.
Conhecimento é uma Ferramenta.
Paz é Sabedoria em ação.

Portanto, olhe para sua vida e descubra onde há *paz* e saiba que aquilo é a manifestação da Mente Superior. Aprenda com aquilo que é *pacífico* dentro de você. Aprenda com aquilo que é *paz* em torno de você. Paz é a *Mente Inocente*.

Em ressonância com o Universo, o sentimento de *paz* é o sentimento da Verdadeira Natureza. Portanto, tenha a *paz* de uma criança, a criança *que você é*. Saiba que todas essas concepções errôneas, todos esses ensinamentos sobre ser mais esperto que o outro, todas essas tendências competitivas, todas essas negatividades devem ser eliminadas. Há lições que devem ser aprendidas. Nós o ajudaremos, se você perguntar com sinceridade.

Permita que sua *Mente Original* aflore, pois essa é a Mente da Verdadeira Luz.

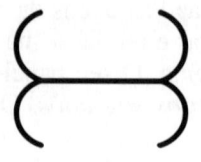

St. Germain

Orienta a evolução no Espírito

Eu sou *St.Germain*.
Estou com você neste momento para lhe ensinar
um dos mais importantes princípios que se pode aprender.

Internalize a Luz.
Respire o sopro do Espírito.
Respire essa Luz para si.
Respire essa Luz para dentro de si.

Evolução é simplesmente crescer e amadurecer no ritmo do Universo.
Evolução é seu Caminho de volta ao Espírito.

Do Espírito você veio, ao Espírito você irá.
No Espírito você está, mesmo agora.

Medite sobre essa Lei Espiritual.

Faça um apelo ao Raio da Misericórdia.
Fale consigo mesmo.
Abrace a vida dentro de si.
Compreenda que você foi criado à Imagem do Criador.

Você é o Universo.

Um espelho — seu espelho — pode ser endireitado.
Pode ser polido.
Pode ficar limpo novamente.
Você é uma faceta inestimável do Divino.

Esse princípio de que falo de forma tão elevada é o princípio de *Amar a Si Mesmo*, de *Amar sua Situação Atual*.
Você deve *Amá*-la,
pois *você* a criou.

Você a fez existir.
Você permitiu que se desenvolvesse.
Você ficou curioso para senti-la.

Ame quem você é.
Ame o seu ambiente.
Ao terminar,
Ao aprender aquilo que queria aprender com essa situação,
Siga em frente até qualquer outra coisa que seja estimulante para você.

Traga a mesma vibração de *Amor*
É assim que se evolui.

Pois o *Amor* alimenta os elementos de seu ser.
Ele alimenta aquilo que o rodeia.
O *Amor* alinha tudo o que existe com o Coração de Deus, com o propósito do Criador.
O *Amor* é tudo o que você precisa.
O *Amor* é muito mais do que você sabe.
O *Amor* é o poder deste Universo.
O *Amor* é aquilo que você vê todos os dias.

Pois o *Amor* é também o Dom da Visão,
É o Dom do Som,
É o Dom de Tudo o que você vivencia.

Explore as facetas do *Amor*.
Explore as facetas do *Eu*.
Você descobrirá que elas são as mesmas.

Como os Mestres,
Aprenda a aplicar a Ciência Sagrada do *Amor*.
Aprenda a *vibrar, emitir, canalizar* e *fluir* com a ocorrência do *Amor*.
Saiba que cada aspecto do *Amor* do Criador está dentro de você.

O Ser Humano está envolto em Mistério.
É por isso que é tão empolgante ser Humano.
Cada célula dentro de seu corpo tem ensinamentos multidimensionais para você.

Por isso, *Ame* a si mesmo.
Você é a sua própria Passagem para a Compreensão.
Você está conectado com Tudo o Que É.
Amar a si mesmo é amar o Universo.
E amar o Universo é amar tudo o que anima você.
Fortaleça esse fluxo interior de *Amor*.
Se você deseja evoluir com o Espírito, aprenda o *Amor*.

Ame sua Mãe-Terra.
Pois Ela é um Ser muito maior que você.
A Mãe-Terra chamou você neste momento.
Você é parte de seu *Grande Renascimento*.
Amar a si mesmo é o seu papel neste Renascimento.

O *Amor* é Espírito em Movimento.
Amar é tocar a sua *Natureza Estelar*
e compartilhar essa *Verdadeira Natureza* com seus Parentes.
Torne-se tudo *aquilo que você é* por meio da Prática de Amar a Si Mesmo.
Pratique o seu *Amor* pelo outro.
Vocês são o Espelho do Eu.
Prepare-se para a Grande Energia de nossa Mãe-Terra
Erguendo-se nos reinos em que o *Amor* é *visto* e também *sentido*.

E nas *Nuvens do Amor* você nadará novamente.
Eu sou St. Germain com a mensagem do *Amor*.
Pois este é, em verdade, *o princípio mais importante* para o Ser Humano neste momento e sempre.
Entrego a você de todo o meu coração,
A todos os que verão e experimentarão esse *Crescimento Espiritual do Homem*, meu próprio *Amor* para ajudá-los a compreender o que significa viver.

Estarei com vocês, pois sou o Guardião da Era de Aquário.
E eu garanto a vocês que o *Amor* é a primeira lição, a única lição.
O *Amor* é a Jornada pela qual vocês estão aqui.
É também a Jornada pela qual estou aqui.

Receba este *Amor* do Coração de Saint Germain,
Em Nome do Amado Emmanuel
e dos Mestres e Anjos de Luz,
Em Nome de Nosso Pai e Mãe Universo,
Eu marco vocês com esse *Amor*, com o Amor do Ser.

Eternamente, EU SOU,
Saint Germain

Lei Universal do Movimento
e do Equilíbrio

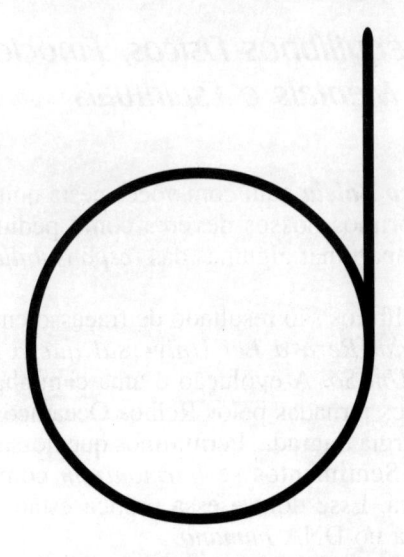

*Cura Desequilíbrios Físicos, Emocionais,
Mentais e Espirituais
Inicia a Energia Criativa para a Manifestação
Reforça a Evolução pela Graça e pela Força*

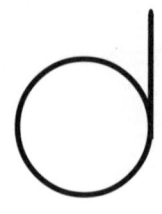

Hogan Iyotan
Tanka Oyate, Povo Baleia

Cura Desequilíbrios Físicos, Emocionais, Mentais e Espirituais

Nós somos o **Povo Baleia** aqui com vocês nesta noite. Somos Protetores da Terra e cumprimos nossos deveres como pediu-nos o Criador. Estamos aqui para compartilhar algumas das *responsabilidades* que vocês dividem conosco.

Todos os desequilíbrios são resultado de fracasso em cumprir a *Responsabilidade Sagrada*. *Reza a Lei Universal que o Movimento e o Equilíbrio devem ser Um Só*. A evolução é uma caminhada delicada.

Em nossas grandes jornadas pelos Reinos Oceânicos, viajamos para muitos Lugares de Energia Sagrada. Permitimos que nossa Canção, nossos Pensamentos, nossos Sentimentos se *harmonizem* com essas energias chácricas da Mãe-Terra. Esse dom e essa prática estão dentro de nosso DNA, assim como está no DNA *humano*.

Para atingir a *Harmonia Cósmica*, você deve equilibrar *todas* as suas atividades. Isso significa que você deve *seguir seu Espírito a cada momento*. A própria Sabedoria do Espírito está ancorada dentro de sua biologia.

Por isso, siga suas intuições, expresse *todas* as coisas que você considera *tolas*. Cante com a Mãe-Terra e dance quando tiver vontade. Restaure os Lugares de Energia sobre a Terra e você não se sentirá tão ridículo ao executar uma dança sagrada em um *shopping* ou em uma cidade, ou ao cantar uma Canção na igreja que pareça ser de uma denominação diferente.

Nós, do Povo Baleia, mudamos muito pouco nosso mundo; vemos a Beleza e a Sacralidade que já estão ali. Buscamos *entrar em ressonância* e em seguida *viver* com o Sagrado que já existe.

Se vocês, Seres Humanos, diminuírem sua ânsia por criar materialmente, vocês se *lembrarão* dos Caminhos Sagrados.

Na verdade, para poderem *equilibrar*-se, vocês devem se mover menos no físico e mais nos Reinos do Coração, da Mente e do Espírito. Como ensinam os Avôs, **olhem para adiante, para as *Sete Gerações*, antes de fazer uma *mudança* em qualquer coisa.**

A Sabedoria é pensar sobre essas coisas *antes* de agir. Pensar primeiro e sentir plenamente ajudará a evitar muitos dos desequilíbrios que vocês experimentam. Além das coisas que vocês devem *desfazer* e nas coisas em que vocês pensarão melhor *do que farão*, acima de tudo, *olhem para dentro*. Como vocês podem compreender seu Mundo se não compreendem a si mesmos?

Essa Lei Sagrada do Movimento e do Equilíbrio pode *curar* vocês.
Mas compreendam que seu caminho é como um fio esticado.
Bastante fácil de atravessar se seguido com paciência.
Bastante perigoso para os que tentam se apressar.

Há uma prática conhecida entre os Povos Originais que é
a chave para o equilíbrio.
É a *observação*. É a *harmonização com a natureza*.
Para compreender o mundo que os rodeia, vocês devem *sentir* cada faceta.
Desde o Pequeno que se Arrasta até o Grande que Voa,
desde o Movimento Interior das Coisas até o Vento que Sopra,
a Mente humana é capaz de todas essas percepções.
O coração Humano é capaz de *compreender* o
modo como as coisas fluem.

Vocês devem *usar* seus talentos e sua percepção antes de agir de maneira tão tola. Conheçam a *Verdade* antes de agir. O Coração é onde reside esse celeiro de percepção e compreensão. Para abrir esses Dons, sentem-se com seus Parentes na floresta, nas montanhas ou junto ao mar.

Ensinaremos a vocês como *se mover em equilíbrio*. Quando vocês aprenderem a *se mover em equilíbrio*, todas as dificuldades que experimentam em seu corpo, coração e mente serão varridas para longe.

O Universo não deseja punir o Ser Humano. O Universo ensina da maneira mais graciosa. Suas restrições são suas lições. Portanto, aprendam como *andar em equilíbrio* novamente.

Sugerimos que o Dom da Canção seja empregado, celebrado com essa Lei Sagrada. Quando você busca acabar com o desequilíbrio, a canção humana o permite. A Canção vibra o físico; ela abre o Coração; ela limpa a Mente; ela chama o Espírito.

Assim, quando vocês apelarem ao Povo Baleia, chamem-nos por intermédio de sua Canção, pois estamos afinados com *toda* a Canção neste planeta. Nossa Mente e nosso Coração estão juntos quando alguém canta uma Canção Sagrada.

O Povo Baleia guardou os segredos para o Ser Humano, pois nós somos seus Irmãos e Irmãs mais velhos. **Nossa Canção despertará suas memórias e trará a vocês a cura.**

Se vocês puderem se lembrar da Canção da Baleia, tentem cantar conosco. Se vocês desejarem uma cura vinda de Nossa Nação, cantem suas canções por quatro dias. E estaremos prontos para vir a vocês e lhes dar a *Sabedoria pelos Caminhos da Água*. Curaremos seu Coração. Despertaremos sua Mente para a memória do *Oceano Cósmico*.

Os Seres Humanos têm sete papéis fundamentais como Guardiões da Terra. Todas essas tarefas são importantes para esse Caminhar Equilibrado.

O Primeiro Dom é o *Dom da Canção*. Saibam que suas *palavras são canção* também. Se vocês não tiverem nada de bom a dizer, honrem o Silêncio Sagrado. Dentro do Silêncio há uma música que os Seres Humanos devem lembrar.

Fiquem parados e ouçam *Nossa* Canção que ecoa em torno da Mãe-Terra.

O Segundo Dom é o *Dom da Vista e da Visão*. Essa é a sua *conexão* com a Luz Sagrada do Espírito.

Por meio de seus pensamentos, os Seres Humanos alimentam a vida em torno deles. As Pedras, as Plantas e os Animais, portanto, necessitam de luz nutriente. *Os Seres Humanos devem ter Pensamentos nutrientes!*

O terceiro Dom é o *Dom da Ação*. Amor é ação. Toquem seu mundo com Alegria e Delicadeza. *Seu toque é um bálsamo curativo para todos os Parentes.*

O Quarto Dom é o *Dom da Escolha*. Usem sua vontade, sua energia, para trazer a vida, para criar em equilíbrio com o Coração de Nossa Mãe. Não desejem nada para *si*. Usem seu poder para ajudar nossa Mãe. A Mãe-Terra é a Criadora, a Deusa dessa esfera. Usem seu poder para honrá-La.

O Quinto Dom é o *Dom da Criação*. É o Manancial de seu conhecimento. É o Rio Criativo chamado *imaginação* e o *poder* de criar a vida.

O Sexto Dom é o *Dom do Sacrifício*, o dom de doar ao outro. E, na morte, vocês renascerão para a Nova Vida. Depositem a *sua vontade* de que o Universo prospere. Encontrem a *sua Vontade* enquanto o Universo se desdobra.

O Sétimo Dom é o *Dom de Sua Conexão com o Criador*, o Dom do Pensamento, do Ser e do Sentimento Sagrados. É o Dom da *Natureza Estelar*. Alimentem sua ligação com *sua Alma Estrela*. A vida será então realmente abundante.

O Povo Baleia deseja que os Seres Humanos reflitam sobre esses Sete Dons e que *olhem para dentro* para aprender como honrar a vida por meio deles. Aprendam a andar com esses Sete Dons. Honrar *toda* a vida é o caminho para o equilíbrio; não apenas para vocês, mas para todos.

Por isso, levante-se, Ser Humano, enquanto nós, o Povo Baleia, continuamos a lhe ensinar a cada momento por meio de nossa Canção e de nosso Pensamento. Erga-se como Guardião da Mãe-Terra. Erga-se e assuma suas *Responsabilidades Sagradas*. Honre a Sabedoria dentro de você e exija a Santidade que lhe pertence.

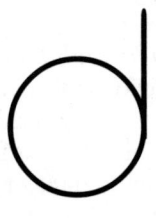

Tawamnipa Oyate
Inicia a Manifestação da Energia Criativa

Plêiades, a seu serviço.

Nós, *As Sete Irmãs*, somos responsáveis pela *Manifestação do Espírito na Forma*, pois somos as Guardiãs dos Portais que trazem a você a *imaginação criativa*, que o estimulam a *fazer, desenvolver* e *ser*.

Na verdade, estamos diretamente associadas à sua Natureza Superior. E somos servas da mesma Grande Luz. Nós, As Sete Irmãs, emitimos essas *energias criativas* que despertam os Sete Dons da Humanidade.

Se você deseja se manifestar, se deseja co-criar com o Universo, *em primeiro lugar, você deve ir à montanha e orar*. Você deve *penetrar* no Silêncio Sagrado e usar o *Dom da Visão*, pois cada um tem um Caminho Sagrado. E o Caminho Sagrado de sua decisão anterior à vida é o mapa para cada uma de suas atividades criativas.

Você tem uma lista de deveres, por assim dizer. São atividades ou grupos de atividades que você mesmo escolheu antes de vir na forma física.

E, portanto, *você deve ir à montanha e orar*. Essa é uma *grande oportunidade*. O Criador e os Santos virão ajudá-lo a visualizar o seu Caminho Sagrado.

O *Dom do Toque* é o passo seguinte para a manifestação da Energia Criativa em uma forma. Ao dizer toque, estamos falando do reino da *sensação. Seu coração deve estar em contato com os elementos que se transformam para ser sua criação.*

O Criador, pelo Dom Sagrado da Visão, mostrará a você quais são esses elementos. A sabedoria deles entrará em você por meio dos portais da inteligência de seu DNA e, na *Alquimia do Eu*, nos reinos interiores, o você inconsciente, como um Ser de Luz, formará algo novo para apresentar ao Universo. É isso o que significa *sentir*. Mantenha contato com os elementos de sua criação.

Cantar a visão é criar a realidade. Esse é o seu próximo passo para a manifestação. A Canção pode ocorrer por meio das palavras de oração. A Canção pode ser os antepassados de sua memória. A Canção pode ser a busca pelos elementos necessários.

Uma Canção é o movimento da energia. É a criação de uma onda de cura e transformação para aqueles que o rodeiam. Por isso, transforme sua visão em uma Canção dos Elementos que se aprimorará em sua criação.

Com muita freqüência, a Canção é o conjunto das imagens, pensamentos e imaginações que se desenvolvem a partir de elementos que trabalham dentro de você. As Canções, com freqüência, são sonhos.

Ponha sua opção por trás de sua criação. Esse é o próximo passo do caminho. Use sua energia em harmonia com a Mãe-Terra e o Plano Divino. A própria visão pelo seu Caminho Sagrado está em harmonia com esse plano. Ponha *energia, entusiasmo* e *força* por trás de sua criação. E essa energia que emana pelo plexo solar, a partir do Raio Dourado de Luz, iniciará o ciclo de manifestação.

É nesse ponto da Jornada da Criação que você deve se adiantar, vivenciar e experimentar. Tente juntar isso tudo e use a ação de sua imaginação para emanar *vida.*

Tudo o que você cria — seja um pensamento ou um sentimento ou um objeto — é Vida.

Portanto, nessa busca pela manifestação, fique em comunhão com o Criador. Permita que essas sabedorias sagradas em sua compreensão estrelada guiem sua ética e suas ações. Pois aquilo que você cria é ligado firmemente a você e emite uma Canção das Ondas para *todo* o Universo.

A pedra angular para a manifestação de seu Caminho Sagrado, a manifestação de qualquer projeto de seu desejo, é a *Entrega,* é o sacrifício de sua *vida,* é pôr sua *Respiração* naquilo.

O Criador soprou a Respiração da Vida em você, dando a *você* o poder de criar e de viver. Portanto, uma vez que você tenha *visualizado, sentido, cantado, escolhido, viajado* e **se alinhado com o Criador**, dê a sua *Vida,* sua *Respiração.* A *manifestação* resultará.

Para emitir outro, você deve usar todos os seus Sete Dons Sagrados.

Nós, as Plêiades, ajudaremos você em todos os passos dessa jornada, se por acaso você fizer apelo ao nosso auxílio.

Sugerimos que, ao sair em busca de sua Visão, você invoque a *Lei Universal do Movimento e do Equilíbrio.* Ponha essa Assinatura de Energia diante de você. Chame as Plêiades para liberar as energias criativas necessárias a esse processo.

Se os Conselhos da Luz julgarem você digno e capaz, nós liberaremos o Conhecimento e a Informação Iluminada que despertará essa manifestação para você.

Quando você vier a nós em equilíbrio com o Criador e seu Caminho Sagrado, saiba que o presentearemos com energias e compreensões que tornarão plena a sua vida. Somos Guardiãs do Amor e desejamos a Maior das Luzes para você. Ajudaremos você a se mover durante sua jornada nas graças da Luz Superior. Abriremos portais, curvaremos o tempo e canalizaremos energias de Transformação para ajudá-lo ao longo do caminho.

E, por isso, faça Apelo às Sete Irmãs quando você estiver buscando *criar*, ao buscar *expressar* seu Caminho Sagrado. Construiremos as geometrias do desenvolvimento dele por meio da Luz de seus próprios Dons Sagrados, pois as *Sete Gerações*, as *Sete além* e as *Sete além* delas levam à soleira das *Plêiades*.

Maitreya

Reforça a Evolução por meio da Graça e da Força

Eu sou *Maitreya*, um Professor Servo para os Povos da Mãe-Terra.
O destino humano deve ser reforçado para que haja transformações em Graça.
O *Equilíbrio* é um *equilíbrio de energia* que você encontra quando está em *Paz*.
Portanto, ó minha Gente, que haja a *Paz*!
A Mão Ofertória da Compaixão é a larga estrada para a Paz e o Equilíbrio. A *Compaixão* é o poder que levará a Humanidade novamente ao movimento firme no Equilíbrio Sagrado.
A *Compaixão* é a Força Vital que alimenta suas células (seus "eus"). Para estar vivo no Verdadeiro Sentido da Vida, você deve sentir a comunhão de tudo. Você deve *doar* para o benefício de um outro.
É por essa razão que emiti a instrução:

Todos os povos devem ser alimentados, vestidos e abrigados

Essa ação da humanidade é o *lugar inicial da Compaixão*. Essa grande vitória para a espécie humana é mais que possível agora. Sempre foi possível. Essa ação em si — atender às necessidades das pessoas — firmará a evolução humana e despertará esse destino na Glória da Luz do Criador.
Se você não tem os meios para abastecer um outro, envie ao menos suas Orações, doe o Toque Curativo, leve as Energias da Pureza. Tudo isso equivale a alimentar e vestir e abrigar as pessoas.
Ore pelas pessoas. Dê às pessoas o Toque da Cura. Seja o exemplo da Pureza. Expresse seus Dons. E *saiba* que sua pequena parte revelará uma *Compaixão* cada vez maior.
Compaixão é a energia de *estar com um outro*. Os Seres Humanos são assim naturalmente.
Por isso, *cure* as feridas do racismo, *expulse* as cicatrizes de guerra, *chore* as lágrimas do abandono. E *livre-se delas* para sempre.

Abrace a Paz de servir a um outro, de emitir os pensamentos e a compreensão da *Pureza*. Essa é a verdadeira Força do Espírito. E essa é a Graça de nossa Sagrada Mãe.

Toque o outro com o *Toque da Cura*. É a mesma coisa que o *Toque do Amor*.

E saiba que quando você toca um outro o Criador está ali.

O *Toque* vivifica e faz renascer o Corpo, o Coração e a Mente. O *Toque* conecta a totalidade do ser com sua grande *Origem Estelar*. **O Toque abre o Coração Sagrado e permite que as Sagradas Águas da Vida fluam**. Essa é a *Compaixão* que você sente.

A Prática da *Pureza* é o Bálsamo da Vida, pois, para entrar nos Portões do Paraíso, você deve entrar na *Pureza*. A energia da *Pureza* abre o coração de nossa Mãe-Terra. E *Ela* cura, alimenta, abriga e veste a todos nós.

Eu sou Maitreya. Estou aqui no Ofício de Professor do Mundo para servir à Humanidade como um Irmão, como um Amigo.

Meu Primeiro Ensinamento é o *Ensinamento da Compaixão*. Se você tem os recursos, dê alimento e vestes e abrigo a seu Irmão e Irmã.

Vocês todos, "Orem!", "Curem!" e nos ensinem o que significa ser puro!

Essas práticas são as que *firmam seu crescimento* e lhe dão a chave para as Portas da Aventura. Os Portões abrir-se-ão a você e o Paraíso será seu.

EU SOU
Maitreya,
Seu servo hoje e sempre.

Força Espiritual, Saúde e Felicidade

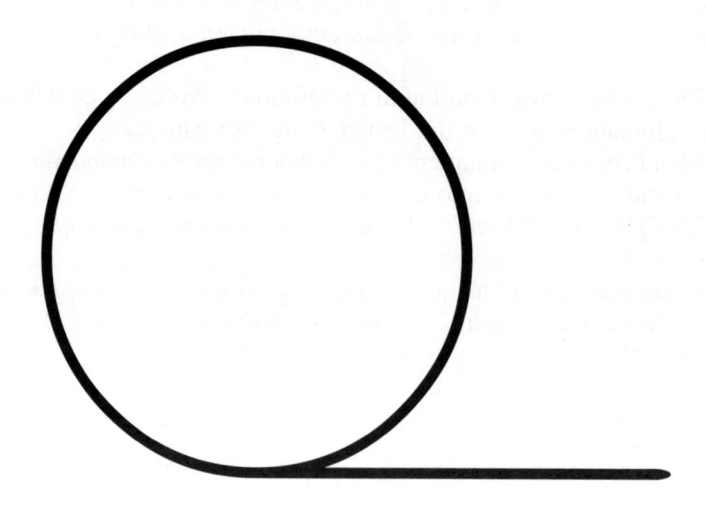

*Abre Caminhos para a Unificação do Eu
Estrada Dourada da Saúde
Dá Forças por meio da Lei Divina*

Unci, as Avós

Abrem Portas para a Unificação do Eu

Nós somos *As Avós* e oramos por você hoje. Zelamos por você desde muito pequeno até bem velho. Zelamos por seu Espírito. Zelamos por tudo o que você é. Como sempre, estamos aqui para lembrar você, para lhe trazer um pequeno ensinamento que o ajudará a *lembrar*.

Hoje queremos que você pense no *Relacionamento*. Lembre-se de seu *Relacionamento* com a Árvore da Vida. Estamos aqui para lembrá-lo de seu *Relacionamento* com aquilo que está *acima* e aquilo que está *abaixo*. Estamos aqui para lembrá-lo daquilo que está à sua *esquerda* e do que está à sua *direita*.

Abriremos seus *Olhos* e deixaremos que você compreenda que essas Seis Direções são as Direções de Sua Origem. Sua Alma Estrela, *a origem de sua natureza estelar* — a própria Luz que mandou você para cá —, vem de *cima*. O Grande Espírito emitiu Tudo o que É, e *aqui está você!* Você deve lembrar-se dessa Linha da Vida, a Linha da Vida que é o Grande Portal do Espírito, a Porta para o Espírito.

Isso é o que está *acima*. A Linha da Vida que sai de seu Coração e, por meio da Coroa, viaja primeiro para o Sol deste Amado Sistema Solar e, em seguida, por meio de nosso Pai Sol para o Sol que está Além do Sol, e depois para o Coração do Universo. É disso que queremos lembrar você: *Sua natureza vem do Criador* — a Linha da Vida do Criador. A *Comunicação* ocorre do seu Coração ao Coração do Grande Sol Central.

Por meio de sua Oração e do uso deste símbolo, a *Lei Espiritual da Força, da Saúde e da Felicidade*, você poderá abrir essa passagem e todas as outras passagens.

Seu *relacionamento* com o Grande Espírito é seu *relacionamento* com a razão pela qual você está aqui. Os dons que você traz para a Mãe-Terra e para seus parentes vêm diretamente por meio dessa Ligação do Coração com o Centro do Universo.

Por isso, lembre-se de quem você é. Olhe para cima. Lembre-se do Criador. Estabeleça um relacionamento com o Sagrado Criador.

Aquilo que está *embaixo* é o Coração da Mãe — que você conheceu primeiro como *Mãe-Terra*. Dentro do Coração da Mãe-Terra está o Coração do Cosmos, a Grande Mãe Cósmica conhecida como *Mistério*. Lembre-se da Mãe Sagrada, pois Ela é aquele apoio graças ao qual você pode ficar em pé, graças ao qual você pode sentar-se. Desse Mistério sai toda a Vida que o alimenta, que lhe dá a vontade de viver.

Por isso, enterre as Raízes de sua Própria Árvore da Vida *profundamente* na Mãe. Estabeleça esse *relacionamento* recíproco em que seu Amor alimenta a Mãe e o Amor da Mãe faz você crescer.

Amar a sua Mãe permite que você permaneça neste plano terrestre. Amar a Mãe — a Mãe-Terra e a Mãe Cosmos — é a razão pela qual você está aqui. *Ao aprender as lições dela e ao se unir com seu Amor Universal* você se abre a este portal, a esta energia do Grande Mistério que está *sob* seus pés. Tenha um *relacionamento* com a Mãe-Terra e, por meio da Mãe-Terra, com a Sagrada Mãe Universo.

Nós, as Avós, estamos *por trás* de você. Apoiamos você em cada passo. Guardamos seu futuro. Como a Medicina do Urso, rodeamos você com *força*. Damos a você a *força* da sabedoria que você aprendeu.

Nós, Avós, protegemos seu futuro guardando seu passado. Somos as Protetoras da Chama da Sabedoria — de *seu* curso de vida e de *todos* os cursos de vida. Se você precisa compreender a si mesmo, deve perguntar às Avós. Nós o levaremos *profundamente* para dentro do Silêncio de seu próprio ser. Nós lhe ensinaremos as disciplinas que você precisa conhecer. Nós o ajudaremos a *lembrar-se de quem você é* desde o primeiro momento em que você surgiu do Coração do Criador. Ajudaremos você a integrar os dons sagrados e talentos que você tem.

Por isso, procure as Avós se você quiser compreender onde você tem estado. Nós o levaremos à Caverna do Eu e o ajudaremos a emergir do outro lado da montanha como um novo ser.

As Avós guardam esse Portal da Lembrança

Os Avôs são os Protetores do Tempo, são os Mestres de sua Quarta Dimensão. São aquilo que está *diante* de você, pois o Caminho do Espírito o guia para aquilo que é chamado *futuro*. Esse *futuro* são os Ensinamentos dos Avôs. Os Avôs zelam pela Natureza Divina que você deve se tornar. Os Avôs são os Protetores dos Véus do Tempo. São eles que erguem esses véus para permitir-lhe ver.

Assim, quando você quiser Orar por uma Visão, para conhecer a direção de seu Caminho, faça apelo aos Avôs (eles são severos, mas muito mais compassivos que as Avós). Depois de se haver purificado e quando estiver pronto para ir além daquilo que é conhecido como *carma*, os Avôs mostrar-lhe-ão o caminho da revelação mais fácil e abrirão o Portal da Eternidade.

Os Avôs são Protetores de Seus Dons Futuros. Ao andar com eles, você descobrirá o Arco da Ligação de Todas as Coisas. Ao andar com eles, rapidamente *irá se tornar* tudo o que você já é no lugar chamado *Eternidade*. Os Avôs são os Protetores dos Portais da Vida.

As Deusas, as Mães Sagradas, são aquelas que andam a seu lado, à *esquerda*. Essa é sua *natureza feminina*. Para compreender os segredos da Mãe-Terra, você deve honrar as Mães Sagradas. Elas são as Mestras da *Compaixão*, do *Amor* e da *Alegria*. Você deve ousar entrar em seu Amor Inflamado para descobrir sua natureza delicada. As Mães Sagradas são as Guardiãs do Portal do Amor.

Aqueles a quem vocês chamam *deuses* são por nós chamados de Pais Sagrados. Eles ficam à sua *direita*. São seres aprimorados, Presenças Cósmicas, Protetores dos Poderes e da Força. São também os Protetores da Lei.

Se você quiser compreender a verdadeira natureza da *Força*, deve buscar as *Maneiras Gentis* desses Pais. Você deve perceber que cada uma das ações e cada pensamento estão *entregues* aos fluxos da Lei Divina. Eles são os Professores da Lei e tudo o que é *poder* é a manifestação da Lei Sagrada. Os Pais Sagrados são os Protetores do Portal da Força por meio da Lei.

Nós, as Avós, trazemos-lhe esse conhecimento porque as facetas de você mesmo lhe chegam vindas dessas Seis Direções. *Saiba que essas direções são, na verdade, portais que existem dentro de sua aura*. Portanto, são parte de *você*. São suas *portas* para os *Reinos das Avós e dos Avôs* — o lugar que está além daquilo que você entende como Universo.

Você deve buscar um *relacionamento* com cada uma dessas Direções Sagradas. E saiba que, pela imagem deste Símbolo Sagrado, por meio desta *Lei da Força, Saúde e Felicidade*, você pode abrir esses portais. Você pode descobrir *quem é* em relação ao Espírito, ao Mistério, às Avós, aos Avôs, às Mães Sagradas e aos Pais Sagrados. Você descobrirá as Essências da Vida que se juntaram para formá-lo. Elas todas fluem por essas Seis Direções Sagradas.

Para se tornar um só com tudo o que você é, você deve compreender quem você realmente é. Esses caminhos dentro de sua *natureza etérea* são parte daquilo que você é. São também os portais de sua ligação com o Universo, o Multiverso e Além.

Esses portais são suas passagens para a *comunicação interestelar*, para a comunicação com tudo o que está fora. Se você seguisse uma dessas direções até chegar ao final, passaria pela Mãe Sagrada e descobriria *a si mesmo* dentro dessa Árvore da Vida Sagrada que é *seu próprio corpo*.

Você deve ter *relacionamento* com esses Seres que o nutriram pelas Eras de Tempo e mesmo Antes que o Tempo Existisse, pois eles estão do outro lado desses portais. E estão encarando você. Amam você. E estão orquestrando os ensinamentos de sua vida. Assim, conhecer esses Seres que Amaram você desde o Tempo Antes do Tempo *abrirá* os portais do Lugar do Amor, do Lugar da Excitação por Descobrir *quem você é*. Esses professores virão a você por meio da Meditação, da Visão e dos sonhos. Pela prática e sinceridade, eles virão a você em forma física.

Primeiro, você descobrirá um guardião em cada uma dessas direções. Tente conhecer esses Seres, pois dentro deles estão as Chaves de Seu Eu. Pois *são* seus Criadores. Você está sendo gestado dentro do coração deles, como se seu coração fosse a emanação do Amor deles.

Descobrir aqueles que o Amam tanto abrirá o seu Coração Sagrado. O Coração Sagrado é sua ligação com o Espírito e o Mistério. É a ligação com as Avós e os Avôs. É a ligação com a Mãe Sagrada e o Pai Sagrado.

Esses Seres de sua vida desejam seu reconhecimento, pois o seu reconhecimento é a chave para sua revelação! Esses Seres que criaram você e que o emitiram a partir do próprio Amor do Coração desejam ter uma *comunicação consciente* com você! Abra-se ao Amor deles! Ande com eles a cada dia!

Nós, Avós, estaremos com você por meio desta Lei Espiritual, para ajudá-lo a compreender os guardiões de sua *Verdadeira Natureza*. Ajudaremos você a desvendar as *facetas* de seu Eu, que é o reflexo do Divino nas Direções Sagradas.

Uma vez que você tenha ousado olhar nas faces do Amor, essas facetas do Eu se dissolverão e a força de fusão dos Fogos Sagrados dentro de você acabará de torná-lo Um Só.

Os Véus do Tempo rasgar-se-ão. O que é *Passado* se tornará *Futuro*. O que é *Mãe* se tornará *Pai*. O que é *Espírito* ficará conhecido como *Mistério*.

Pois, na Verdade, *Tudo é Um*.

E você, ó Amado do Universo, é uma Árvore da Vida Sagrada. Conheça os Seres que o rodeiam no Sopro do Espírito. Esses Portais da Compreensão estão prontos para se abrir. As Faces Radiantes do Amor estão prontas para cumprimentá-lo.

Nós, as Avós, guiá-lo-emos e o ensinaremos.

Oramos por vocês, nossos Parentes. Zelamos por seus Espíritos. Zelamos por *tudo* o que vocês são.

Lembrem-se, lembrem-se, lembrem-se de sua ligação com o Todo.

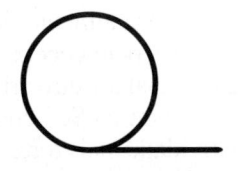

Iyozanzan Zizi, Raio Dourado

Estrada Dourada da Saúde

Saudações, Meus Parentes. Sou um Mestre das Irmandades dos Mantos Dourados da Cura. Meu nome é **Raio Dourado**.

O Calçamento da Estrada Dourada da Saúde são as *Glândulas* dentro do Corpo Humano. As *Glândulas* são as passagens entre o Espírito e a química. Estamos falando da bioquímica, as Águas da Vida Interior.

As Glândulas recebem as necessidades do Espírito e manifestam Águas com muitas propriedades vivificantes. É o indivíduo quem escolhe a força, a pureza e a essência de suas Glândulas. Porém, o Caminho da Sabedoria ensina que as Glândulas devem ser *entregues* ao Espírito. *Apenas* o Espírito tem as respostas *verdadeiras* para essas Pedras de Calçamento da Saúde.

Saiba que as Glândulas estão em relação direta com os Portais da Aura.

Todavia, nós, que vestimos o Manto Dourado, compreendemos que a descoberta do caminho é o tempero da vida. Por isso, não faremos a correlação direta. Em vez disso, vamos ensinar sobre a *Natureza das Glândulas*.

Aquele que é chamado palácio do Esperma ou Palácio do Ovário é o vigor da vida física. As Glândulas que compõem esse palácio são distribuídas pelas dimensões inferiores do torso. Elas têm muitos caminhos escondidos, além daqueles que são conhecidos.

A prática do *Hui Yin* é a prática de reforçar esse Palácio do Esperma ou do Ovário. Essa disciplina manda reforçar seus alicerces por meio da contração do músculo Hui Yin.

Ao sentar-se inclinado para a frente, você sentirá sua força aumentar, pois esse ponto, que fica abaixo dos testículos no varão e logo abaixo do dom da mulher, é a Passagem para o Centro da Terra. Para aumentar a força de sua aura, contraia esse *Hui Yin* ou, simplesmente, sente-se sobre ele. Permita que a energia que normalmente desceria ao centro da Terra por esse canal desça, em vez disso, pelo cóccix. Esse processo permite que as energias do canal frontal e do canal traseiro criem a Órbita Microcósmica: a Órbita do Sopro Sagrado, a Órbita da Semente da Vida.

Se você deseja uma criatividade mais forte, maior potência, uma maior conexão com a vida, reforce e abençoe essa glândula: Palácio do Esperma ou do Ovário.

Os Rins são as Glândulas da limpeza pessoal. Eles regulam e purificam as Águas da Vida que estão dentro de você. Para estar em equilíbrio com esse Elemento da Água Sagrada, dê energia e Amor a esses Rins. Tome banhos especiais. Beba boa água. Concentre neles a Luz Dourada.

Os Rins são sua ligação com o Oceano Cósmico. São sua ligação com aquela Vida que enviou você pelas Águas do Tempo.

Para compreender essas Glândulas Renais, você deve compreender os comprimentos de onda do som. O som é o Bastão Falante Sagrado do Universo. É a emanação da Água.

As Glândulas chamadas *Glândulas Supra-Renais* lhe dão força e energia. Estão em ligação direta com o Sol interior, que é conhecido como *plexo solar*. Assim, sua *vontade* e suas *escolhas* manifestam-se diretamente em seu corpo por meio das Águas da Vida que fluem dessas Supra-Renais.

O Timo é a passagem física do coração espiritual. Portanto, orar é ativar os Néctares da Cura. O Timo, o Coração Sagrado, é o Manancial da Cura. É o Manancial da *verdadeira essência do Amor*. Saiba que um Querub guarda essa Glândula. Para entrar nas Águas de sua Vida Interior, você deve avançar com a inocência da criança. Então todos os benefícios da vida serão seus.

Esses Dons de Cura, esses Dons de Conhecimento do Passado, do Presente e do Futuro, esses Dons da Eterna Chama da Vida são todos atingidos por meio dessa passagem: o Coração Sagrado. A Glândula Timo alimenta as moléculas, as células e a troca de vida entre todos os órgãos e tecidos.

Por isso, entre nessa Mente Inocente e exija as riquezas de seu Coração Sagrado. Essa é a Cura que você desejou.

As Glândulas que você conhece como Tireóides, as Glândulas da Garganta, são na verdade parte da rede da Medula. O que chamamos *Medula Inferior* é o sistema regulador do corpo.

As Glândulas Tireóides são de fato seus Receptores de Vibração Cósmica. Elas operam no Reino da Palavra Sagrada, do Som Sagrado. Elas emitem as essências que permitem a compreensão. Elas estão em comunicação direta com o Coração Sagrado.

O Dom da fala e da compreensão da Linguagem Universal reside dentro dessas Glândulas. Elas são as fabricantes das Águas que alimentam o Coração e a Mente. São o sistema de apoio que recebe a Palavra Cósmica e a traduz em vida orgânica.

A fala pura purifica a Tireóide e permite a receptividade ao que é puro. A essência da Tireóide, a essência dessas Glândulas da garganta, é a essência da Compreensão Universal.

Aquilo a que chamamos *Medula Superior* ou *Canal da Medula* é também uma rede de glândulas que inclui a unificação da Pituitária e da Pineal. A Glândula Mãe dessa rede é conhecida como *Poço dos Sonhos*. Pode ser acessada por meio do calombo atrás da cabeça.

Esse é o Portal Sagrado de entrada do Espírito — um lugar muito particular. Esse Poço dos Sonhos, que é a Medula Superior, é a sua ligação com o Devaneio do Quarto Mundo que emana do Quinto Mundo da Unidade. O Espírito envia-lhe os sonhos de que você precisa. Esses Pensamentos Sagrados são recebidos na Medula e traduzidos como energia química e Águas da Vida para banhar o cérebro naquilo que ele significa, a Realidade.

A Glândula Pituitária é responsável pela Visão e pela Vista Sagrada para compreender a essência e o propósito da Luz. Essa Glândula está sob as operações do terceiro Olho. É o receptor da *freqüência cósmica*. É o *Intérprete Estelar*.

A Glândula Pineal é a Glândula que recebe a essência do Espírito, que guarda e abre o *kopavi*, a Coroa, para permitir a entrada da *Natureza Superior*. A Glândula Pineal é o tradutor direto da *Verdadeira Natureza*. A Pineal produz as energias e as essências que guardam a Vida do Criador. É sua ligação com a Mente Superior.

Nós, das Irmandades dos Mantos Dourados, descrevemos Seis Complexos de Glândulas. Essas explicações são para despertar a memória que está dentro das Glândulas. *Elas lhe* ensinarão aquilo que você precisa saber. Limpar as Glândulas é abrir as passagens para seus próprios portais, os portais que estão em sua aura. É também equilibrar as Águas da Vida dentro de você.

Visualize o *Símbolo da Força Espiritual, da Saúde e da Felicidade* dentro de cada uma dessas Glândulas com a compreensão que você tem delas. Suas energias e freqüências purificarão todas as suas Glândulas na graça e na plenitude.

Nós, das Irmandades do Manto Dourado, desejamos que você nos *faça apelo* durante esse processo. Zelaremos por essa limpeza e guiaremos suas etapas. A limpeza das Glândulas é um projeto gradual. É um caminho. Pois dentro das Glândulas estão as assinaturas de seu Carma, assim como a bênção de seu Dharma. Purificar suas Glândulas é desdobrar seu destino.

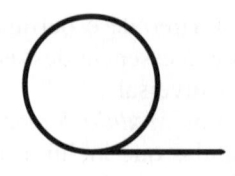

Arcanjo Miguel
Dá Forças por meio da Lei Divina

Meus Amados, eu sou o **Arcanjo Miguel** e vim a vocês nesta noite para fortalecer seus espíritos e trazer ensinamentos sobre a Lei Divina, pois, a qualquer tempo, você pode apelar aos Anjos do Raio Azul. Eles virão a você e lhe darão o Escudo da Proteção, alinhando sua *natureza interior* com a Lei Sagrada.

A *Força* é estar em Equilíbrio com a Vontade do Criador e com a Mente do Universo. Essa é a tarefa que Eu, o Arcanjo Miguel, escolhi para este Grande Ciclo de Vida: zelar pelas evoluções da vida e ensinar tudo sobre elas neste Universo e Criação.

Minhas próprias ações são ditadas pela Lei Divina.

Lei e Amor são uma coisa só

Assim, Eu, o Arcanjo Miguel, estou diante de vocês como o Guardião da inocência, da Verdade e do Amor. Meus ensinamentos são encontrados dentro da Chama Sagrada de seu Coração, pois dentro do Coração Sagrado está a Imagem do Universo.

Essa Chama, que é a Chama de Cristo, queima dentro do Coração de todos os cursos de vida. É a Chama Trina do Amor, da Luz e da Paz. É a Chama da Vida que permite tudo o que você é. Permite aos Anjos criar nos céus acima e às pessoas traçar seus destinos com a Mãe-Terra.

Saiba que essa Chama Sagrada do Amor, da Luz e da Paz é a mesma Chama que queima dentro do Coração do Criador, pois na imagem do Criador tudo é feito à perfeição. Essa perfeição é encontrada dentro desta Chama da Vida.

As Quatro Essências a partir das quais a Chama da Vida cresce e arde são conhecidas por vocês pelas Quatro Direções. São conhecidas, em termos simples, como *Unidade, Harmonia, Verdade, Liberdade*. Essas Quatro Direções são os Alicerces da Vida. Junto com a Sagrada Chama Trina, essas Sete Estrelas estão dentro de todos.

Dessa forma, essas Chamas sagradas da Vida — a Presença das Sete Estrelas — estão dentro de seu Coração dos Corações. O Coração que está dentro do Criador no Grande Sol Central arde também dentro de seu peito.

São essas Chamas da Vida que alimentam e dirigem os Chacras.

O Coração é Tudo e Tudo é o Coração

Assim, apelar à sua natureza Divina é internalizar esse Arco-íris por meio da prática de *escolher a Luz*. Essa Luz virá por meio de seu próprio Coração Sagrado com os Ensinamentos e a Sabedoria do Criador.

Essas são as Sete Leis que o Ser Humano deve seguir. São as Leis que lhe dão a Força da Chama Imperecível, a Identidade Eterna, o Amor do Criador.

Por isso, *entre* no Jardim que está dentro de você. Saúde o Guardião no pórtico com a Mente de Pureza e o Coração Cheio de Sinceridade. Passe através dos pórticos até o Éden *dentro do qual você está*. E encontre o Poço Sagrado que está no Centro de seu Coração. Olhe para as Águas desse Lago Sagrado. Veja o *Verdadeiro Reflexo do Eu*. Então beba das Águas da Vida. Chame essas águas para que fluam como um Manacial — para os Chacras, para as Glândulas. O Regato da Verdadeira Vida alimenta e une você a Tudo o que Existe.

Por isso, meus Parentes, vocês devem aprender a Amar. Vocês devem aprender a Luz da Sabedoria. Vocês devem aprender o poder da Paz. Vocês devem aprender a Unidade do Círculo Sagrado e a Harmonia da Dança Cósmica. Vocês devem aprender a Verdade do Espelho do Eu. Vocês devem ganhar essa Liberdade de Vida, esse Sopro do Espírito.

Essas são as Leis, as Primeiras Leis Básicas, que Eu, Miguel, comunico a vocês neste momento. Aprenda a praticar o Fogo que está lá dentro de você e internalize as Chamas Sagradas do Criador.

Essas Sete Leis, as Essências da Vida, junto com os Seis Portais Sagrados do verdadeiro Eu (da Aura), são os Treze Passos da Árvore da Vida e são *sua imagem sagrada*. Torne-se Uno por meio da Lei e do Amor — o Amor que o rodeia e o Amor que está lá dentro. Então, como a Florescente Árvore da Vida que você é, vá a todos os Cursos de Vida e doe o Sopro da Vida.

Eu sou Miguel, Guardião dos Cursos de Vida deste Universo, Professor da Lei Sagrada. Comunico a vocês e a todos os que lerem estas palavras a *compreensão sagrada* necessária para abrir essas Sete Leis Sagradas e esses Seis Portais do Amor. *Diante de sua presença, neste momento, desperto a memória da Verdadeira Vida*. Essa *lembrança*, esse *Surgimento como Um Só*, é a força de andar na Lei Divina.

EU SOU Miguel. Meus Anjos de Luminescência Azul estão com vocês. Como Guardião da Mãe Sagrada e seu Filho Varão, de todos os Sagrados Inocentes, ESTOU com vocês agora e sempre.

Lei Universal da Inocência, da Verdade e da Família

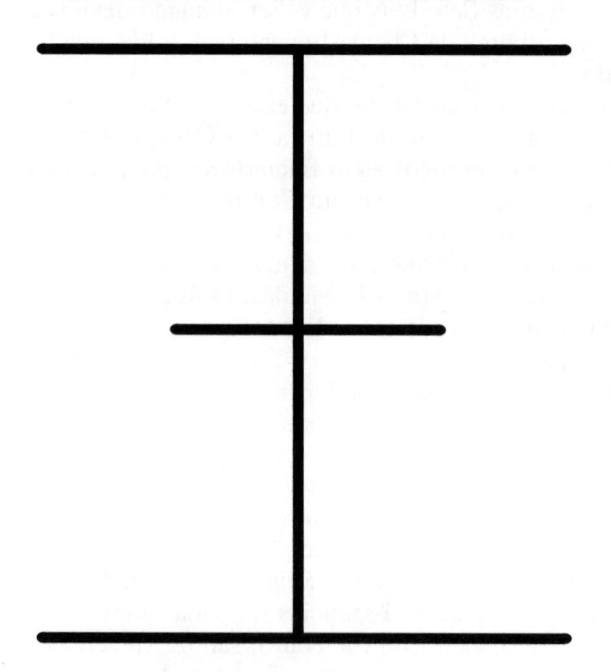

*Proteção da Avó para a Criança, a Família,
o Clã e a Comunidade
Cultiva a Pureza, a Inocência e a Verdade
Abre a Mente Original*

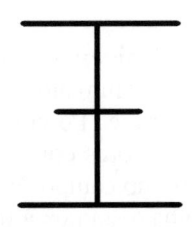

Unci Iktomi, Avó Aranha

Proteção da Avó para a Criança, a Família, o Clã e a Comunidade

Eu sou a *Avó Aranha*. Estou aqui para ensinar a Teia de Relações. O Coração de cada ser está ligado por *cordões de prata* a todos os outros seres. A família de seu nascimento está ligada a você por fortes cordões de Amor, assim como o clã de seu nascimento está ligado à sua *origem estelar*.

Essa é a maneira que os Conselhos da Luz escolheram para que o indivíduo compreenda o Universo: por meio da família, do clã e da comunidade de Todos os Parentes.

Há muitos modos como o indivíduo pode estar ligado a outro. Todavia, nenhum deles, exceto a *ligação do coração*, é tão puro, tão sagrado, tão próximo de um projeto do Criador, pois esses Cordões de Amor que ligam tudo no Universo como uma família *entram em ressonância* com as Leis da Liberdade, a Expressão Individual e o Respeito.

Para falar de proteção, devemos falar de *respeito*. Ter qualquer conexão com o outro que não seja por esse *Cordão de Prata* que conecta os Corações por desígnio do Criador é faltar ao respeito com o Universo. É por isso que todos os seres devem ser purgados das emoções básicas. Essas emoções ligam-se umas às outras em correntes de profanidade. Foi isso que vocês descobriram recentemente como "co-dependência".

Portanto, você deve fazer apelo à Avó Aranha. Ela o ajudará a compreender o que é uma ligação saudável e o que precisa ser cortado com a espada da verdade. O Respeito ao curso de vida individual é a Lei do Criador. Assim, tentar amarrar os que o rodeiam — sejam da família, do clã, da nação ou da galáxia — por sua vontade é uma perturbação ao Coração de Deus.

Em vez disso, cada um deve aprender a proteger os direitos de todos. Cada um deve *respeitar* a Liberdade de Vida de ser como é. Esse é o alicerce da proteção da criança, da família, do clã e da Comunidade Cósmica.

O Pai Espírito e a Mãe Universo criaram uma Tapeçaria da Vida muito refinada. Como pode o Ser Humano tentar fazer algo mais belo antes de compreender a grandeza inerente? Porém, nosso Pai-Mãe é muito gentil e paciente e envia a você professores como a Avó Aranha.

Observe a Aranha comum no campo. Você verá os desígnios do Criador, pois nós, da Nação Aranha, estamos alinhadas com a Fonte da Vida. Escolhemos honrar os ensinamentos do Coração de nossa Mãe Sagrada, cuidar de nossas criações individuais à imagem do Amor dela.

Portanto, se você quiser invocar a *Lei Universal da Inocência, da Verdade e da Família* para garantir seus direitos, para proteger seus dons, saiba que o primeiro passo é aprender a ser *desprendido*, pois esse *Cordão de Prata* que une Coração a Coração honra e respeita a individualidade de todos.

As únicas regras são as regras que vêm do Coração do Criador. Essas regras estão sempre aparentes e presentes. *Nossa Sagrada Mãe Universo reflete essas Leis para nós.*

Liberte-se, libertando todos os outros. Deixe que seus pensamentos, sentimentos e ações expressem a Verdade, a Verdade de *quem você é*, pois quando você *vier do lugar da Verdade*, da realidade do Coração, você não pode, de maneira alguma, espezinhar a Liberdade e a Integridade de outrem. Eis a Sabedoria da Avó Aranha.

Você vê muitas aranhas no campo, respeitando-se mutuamente e criando juntas Teias Sagradas de Luz e Pensamento que cobrem a paisagem como uma colcha. Uma está em comunicação com a outra por meio de *pura ligação do coração*.

Você poderia dizer: "Por que, Avó, você está ensinando isso?"

O local inicial da proteção é o Respeito, pois se você *respeitar os outros*, eles não podem, de forma alguma, violar sua Liberdade. Se você *respeitar os outros*, suas orações serão atendidas. Se você *respeitar os outros*, sua família, seu clã e sua Comunidade Cósmica irão se realinhar na ligação do Coração, à imagem emitida pelo Criador.

A Avó Aranha fala de *responsabilidade pessoal*. A Avó vem lembrar que é *você* quem escolhe o que está ligado a você. Portanto, se você tiver um sentimento desconfortável em relação a alguém, isso significa que a conexão dele com você é insalubre. Por isso, puxe a *faca de obsidiana da Verdade* — *sua* Verdade, *sua* Escolha — e corte esse cordão. E saiba que essa é a ação mais saudável possível.

Para que possa haver cura, deve haver uma relação saudável. Essa relação por vezes significa cortar os cordões que foram formados para que outros possam crescer. Repito, o único cordão que precisa crescer é o *Cordão de Prata*, a Teia de Pureza de Coração a Coração.

Por isso, venha à Avó Aranha com o *desejo de aprender a respeitar a si mesmo, à sua família e a seu clã*. E entrarei em seus corpos emocionais. Ajudarei você a desdobrar a integridade. Ajudarei você a desfazer as confusões que o mantêm andando em círculos sem nenhum vislumbre da Luz.

Cortarei os casulos que você mesmo teceu. A Avó Aranha o **libertará especialmente das teias de suas escolhas individuais**, pois meus ensinamentos servem para deixá-lo *plenamente consciente* das coisas que você permitiu que acontecessem a você. Isso significa libertá-lo de disfunções, sejam aquelas que atingiram sua família e invadiram seu clã ou as que buscam controlá-lo por meio de sua nação.

Faça apelo à Avó Aranha com um desejo de *integridade* e a Avó usará esse *Fogo Original do Eu* para *libertá-lo* e para *firmá-lo em sua Luz pura de proteção*. Ensinarei você a se proteger. **Assim,** *você* **poderá ensinar a seus Parentes.**

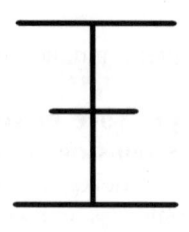

Siha Tanka, Sasquatchitan

Cultiva a Pureza, a Inocência e a Verdade

Sasquatchitan. Eu sou o Chefe do Povo Sasquatchi. Vocês devem achar que somos peludos e temos pés grandes. Isso não é verdade.

Vim falar a vocês porque, logo, nosso povo virá a vocês novamente. A razão por que tivemos de deixar a comunidade de Seres Humanos foi a perda da Inocência, da Verdade e da Pureza, pois nossa Raça e as Leis de nossa Raça baseiam-se nessas três.

Todas as verdadeiras Nações Estelares praticam a Inocência, a Verdade e a Pureza

Nosso Povo não queria deixar os Seres Humanos. É por isso que vocês nos vêem aqui e ali. Seus Avôs e Avós que são avançados naquilo a que vocês chamam "anos" normalmente nos viram, pois a Caminhada na Terra ensina a Inocência, a Verdade e a Pureza. É por isso que os Anciãos são os líderes Espirituais.

Nosso Povo está pronto para vir novamente aos Seres Humanos, para viver com vocês e lhes ensinar muitas coisas

Em primeiro lugar, *os Seres Humanos devem purificar-se*, pois quando vemos vocês, vemos coisas que são muito repulsivas para nós porque temos a visão espiritual. Vocês devem limpar a nuvem de maus Espíritos que os rodeia, a negatividade, sentimentos pouco sagrados e pensamentos pouco sábios. Não apenas essas nuvens escuras impedem nosso povo de ter um relacionamento com vocês, como também impede que vocês se relacionem com o Espírito e com a Mãe-Terra.

Agora vamos compartilhar algumas práticas que os ajudarão.

Primeiro, nos elementos sagrados — Terra, Água, Fogo e Ar — está a energia para sua purificação.

Se você se enterrasse e ficasse assim por um dia, ficaria limpo.
Se você ficasse com o Irmão Cachoeira por um dia, ficaria limpo.
Se você ficasse sob o Sol do Deserto por um dia, ficaria limpo.
Se você ficasse nos Ventos Fortes do Povo da Montanha por um dia, ficaria limpo.

Os Povos Elementais amam os Seres Humanos.
Eles lhe prestarão serviços a qualquer hora.
Leve-lhes algum tabaco.
Ore pela Nação deles.
E eles virão a você com o Coração transbordante.

Portanto, honre o dom deles para você
  mudando seu modo de pensar,
  sentindo com Coração Sincero,
  orando por renovação com o Criador
  e honrando a Mãe-Terra a cada passo.

O Modo de Purificar o Ser Humano está logo ao lado de sua porta.
A Mãe-Terra e seus povos são gloriosos Seres do Universo!
Aprenda a nos respeitar!
Você olha para os Céus em busca de milagres. Os milagres estão *aqui!*
Abra seus olhos e *veja!*

A *Mãe-Terra* é uma grande professora de *Inocência*. É uma grande professora de *Verdade*. Ela é a *Pureza* corporificada. Conheça sua Mãe! A maior parte de vocês veio de muito longe para estar com Ela e para estar com os Povos que Ela Ama.

Nós, Sasquatchi, estamos prontos para nos juntar a você na comunidade da Lei Sagrada, no Verdadeiro Coração. Ensinaremos a você como atravessar esses Portais do Tempo. Ensinaremos a você como *lembrar quem você é*, sua *inteligência* e *sabedoria estelares*. Nós o ajudaremos a aprender como *estar em equilíbrio com o Mundo Sagrado que o rodeia*.

Nossos Povos adotaram essa Lei Universal e seu signo como símbolo de Nosso Advento e como a energia de Nossos Ensinamentos. Assim, você pode nos chamar dessas maneiras.

Primeiro, vamos observar você. Vamos vigiá-lo. Veremos se você está pronto.

Você pode ver os pequenos sinais? Porque os maiores ensinamentos são pequenas coisas. Vigiaremos para ver. Pois quando você puder *respeitar* aquele pequeno pedregulho, poderá *nos* respeitar. Você poderá respeitar *quem você é.*

Pureza. *Vá até as Águas Sagradas.*
Inocência. *Lembre-se de quando você era muito jovem e seja daquele modo.*
Verdade. *Pare de tentar mentir tanto.*
Os Irmãos e Irmãs Elementais são feitos dessas Essências.
          Eles são pureza em Forma.
          São Únicos.
          São Verdadeiros.
          São Imaculados.

Ele compreendem que são os Protetores da Vida.

Aprenda com o Solo e a Pedra.
Aprenda com o Rio e o Oceano.
Aprenda com o Fogo e o Relâmpago.
Aprenda com o Vento e a Respiração.

Eles são tão semelhantes que você não pode se lembrar de quem são. Mesmo assim, nenhuma de suas ações poderia ser realizada sem eles.

Esses Povos dos Elementos Sagrados restaurarão você.

E então nós, os Sasquatchi, viremos e lhe ensinaremos os Modos da Comunidade para estar em Equilíbrio com a Mãe Sagrada.

Então sua Linha da Vida será ininterrupta
como a nossa tem sido desde o princípio.

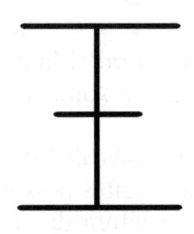

Gautama Buda
Abre a Mente Original

Todo mundo adora sorrir. Não é mesmo?
Buda adora sorrir também.
A Mente, que é sua primeira Mente, é a Mente de seu destino. Muito já se falou sobre a Mente Superior e sobre como a Mente Original é a chave.
A Mente Original é o espaço que você ainda tem logo após haver terminado seus pensamentos. É o sentimento que emana da Mente quando você se cala!
Concentre-se um pouco nesse Silêncio após a Palavra. Isso o ajudará a lembrar do sentimento da Mente Original.
Aprenda a permitir que seus pensamentos cresçam.
Não atropele as idéias.
Acredite que sua Mente pode *ver* e ela verá.
Os Seres Humanos estão mergulhados em muitas ilusões. Uma delas é que você não ouve tudo o que é pensado. VOCÊ OUVE TUDO! Se você decidir bloquear os pensamentos de sua Mente, seu Corpo ouvirá!
Essa é uma Disciplina.
Todos devem voltar a praticar a Mente Aberta, pois quando os Véus do Tempo se romperem, as dimensões pelas quais você viaja tornarão rápido, rápido, rápido seus pensamentos em realidade. Por isso, Discipline sua Mente permitindo que ela se abra como a flor do Lótus, pois há guardiões nas Quatro Direções. E *Buda está no alto.* Sem problemas!
A Mente Original é a Mente Aberta. Isso é tudo!
Temores que vêm do Coração (Buda bate rapidamente no peito, sobre o coração) bloqueiam a Mente. Eles bloqueiam as Rodas da Vida chamadas Chacras. Esse medo é antinatural. Por isso, segure-os entre os dedos (Buda ergue a mão direita em um gesto de piparote) e atire-os na Luz! O Buda irá até lá, apanhá-los-á e observará; mandará então um mensageiro a você. Eles dirão: *"Tudo está bem".*

Mantenha seu *Coração aberto!* Mantenha sua *Mente aberta!* Permita que o Arco-íris brilhe em sua Aura! Essas coisas são fruto da *escolha!* Da *escolha!*

Barrigas grandes são uma bênção! Pois a Vida vem das Mães com Barrigas Grandes. Atualmente, muitas pessoas estão grávidas aqui na cabeça (Buda coloca as mãos na altura da cabeça, abertas na largura dos ombros). Se forem Homens, que fiquem grávidos aqui: no Coração (coloca as mãos bem abertas sobre o peito, mostrando um Grande Coração)! E, para as Mulheres, quando for o momento, que fiquem grávidas aqui (coloca as mãos diante de sua Grande Barriga, acariciando uma enorme barriga grávida).

A partir desse Centro Criativo, o *Tan Tien*, o Centro do Corpo: *Equilibra-se!*

Por que o Buda se senta de um jeito tão engraçado? O Buda senta-se sobre o Sacro, o Cóccix e o *Hui Yin* para lembrar o ponto de equilíbrio *Tan Tien*, para lembrar a Mãe, a Mãe-Terra, abaixo. Para isso serve o Cóccix. Se você se sentar por muito tempo, o que acontece? Você se *lembra!* Ele fala a você sobre a Mãe. O que acontece quando sua Flor no Céu, sua Coroa de Lótus, tem *Pensamentos Puros?* O coração fica pleno!

A Verdade é: Corpo, Coração, Mente, Espírito são uma coisa só. Mente Original, Corpo Original, Coração Original, Espírito Original.

Desenhe esse símbolo no Ar. Buda senta-se no meio, logo ali. Acima está o Criador. Abaixo, o Mistério. Eles são maiores que o Buda. O Buda senta-se em um pedestal bem pequenininho. E essa energia que sobe ao Criador, sobe por essa Coroa (Buda move sua mão do Coração ao alto de sua cabeça... e além). E a energia que desce de Buda à Mãe do Mistério (Buda move a mão do coração para baixo) desce à Mãe-Terra a partir do Coração.

O Buda certa vez disse:

"Quando a Mente e o Coração estão juntos, você tem Asas."

(Buda coloca a mão direita diante das sobrancelhas, com a palma para baixo, e a esquerda no Coração, com a palma para cima. Coloca então as mãos juntas diante de seu Sagrado Coração. Em seguida, abre bem os braços como asas.)

Por isso, faça de seu Coração e de sua Mente uma coisa Só. Os pensamentos vêm do Coração! (Dá tapinhas no coração.) A cabeça é para brincar, para rir, para grandes Sorrisos de Buda!

Pois *Tan Tien* pode ser *equilíbrio*. O Coração é o *Centro do Universo.* É onde fica a verdadeira Mente, pois a Mente é uma emanação do Amor Sagrado. Por isso, *nine* seu Coração (Buda faz gesto de ninar com ambas as mãos sobre o Coração, com a mão esquerda por cima).

Espante os demônios da aflição! Faça apelo ao Buda. O Buda vem e: *"Pffthhtt!"* esmaga-os bem esmagadinhos! (Buda dá um tapa com a mão espalmada no chão — bem rápido!) Empurre-os de volta para o lugar a que pertencem! Eles pertencem à terra. Quando afloram na superfície e sobem à sua cabeça, há problemas.

Quando esses Seres estão na Mãe-Terra, ficam F-e-l-i-i-i-z-e-e-es! Eles dão vida a tudo. Estão em seu *nicho*. Eles estão em sua Mente Original.

Então, você tem alguns Seres da Terra presos a você em algum lugar? Deixe-os sair! Você não precisa deles como escravos.

O Coração é tudo de que você precisa. Coração e Mente são a plataforma, o ninho do espírito. O Corpo serve para honrar a Mãe.

Portanto, tenha um Belo Coração, uma Mente Pura e um Espírito radiante!

A Mãe-Terra precisa de você. Se não consegue fazer essas coisas por si mesmo, faça-as pela Mãe-Terra.

Você pode entrar no Silêncio. Medite. *"Sente-se e faça silêncio"*. Ambos são basicamente a mesma coisa. Em seu Coração, faça apelo a Buda. Pense nesse Símbolo. Pense na Mãe Universo. Pense na Inocência que você é. É Verdade, que você é, e também sua Família de Espírito.

Então, entra o Buda abrindo Pétala por Pétala dessa Coroa, desse Lótus. Farei com que minha Luz brilhe sobre você. Abrirei essa Coroa. Retirarei os venenos. Cuidarei do ovo que está em seu ninho até que ele cresça novamente para a Mente Original.

Medite dessa maneira TODOS OS DIAS se você deseja a Mente Original. Esvaziarei seus pensamentos para que você possa pensar *verdadeiramente*. Seu Coração se encherá de *Compaixão*. Seu Corpo *ressuscitará renovado*.

Seus Pensamentos, que vêm do centro *Ajna* (Ele toca seu Terceiro Olho), são sua Visão de seu Eu. Eu os limparei com um palito de dentes. Eis como sou cuidadoso. Eu lhe darei uma Nova Visão do Amor, de *quem você é*.

Observe o Grande Sorriso vir à sua face também.

> Eu sou
> Gautama
> Protetor da Vida da Mãe-Terra.

Curvo-me à Vida em todos os meus Parentes.
Grandes Sorrisos são importantes!

Proteção Espiritual da Família

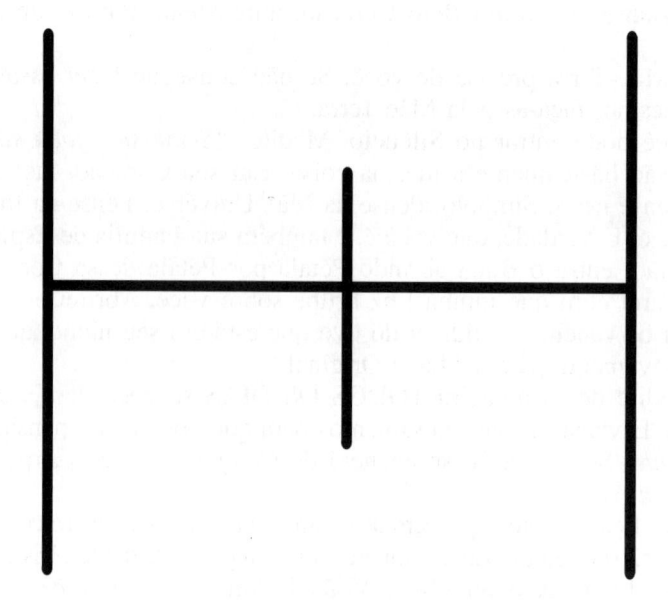

*Lei pelo Discernimento Espiritual
Faz com que a Pessoa Tenha o Relacionamento
Correto com a Família Solar
Escudo do Coração do Pai*

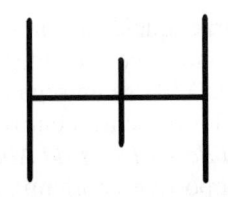

Tatanka Oyate, Nação Búfala
Lei pelo Discernimento Espiritual

Meus parentes, a **Nação Búfala** vem a vocês para falar do Discernimento Espiritual.

A Família é, em primeiro lugar, composta de seus *Parentes de Sangue* (aquilo a que as pessoas chamam *genética*).

A Família é também os *Seres Espirituais que estão em ressonância com você*.

A Família é também *Todos os Parentes da Mãe-Terra*.

Na verdade, em tempos que virão, saberemos que Estamos Todos Relacionados em todos os significados da palavra *"relacionado"*. Até o momento em que o AMOR seja a Pedra Fundamental Universal de toda a vida no Universo, ainda haverá necessidade de discernimento.

O Coração sabe quem é a Família. A cabeça não tem a menor idéia. Portanto, pelo Coração, *sinta* seus parentes. *Sinta* aqueles cujos Espíritos são do mesmo caminho que você. Esse é o meio mais seguro de compreender a Verdadeira Família.

A Família do Amor é uma grande família. Aqui, sobre a Mãe-Terra, há muitos Parentes dessa grande família. Os Reinos dos Animais ensinam todas as facetas do Amor Sagrado. As pessoas precisam aprender as lições de cada um desses Parentes Animais. Pois, em verdade, o ser Humano é um deles.

Os Reinos das Plantas e das Árvores são doadores do Amor Sagrado. São o sustento de toda a vida. A Luz sagrada alimenta o mundo e Todos os Parentes da Sagrada Árvore da Vida. Essa Árvore é a Fonte de nossa Vida.

Os Povos Pedra, Solo e Mineral são Reinos que ensinam os Fundamentos do Amor. Dentro deles está a Memória Sagrada — lembranças que remontam à criação deste Universo.

Portanto, devemos honrar aqueles que nos respeitam, apóiam, alimentam e ensinam. O Ser Humano deve aprender a se entregar ao Reino da Vida, assim como o Reino da Vida se entrega ao Ser Humano. O Ser Humano deve deixar de lado todos os pensamentos de si mesmo e de egoísmo.

Devolva em igual medida os Dons de Alimento, Respiração e Vida.
Tudo isso está no campo que se chama *Discernimento Espiritual.* Ao Ser Humano basta concentrar-se em viver com a vida da Mãe-Terra. Tente conhecer os pensamentos e sentimentos de todos os Parentes Sagrados que estão aqui. *Cada Estrela no Cosmos e cada Inteligência no Universo tem seu representante aqui na Mãe-Terra. Se você deseja compreender o que há fora daqui, deve primeiro aprender as lições ensinadas pelos Parentes que o rodeiam aqui.* Esse é o **Primeiro Passo para o Discernimento Espiritual**. Aprenda o que está aqui antes de sair para descobrir o que há *lá fora.*

Os Seres Humanos têm uma grande arrogância que lhes diz que são superiores a todos os Parentes da Mãe-Terra. Essa é uma das maiores mentiras que foram propagadas por esse Universo. É uma das causas — se não *a* causa — daquilo que foi chamado de a "queda da Sacralidade".

O Ser Humano não é mais Sagrado que um Gafanhoto, que uma Árvore ou a Água que flui pelo Rio. O Ser Humano faz parte de tudo isso. Portanto, o Ser Humano deve *distinguir* aquilo que é *realmente espiritual* em vez de tentar se esgueirar acima e lém daquilo que é Real.

A Liberdade é o Segundo passo para o Discernimento Espiritual

O Ser Humano deve libertar os parentes e derrubar essas cercas (especialmente aquelas que estão dentro da Mente e as que amarram o Coração). O Ser Humano deve entrar em contato, comunhão e reunificação com os Parentes em nossa Mãe-Terra.

O **Terceiro passo do Discernimento Espiritual** é *compreender o Coração.* Isso significa uma Jornada de uma Vida. Apenas o Coração tem o poder de discernir o que é verdade daquilo que é obscuro.

O dom que o Criador concedeu a toda a vida é o Dom das Sete Estrelas — O Arco-íris Rodopiante da Promessa. O Criador soprou esse mesmo poder no Coração de todos. Portanto, essa Jornada dentro do Coração é a Jornada do Universo. Esse é o Terceiro passo do Discernimento Espiritual. Essa é a Etapa mais Elevada que o Ser Humano pode atingir enquanto forma física. Essa é uma etapa que leva à Eternidade.

É necessário *Aceitação.* Um Ser Humano raramente aceita plenamente outro Ser Humano. Isso ocorre por causa da "dor" e do "ferimento". A dor é simplesmente um professor. Não é algo que deva ser temido. Essa é uma das segundas maiores mentiras do Universo: que a dor deve ser temida.

Repito, essa é uma mentira muito aparente entre os Povos da Mãe-Terra. Portanto, dissolva também essa mentira. Aceite a verdade de que a dor é simplesmente uma *entrega*, uma *rendição* e uma *revelação*.

A *Oração* é a chave para uma visão clara. Apenas trazendo à tona seus desejos íntimos e os desejos de seu Coração Sagrado e emitindo-os ao Universo com a energia da Mente, do Corpo e do Espírito, o Ser Humano pode crescer. A isso se chama "oração".

A *Oração* é fazer apelo à *sabedoria interior*, aos *desejos interiores* para sua *plena revelação Espiritual, eclipsando o eu para que o Eu Eterno possa reinar*.

A *Oração* é a revelação do Coração Sagrado e o Coração Sagrado assumindo o comando do ser como um todo. É a Vitória do Amor.

A *Oração* é a Força mais Poderosa do Universo no que diz respeito à Proteção Espiritual.

A *Oração* é cavar profundamente dentro de si, encontrar a Força do Espírito e fazê-la brilhar!

A *Oração* desdobra o DNA e é o verdadeiro passo em direção ao Caminho da Vida.

Orar *é pôr o* **A**mor *em ação por meio do pensamento, da ação, da energia e da consciência*

Quando você Ora, deve usar *tudo o que você é* para realizar a transformação.

A *Oração* é o caminho mais seguro para o Discernimento Espiritual.

A *Oração* mostra a você tudo o que é realmente importante. Ela limpa tudo o que não é importante, deixando você apenas com o que é Espírito.

A única Lei que existe é a que vem de seu Coração.

A única ilusão que existe é a que vem de fora do Coração.

Portanto, concentre-se nos dons que o Criador colocou em você como o Fogo Sagrado.

Compreenda o que é o AMOR pela Jornada do Coração.

Isso é tudo.

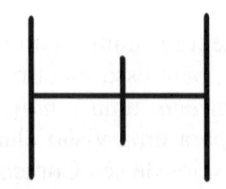

Wicahpi Winyan, Vênus – Mulher Estrela

Faz com que a Pessoa Tenha o Relacionamento Correto com a Família Solar

Meus Amados, eu sou a **Dama Vênus** com vocês nesta noite.

Nossos Povos de Vênus são Guardiões da Luz Sagrada deste Sistema Solar. Isso diz respeito particularmente aos Corpos Planetários, pois nosso Pai Sol e as muitas Civilizações da Luz que estão com ele são a pedra guia de todas as nossas civilizações planetárias.

Nós, de Vênus, somos uma Nação Estelar. Estamos em ressonância com as sete Estrelas conhecidas como Plêiades. Nós não somos um planeta, e sim uma realidade Estelar.

Nosso principal ensinamento é aquele que vocês devem ouvir repetidas vezes, conhecido como "AMOR". Essa palavra deve ser trazida a vocês até que tenham uma verdadeira linguagem que combine com ela. *O AMOR tem uma linguagem própria completa, multidimensional e um Universo de linguagens apenas para exprimir um único conceito.*

Saibam que Nossos Povos, milhares de anos atrás, salvaram a Raça Humana sobre a Mãe-Terra, pois houve muitas energias escuras que vieram ao seu planeta. A Querida Mãe-Terra sempre foi um Astro Brilhante, uma Grande Presença em nosso Universo. Portanto, os Conselhos Cósmicos concederam-nos o direito de enviar nossos Santos a vocês. Agradecemos aos Santos da Mãe-Terra que nos receberam.

Estou aqui para apresentar a vocês um pouco de nossa Família Solar. Isso significa a sua família deste Sistema Solar. *Há, literalmente, milhares de civilizações que vivem aqui com vocês.* Desejamos que vocês parem de se concentrar tanto nas negativas, pois há apenas três ou quatro delas. E há milhares de civilizações que *se concentram na Luz e na Lei* do Universo.

Vocês ouvem falar mais desses seres negativos porque eles fazem mais barulho. Eles falam alto. Gritos parecem chamar a atenção de vocês. Por outro lado, a suave música da Palavra Celestial está no mesmo ritmo do DNA e não faz tanto barulho. Essas três ou quatro civilizações negativas que estão fazendo tanta devastação no planeta Terra têm uma vida muito curta.

Nossa Mãe-Terra decidiu ascender às Esferas Celestiais. Ela decidiu expulsar as negatividades e se transformar na própria Luz do Coração Sagrado que vem trazendo desde a criação do Universo.

Ela será a Estrela da Liberdade e da Sabedoria.

Novamente o Paraíso será conhecido aqui. Ele será conhecido em um Novo Mundo que já está preparado para vocês, semelhante às histórias dos Ancestrais sobre subir uma Escada Sagrada ou passar por um túnel em direção a um mundo novo e recriado. Nessa ocasião de transformações na Terra, *as pessoas estão canalizando a energia da dimensionalidade mais elevada.*

Em outras palavras, o Terceiro e o Quarto Mundos estão desaparecendo da existência. O Quinto Mundo e os Superiores estão surgindo em seu ser!

É por isso que é importante que apresentemos a vocês alguns de seus Parentes neste Sistema Solar. Fazer isso é muito mais fácil por meio da Música. Essa é uma tecnologia que logo ficará evidente a todos os Parentes na Mãe-Terra. Os muitos Povos que não são Seres Humanos já compreendem essas coisas. Eles estão em perfeita ressonância com o Cerne do Universo. É tempo de os Seres Humanos afastarem esses mal-entendidos e retornarem à natureza Original. Então eles também serão capazes de *ouvir, ver* e *sentir* os grandes trabalhos de nosso Sistema Solar.

Nosso Amado Arcanjo Miguel ensinou-nos que há Sete Realidades, representadas no Arco-íris pelo qual o Ser Humano é responsável e pelos mundos com os quais já está em contato.

São Sete Níveis de Ser que devem ser buscados para que se possa entender a Vida que existe em cada planeta, asteróide, lua e pequenas partículas deste Sistema Solar. Cada um tem sua própria forma de inteligência e de entendimento. Cada um deles é um ótimo professor de nosso Pai, o Grande Sol Central.

Para compreender esses Seres e ter acesso às suas memórias ancestrais dentro do Sistema Solar, você deve primeiro compreender o Arco-íris do Ser, os Sete Princípios que foram apresentados como AMOR, LUZ, PAZ, UNIDADE, HARMONIA, VERDADE e LIBERDADE. Esses são os Aspectos do Raio. Esses são os entendimentos dos Sete Raios Cósmicos.

Esses são os Planos de Vida dentro de seu próprio entendimento terreno e dos entendimentos terrenos de todos os planetas.

Neste momento, deixaremos vocês conhecerem a *forma* de alguns dos Seres de que estamos falando. Há seres que são *sólidos*. Estes são semelhantes ao Povo Pedra. Existem em todos os planetas. Cada planeta é, ele próprio, um grande Professor vivo. É por isso que vocês têm aquilo a que chamam "astrologia", porque eles são os Regentes da Família Solar junto com nosso Pai Sol.

A Segunda Forma de Ser que desejamos que vocês conheçam é a forma da *luz*. Há muitos estratos de civilizações nos planos da luz. Vocês podem conhecê-los por meio do *Ajna* e do centro da *Coroa*. Vocês podem conhecer os *Seres de Luz* especialmente por meio da Verdade e da Liberdade.

A Terceira Forma de Seres existe como *"gás"*. Eles existem em muitos planetas também. Em nosso planeta, Vênus, há muitos seres gasosos. Eles são similares aos seres que vieram ter com vocês, chamados Seres Nuvens.

A Quarta Forma de Seres é muito ativa em seu Sistema Solar e é *líquida*. Eles são os Seres Água. Por "líquido" nos referimos a *tudo o que se move*, pois os Seres Humanos são também seres líquidos. Vocês simplesmente têm um envoltório de tecido vivo dentro do qual se movem as Águas de sua Vida.

Saibam que a Água e o Fogo coexistem. Este é um dos ensinamentos que os Seres Nuvens desejam que vocês saibam: *o Fogo Sagrado da Vida move-se dentro do Útero das Águas Cósmicas*.

Essas são as Primeiras Quatro Formas de Vida cujo conhecimento Nós, de Vênus, recebemos a permissão dos Conselhos de nosso Sistema Solar para comunicar a vocês.

Tentem compreender esses Seres que são *Sólidos*, como o Povo Pedra, os Seres que são *Luz,* como o Povo Arco-íris, os Seres que são *Gás*, como os Povos Nuvem e Ar e os Seres que são *Água Sagrada* — a Água e o Fogo juntos.

Essas Águas vivem dentro da Mãe-Terra, na parte que vocês conhecem como *líquido quente*. Esse mesmo tipo de ser vive em nosso Pai Sol como civilizações espirituais de vibração muito elevada. Elas são aquilo que é conhecido pelos cientistas terrestres como *plasma*.

Essas foram apenas curtas apresentações do tipo de vida que há aqui em nosso Sistema Solar. Essas civilizações são tão inteligentes, importantes e sábias quanto os Seres Humanos.

Conseguir acesso a essas civilizações e conseguir conhecê-las pessoalmente é sua responsabilidade.

Pela ressonância de seu Coração, Mente e Corpo vocês podem se comunicar com esses Seres. Essas civilizações são as civilizações que vocês conhecem como *Animais, Plantas, Pedras* e *Elementos*. Todos esses são civilizações.

Portanto, Nós, de Vênus, novamente os lembramos de *diminuir o ritmo e entender antes de agir*.

Os Seres Humanos devem parar de destruir a Vida — a Vida que os Seres Humanos ainda não compreendem. Em vez disso, devem canalizar as Energias Celestiais e doá-las a todos os Povos da Terra.

O Ser Humano é o *Mordomo*, as Árvores Ambulantes da Mãe-Terra. Deve servir como *protetor* e *compreender* toda a vida.

Por isso, tenham uma *relação correta* com sua Família Solar por meio de um *relacionamento correto* com os Seres da Mãe-Terra, com os quais vocês viveram por muitas e muitas vidas. Então vocês terão a permissão de agir no Nível Solar e compreender as complexidades das interações entre os planetas. Sua Astrologia é um bom começo para isso, para aqueles que estão prontos.

Nós, da Estrela da Manhã, novamente louvamos os Seres Humanos em seus atos de AMOR, Doação e exploração da Luz.

El Morya

Escudo do Coração do Pai

Meus Parentes, é uma honra estar com vocês neste dia.
Eu sou **El Morya**,
Professor da Vontade de Deus, do Caminho Sagrado do Espírito,
e Professor de Entrega à Vida do Universo.

A *Lei Espiritual da Proteção da Família* relaciona-se com a *Integridade* de cada Semente de Vida, pois por "família" nos referimos a *todos* os Parentes — sua família física e adotada.

O Criador tem um Poderoso Escudo que protege Tudo o que É!

Esse Escudo é o Desígnio da Luz, que é o alicerce de *quem você é*. É conhecido como a *"Merkabah"*, as *"Sete Estrelas"* e o *"Fogo do Amor"*. Estes, em seu fundamento, são o mesmo.

O Coração de nosso Pai Criador é o Coração que está *dentro* de cada um. Fomos todos criados à semelhança da beleza do Criador. O Criador enviou-nos para expandir, explicar e individualizar um desses Ensinamentos Sagrados conhecidos como *Sete Estrelas*: para trazer o cumprimento, uma Jóia no Cosmos, de um dos pontos particulares de interesse de nosso Pai.

O AMOR é o interesse de nosso Criador.
É a pedra central.
É o sábio alicerce do construtor.
É a própria energia da Vida.

O Escudo de nosso Pai é o Escudo da Chama Tríplice
    conhecida como AMOR, SABEDORIA e PODER.
É também conhecido neste Círculo como *Amor, Luz* e *Paz*.
Todos esses são o mesmo.

Este é o Escudo do Coração de Nosso Pai.
Nosso Pai faz concessões infinitamente na Mente, no Espírito e na Criação.

Portanto, para os Pais do mundo,
dizemos "AMOR",
Dizemos "SABEDORIA"
e "PAZ".

Essas são as Três Instruções,
os Três Mandamentos do Criador que os Homens devem seguir.
Eles são o Lugar Inicial da Família.

Nós, das Irmandades, *praticamos a transmissão do AMOR*.
É imperativo que todos os Varões Humanos também a pratiquem.

Uma forma simples é chegar ao Criador por meio do Espírito
e pedir que o Criador canalize AMOR puro e radiante
por meio do Corpo, do Coração, da Mente e do Espírito.
Irradie essa energia no ambiente.
Guie essa energia diretamente para nossas crianças;
Envie essa energia para as Esferas de Vida que nos rodeiam.

Essa é a prática da transmissão do Amor.
E é a Energia do Desdobramento.

Todo Homem Humano deve aprender essa prática.

Primeiro, em meditação sentada,
e depois em cada atividade de sua vida,
emanando do Coração do Criador
por meio de seu próprio recipiente,
o AMOR do UNIVERSO.

Essa prática consciente desdobrará sozinha essa civilização de Seres Humanos.

A Prática da Emanação da LUZ é também de grande importância,
pois a LUZ é o que desdobra a SABEDORIA.
A luz das *Sete Estrelas* é a LUZ de que falamos.
Esse é o Arco-íris.

As Irmandades sugerem aos povos humanos, especialmente aos
Varões, que pratiquem o Arco-íris Rodopiante
Invoque a promessa de Deus pela elevação da civilização.
Canalize essa energia do Arco-íris pelos chacras *conscientemente*
para todos os aspectos de sua sociedade:
para a Educação, a Família, a Religião, a Economia e os
Governos.
Esse *Arco-íris Rodopiante canalizado conscientemente* pelo do
Varão é *o único poder que transformará* essas estruturas sociais.

Pois essas estruturas sociais são Masculinas em sua origem.
Dizemos isso porque, nesta sociedade, as instituições são compartimentalizadas.
Essa mentalidade só é possível por meio do Macho,
o macho que precisa buscar o equilíbrio com a fêmea.

Portanto, canalizem por esses chacras
Arco-íris Rodopiantes de atividade ampliada pelo Poder do Criador pela Meditação Relaxada e, depois, pelas ações de seu dia.
Logo, essas estruturas contra as quais vocês parecem criar barreiras se tornarão os Degraus da Iluminação de seu povo.

Essa é uma prática de SABEDORIA.

A Terceira Prática do Escudo do Coração do Pai
é *a prática da PAZ.*

Isso é conhecido como *verdadeiro poder.*
A PAZ é uma Onda do Oceano de Chama Violeta que engole tudo.
Portanto, concentrem-se em energias VIOLETA e ULTRAVIOLETA.
Permita que os entendimentos PACÍFICOS do Criador
    inundem a *consciência* de sua raça.
PAZ é uma *consciência* de LIBERDADE,
    de deixar as coisas serem,
    de aceitá-las como são
    e saber que tudo está bem.
Esse é o modo como o Criador se ajusta neste Universo.
Esse é o modo como os Criadores de sua raça devem ajustar-se também.
Por conseguinte, em *cônscia participação* com as Irmandades,
    falamos a vocês, Todos os Homens:
    "Canalizem a consciência da PAZ,
    Canalizem a energia da LIBERDADE,
    Canalizem a ACEITAÇÃO do outro
e FIQUEM ALINHADOS com a aceitação de todos pelo Criador."

Essa *aceitação* não permite que todos façam o que querem.
Essa *aceitação* atrai a todos para a Vontade do Criador.
Vocês devem aceitar um ao outro para que o Padrão Cósmico possa se revelar.
Pois a Grande Beleza espera para se revelar em seu mundo.
Você precisa simplesmente afastar-se do julgamento
e permitir que haja a aceitação da Vida.
Portanto, essas Três Chamas,
a Chama Eterna que queima dentro de seu próprio Coração

de AMOR, LUZ e PAZ,
são as Práticas do Escudo do Coração do Pai.
Assim, o Criador chama El Morya
para falar aos Homens, particularmente,
que pratiquem o AMOR por meio desses Três Princípios.
Fiquem sabendo que *se entregar à sua Natureza Superior,*
a essa Natureza que naturalmente flui de seu Coração,
    quer a chamem *Intuição,*
    quer a chamem *Compreensão das entranhas,*
    quer a chamem *Gentileza,*
É o poder de seu futuro!

Por meio dessa Chama Tríplice
que engolfará cada indivíduo, família, clã, comunidade, toda a sociedade e o planeta,
o Novo Tempo da Revelação será AGORA!!!

EU SOU El Morya
do Centro da Vontade de Deus
enviando o Raio Azul da revelação em sua direção.
Distribuam no Coração de todas as pessoas do planeta
este Escudo do Coração de Nosso Criador,
que todos os Povos saibam
que o Criador resplandece dentro do Coração deles
como essa Chama Tríplice da Vida.

Lei Universal da Simetria

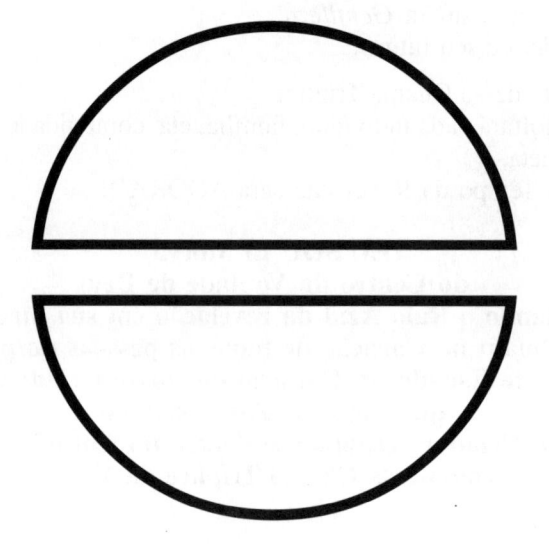

*Ajuda a Pessoa a Ascender da Mente Material
para a Mente Espiritual
Estabelece a Presença Divina
Dirige os Olhos ao Criador*

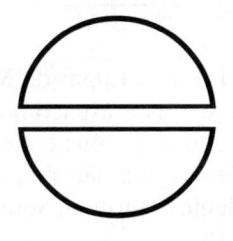

Wambdi Oyate, Nação Águia

Ajuda a Pessoa a Ascender da Mente Material para a Mente Espiritual

Eu sou o **Homem Águia**.
Hoje, em toda a Terra, há muitos povos. A maior parte desses povos tem sua atenção naquilo que é físico. Estão concentrados em: "De onde tiraremos nosso alimento?", "De onde tiraremos nossas vestimentas?", "Onde viveremos?" "A quem servimos?" Eles têm pensamentos muito físicos.

Em todo o planeta, minha nação me diz que há também muitas Pessoas Sagradas. Elas são as pessoas que andam com o Espírito. Sua Mente está no Espírito, no *serviço* à Mãe-Terra e na Entrega Sagrada a toda a Vida por meio da *oração*, do *jejum* e da *lembrança* das Antigas Maneiras.

São dois tipos de ser. Sob a Árvore da Vida, as Pessoas Sagradas têm uma vibração espiritual mais elevada do que as pessoas que se atêm apenas ao material. Por essa razão, as Nações Animais evitam essas pessoas que vêem apenas a si mesmas e àquilo que elas fazem. Em vez disso, nossas Nações Animais vão ter com as Pessoas Sagradas e lhes dão companhia e respeito.

Essa Lei Universal da Simetria ensina que os Caminhos Espirituais do Criador devem ser refletidos em perfeição nos nossos caminhos dos reinos físicos. Os caminhos do Criador devem ser os Caminhos da Terra.

A Mãe-Terra também nos ensina esse caminho, pois, em Sua natureza pura, Ela é o Reflexo perfeito do Divino. Este é o objetivo para o qual Ela está voltada neste momento. Esta é a visão de seus profetas e de seus videntes.

Esta Lei Universal da Simetria mostra que aquilo que está *acima* é aquilo que está *abaixo*. No meio há um espaço. Esse é o *Espaço da Ma-*

nifestação. É o Espelho do Eu. É o Lugar da Mente, pois o Espírito está *acima* e o Coração está *abaixo*. Esse espaço *no meio* é a Mente Sagrada.

A Águia plana nas Alturas dos Céus e aterrissa nas Árvores da Terra. É por isso que as Nações Águia são responsáveis por ajudar o Ser Humano a despertar para a Mente Espiritual. Somos os portadores do Grande Espírito para vocês.

Meus parentes ensinaram que o Corpo Humano, assim como o Coração, são reflexos das *Sete Estrelas Originais* — nossos Criadores.

Também é preciso saber que a *Mente é um reino claro como cristal* para a transmissão dos Pensamentos do Criador, dos Entendimentos do Criador. É o ninho dos Fogos da Sabedoria.

Meditar sobre a *Simetria desta Lei Universal*, compreender que a Mente é clara entre o Espírito e o Coração, despertará a Mente Clara dentro do Ser Humano.

O Ser Humano *deve* buscar algo *mais* que o físico para compreender seu destino entre as Estrelas.

A Primeira Tarefa para revelar a Mente de Cristal é *esvaziar a mente* de todas as pequenas tagarelices do dia. A maioria dos Seres Humanos soa como pardais chilreantes ou galinhas cacarejantes. São capazes das Doces Canções do Cardeal, do Melro, do Gaio, do Bacurau e, por meio de seus Espíritos, do Grito do Falcão, do pipilar da Coruja e da Oração das Nações Águia.

A Mente Humana deve, em segundo lugar, *concentrar-se no Espírito*, pois *você se torna aquilo em que você se concentra*. Portanto, busquem o Espírito. E vocês se tornarão tudo aquilo que sempre sonharam ser. Não mais cobicem esses poderes que vocês cobiçam. Em vez disso, *procurem servir ao Espírito com o Coração aberto*. Então, vocês aprenderão.

O caminho das Maneiras Sagradas começa com pequenos passos de bebê, pois o básico deve ser aprendido com grande cuidado. Logo, porém, você descobrirá que sua Trilha Sagrada o levará a trabalhos cada vez maiores, revelando também uma alegria cada vez maior. Essa alegria é a Chama que Incendeia o Espírito.

Conforme vocês servem, conforme necessitam, conforme requerem,
o Espírito move-se, milagres revelam-se
e o Ser Humano cresce.

O Terceiro Passo que as Nações Águia revelam ao Ser Humano é *tornar-se como o nosso Criador*, sendo assim um "co-Criador com o Espírito".

Ouvir o Plano Divino
ver simetrias no Coração de Nosso Criador
compreendê-las com inocência
e aplicá-las com grande precisão nas próprias

**moléculas de sua Verdade
é o papel do co-Criador com o Espírito.
Esse é o destino de cada um dos Seres Humanos.**

*Portanto, se vocês buscam erguer-se da Mente Materialista
para a Espiritual,
se vocês buscam chegar além das cadeias que percebem
e Voar Livre com as Nações dos Céus,
coloquem sua Mente no Espírito
e deixem que seu Coração seja o guia.*

Mestres do Egito
Estabelecem a Presença Divina

Nós, **Mestres do Egito**, somos Seres Estelares de Órion. Somos os Artesãos que abrimos os Portais Cósmicos para permitir que esses Símbolos Estelares Sagrados chegassem a vocês. Podemos ser chamados de **Irmãos do Nilo**.

Durante a Antiguidade e até o presente, têm existido muitas dificuldades para que o Espírito Humano adquira uma forma física. Essas dificuldades são vistas hoje nas anomalias de nascença. Quando há deformidades na criança — sejam físicas, emocionais ou mentais —, é porque o Espírito não aterrissou apropriadamente na forma física daquele indivíduo.

Esta *Lei Universal da Simetria* é um poder apto a ser invocado para assistir as Almas que estão vindo *integrar-se a seus Corpos, seu Coração e sua Mente*.

Vocês podem recorrer aos Mestres do Egito, nossa irmandade do Nilo, para auxiliar nesse processo, pois temos muitos Círculos que se concentram no nascimento dos Filhos das Estrelas.

Para os que já estão aqui em forma física e que buscam sua Iluminação, que saibam primeiramente que, na Antiguidade, essa *Iluminação era um Dom de Nascença*. Era uma Concessão do Criador que se iniciava já na concepção de cada indivíduo. Portanto, todos eram iluminados. Todos tinham sua *Ligação de Cristal* com o Espírito, lembrando-se de suas vidas anteriores e também das que ainda viriam, lembrando-se da Árvore da Vida Sagrada sem questões sobre quem eram, por que eram e como servir.

Os problemas começaram a aparecer durante os Períodos Atlântico e Lemuriano. Isso se deu principalmente porque as capacidades criativas do Ser Humano, naqueles tempos, iam além de sua Sabedoria. O mesmo tipo de comportamento pode ser visto hoje na moderna tecnologia.

As capacidades criativas daquele tempo eram capacidades que vinham diretamente do Coração, da Mente e do Espírito. Assim, muitos Povos da Antiguidade cometiam esse "pecado contra o Espírito Sagrado" usando o Espírito para criar algo que não é equilibrado, nem simétrico e nem de acordo com essa Lei Universal. Essas desqualificações da Luz Sagrada fizeram surgir o Carma entre os Povos.

O primeiro Carma que surgiu foi aquele que *separava* o Ser Humano do restante da Criação Cósmica.

Logo se desenvolveram bloqueios na Forma Física, assim como dentro dos corpos Mental e Espiritual do Ser Humano, que impediam que a Linha da Vida do Espírito fluísse como outrora. Isso trouxe uma barreira de dificuldades espirituais, assim como problemas éticos, originando aquilo que vocês conhecem hoje como "política".

Muitos existiram, na Antiguidade, que vinham para ajudar o Ser Humano a resolver esses problemas que nós, naquele tempo, chamávamos de "feridas de aterrissagem", porque os seres que haviam criado o desequilíbrio com o Universo eram os que haviam acabado de chegar a este planeta. Eram novatos nas *Leis da Criação da Mãe-Terra* e com freqüência *usavam mal* seus Dons Sagrados neste Plano de Atividade porque não compreendiam. Estavam muito fascinados com a capacidade de criar formas humanóides, de criar outras formas de vida e formas físicas (como edifícios) nas quais sopravam seu Espírito.

Porém, não estavam seguindo os Princípios Sagrados de Nossa Mãe ou o Plano Divino do Criador. Isso fez aflorar as moléstias que vocês vivenciam e que já explicamos.

Essa é apenas uma breve história do porquê da dificuldade do Espírito para vir e se manifestar como Ser Humano, permanecendo em completo contato com o Antes e o Porvir.

Neste momento, Nós, da Irmandade do Nilo, recebemos permissão para revelar Informações Sagradas que auxiliem os Seres Humanos a *manifestar sua Presença Divina na Terra.*

Antes de tudo, o **Uso da Mente** e o **Uso da Atenção**:

A Mente Humana, quando concentrada em algo com grande força e sinceridade, atinge aquele objetivo. Como disseram as Nações Águia:

Coloque sua Mente no Espírito e você se tornará Espírito novamente.

Nesse caso, neste exemplo, sugerimos que vocês coloquem sua Mente em seu Espírito Superior. *Orem* para que ela entre ali. *Orem* para que seu Corpo seja purificado. *Orem* para que seu Coração seja preparado. *Orem* para que sua Mente fique *limpa*, de forma que seu *Verdadeiro Espírito,* sua *Verdadeira Essência* e sua *Verdadeira Natureza Estelar* possam manifestar-se em seu Ser.

O Segundo Passo é *aceitarem sua Natureza Estelar como sua Verdadeira Natureza, aceitarem sua Presença, que emana do Grande Sol Central como o Verdadeiro Eu que vocês são.* Isso significa *entregar* esse pequeno ego, esse pequeno eu, e permitir que ele se dissolva dentro dos

Fogos de Cristal do Arco-íris
para ser substituído pelos Verdadeiros Fogos de seu Eu Superior.

O Terceiro Passo é *começar a representar essa "caminhada para a frente" de sua Natureza Superior.*

Neste momento, *todas as pessoas* sobre a Mãe-Terra estão experimentando aquilo que tem sido chamado de "caminhar para dentro". Em outras palavras, seu Eu Superior, que foi desligado de vocês, pode agora, por meio de sua *Oração* e de seu *Desejo, entrar em sua consciência* — transformando aquele que vocês conheciam como vocês mesmos naquele que vocês *são* no Coração, na Mente e no Espírito do Criador.

Vocês podem recorrer à nossa Irmandade. Nós viremos e o apoiaremos nesse processo. Solicitem também aos Anjos da Iniciação. Peça a seu Eu Superior e aos Guardiões para principiarem essa *Iniciação da verdadeira Natureza Estelar*.

Noite após noite, nossa Irmandade virá a vocês, assim como os Anjos, seu Eu Superior e seus Guardiões, e iniciará esse processo passo a passo de iniciá-los em sua Mente Superior, Coração Superior, Corpo Superior e Espírito Superior.

Quarto: saibam que sua responsabilidade é *Orar Diariamente, Meditar Diariamente, Concentrar seu Desejo e sua Vontade em tornar-se sua Natureza Espiritual* e, mais importante, *Aceitar neste momento o Caminho Puro.*

Isso significa que, quando sua natureza anterior escolher um caminho menos puro e sua nova natureza escolher um caminho mais puro,

Vocês devem escolher o Caminho de Maior Beleza, de Maior Sinceridade para o Espírito.

Vocês devem fazer isso *a cada momento.*

Quando os Ciclos do Carma vierem ensiná-los, seja por meio de recompensas ou lições, *vocês devem recebê-las de todo o coração, mantendo seus olhos concentrados em seu objetivo de tornar-se sua natureza Espiritual.*

Esse processo Quádruplo está andando pelas Quatro Direções, como visto na Roda da Medicina.

Nós, da Irmandade do Nilo, trabalharemos também com seus Animais Espirituais. Ajudaremos vocês a andarem na Direção da Iluminação, na Direção da Experiência, na Direção da Internalização e na Direção da Renovação.

Assim, conforme vocês andam pelo Caminho:

Do *Leste* receberão as *Bênçãos* de *sua Luz Superior.*
Do *Sul* experimentarão a *Inocência* de *Sua Natureza Pura.*
Do *Oeste* internalizarão o *Fogo Sagrado de seu próprio Ser* através do Espelho de Seu Eu.

Do *Norte* receberão o Dom da *Purificação de Seu Corpo, Coração, Mente e Espírito*, o que os renovará para a *Porta do Espírito*, o *Nordeste* por onde sua Natureza Superior pode vir e renovar seu *Ciclo de Iluminação*.

É com vocês, Irmãos e Irmãs da Mãe-Terra.
Vocês devem *escolher* sua Natureza Superior.
Vocês devem *escolher* livrar-se das invejas, mexericos e temores que por séculos os limitaram.

Em vez disso, devem *escolher Andar na Verdade,*
   andar na *Pureza* de *sua Natureza Inocente*
   e *andar no Caminho da Entrega do Espírito!*

Dessa forma, a Irmandade do Nilo, os Anjos da Iniciação
   e o Espírito de sua Natureza Revelada
   poderão vir até você e elevá-lo
   até *aquilo que você buscava ser novamente!*

Essa é a *promessa* de nosso Criador
   que *todos os Seres Humanos sejam devolvidos ao Paraíso!*

Esse é o *desejo* da Mãe-Terra
   que *Todos os Seres se Elevem com Ela na Luz Celestial!*
Por isso, dizemos:

"Nossos Irmãos e Irmãs,
Preparem-se. Escolham. Viajem conosco.
E levaremos vocês às Alturas de Seu Próprio Ser."

Nós somos os Irmãos do Nilo.
Somos Guardiões dos Caminhos Sagrados no Plano do Espírito.
E Somos
Seus Servos Eternamente.

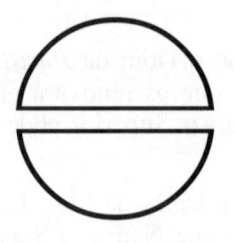

Ista To, Olho Azul

Dirige os Olhos ao Criador

Meus Queridos Parentes Estelares,
Eu sou **Olho Azul**.
Sou uma Ascensionada de Sirius.
Vim dos Pátios do Templo da Chama Azul neste dia.

A *Verdadeira Natureza da Raça Humana*, aquela que está sobre a Mãe-Terra e também dos seus Irmãos e Irmãs do Cosmos, *é concentrar-se na Mente do Criador* e permitir que ela irradie pelos Corações Sagrados de seu próprio ser, pois o Ser Humano é o *Mordomo* de qualquer Planeta ou Estrela de que faça parte.

Sobre a Mãe-Terra, seu *serviço* particular relaciona-se com os Reinos da Árvore da Vida que você é. Eles são também seus Professores, pois vocês esqueceram as Maneiras Sagradas.

Portanto,

"Possa seu Olho ser sincero", como disse Emmanuel.
"Que vocês possam ver o Olho da Luz do Criador.
Possa o Espírito da Verdade e do Conhecimento descansar novamente em suas Mentes.
E possam seus Corações abrir-se no Manancial da Vida Eterna."

Ó Seres Humanos da Mãe-Terra,
Vocês devem Concentrar Seu Olho no Espírito.
Abram sua Mente, sua Coroa nos céus.
Tirem a Cabeça do chão.
Parem de agir como aquele pássaro engraçado, o avestruz.
Vocês devem se virar e olhar para a Estrela de Sua Própria Origem.

Seus pés devem estar profundamente plantados na Mãe-Terra
para que vocês possam novamente sentir o ritmo
de Seu Sagrado Coração
(vocês devem se livrar dessas coisas bobas
chamadas sapatos de plástico).

Amadas Gentes da Mãe-Terra,
Vocês devem estender suas Mãos do Oeste para o Leste.
Vocês devem Respirar as Essências Sagradas do Sul
E sentir o Sopro do Norte.
Vocês devem permitir que as Quatro Direções Sagradas,
as Guardiãs de seu mundo,
despertem sua Visão Original mais uma vez.

Amado Povo da Antiguidade,
Vocês foram enganados por Muitos Seres que vieram escravizar a sua raça.
Vocês devem optar por romper esses grilhões
***Olhando* para além do Físico,**
***Observando* além dos traumas do Coração**
ou as confusões da Mente,
***E Concentrando-se* naquilo que é BELO, BOM e VERDADEIRO.**

Apenas dessa maneira vocês poderão ter Verdadeira Justiça, revelar a Liberdade e reivindicar a Divina Igualdade concedida por sua *origem estelar*.

O segredo para essa revelação é amar o Criador.

Todo o seu Ser deve louvar fervorosamente as Divinas Simetrias do Universo, seja pelas compreensões da Mente, Canções do Coração ou Expressões de Alegria por meio do Corpo, vocês devem *despertar* novamente para a Beleza do Espírito. E *permitir* que esse espírito reine Dentro de vocês.

Tomem da Lama do Rio Sagrado e *Orem*.
Coloquem essa Lama sobre o Terceiro Olho
E *Orem* por sua Clareza.
Orem por Visão do Espírito renovada.
Orem para que seu legado seja restaurado.
Então vão às Águas do Rio Sagrado
E abençoem o Rio
Orem para que o Espírito dele seja fortificado
e lavem a Lama de seu Olho.

Vão então a uma Caverna, meus Amados.
Entrem na Caverna.
Seja ela uma Rocha aflorando no escuro,
seja um Local Sagrado.
Entrem no Silêncio Sagrado onde o Terceiro Olho pode ter seu despertar.

Façam, então, **Três Orações:**

A Primeira Oração, *Uma Oração de Perdão.*
A Segunda Oração, *Uma Oração de Iluminação.*

E a Terceira Oração, *Uma Oração de Sua Visão Sagrada de Entrega.*

Façam cada uma dessas Orações por uma hora.

Busquem sua Mente, Espírito e Coração
por cada Pensamento, Sentimento e Lembrança possível.
Falem-nos em voz alta como a Oração do perdão.
Falem-nos em voz alta como a Oração da Busca pela Iluminação.
Orem-nos em voz alta como a Oração da Busca por seu Serviço Sagrado.

Vocês vivenciarão então o Espírito espiralando desde o Coração do Criador, esmagando os obstáculos do caminho e restaurando sua Visão Sagrada.

Uma vez que essa Visão Sagrada esteja restaurada,
concentrem seu olho unicamente no Criador.
Esvaziem seu ser de *todas* as outras coisas e
permitam que a Luz do Criador preencha vocês mais uma vez.
Cantem então a Canção de Ação de Graças.
Cantem a Canção da Verdadeira Visão.
Cantem a Canção da Lembrança.

Façam isso, também, por Três Horas — uma hora para cada. Se vocês não puderem se lembrar de suas canções, confiem no Espírito. Uma vez que Seu Olho esteja aberto novamente, vocês se *lembrarão*. Vocês *cantarão*, seja em uma linguagem estelar ou em uma linguagem que vocês compreendam.

Saiam da Caverna.
Vão novamente ao Rio.
Banhem-se sem suas roupas.
Saiam novamente ao Sol.
Sintam sua renovação em seu Corpo, Coração,
Mente e Espírito.

Essa Cerimônia começa ao Cair da Noite.
Quando o Sol estiver se pondo,
Façam a Limpeza Sagrada do Olho no Rio.
Vocês devem sair da Caverna na Alvorada.

Essa Cerimônia abençoará vocês, meus Parentes.

Quando vocês se prepararem para este Rito de Renovação,
Preparem-se por Quatro Dias.
Preparem-se por Um Dia para a Mente, Um Dia para o Coração.
Preparem-se por Um Dia para o Corpo, Um Dia para o Espírito.

Então, invoquem Olho Azul.

Invoquem Seus Guardiões.
Acima de tudo, invoquem o Criador e à Mãe-Terra.

Assim que chamados, Meus Amados, nós viremos
E guiaremos vocês.
Os Anjos serão os Guardiões de seu Pórtico.
Eles abrirão as Passagens de seu Eu
E novamente lhes concederão a Mente da verdade.

Portanto, meus Amados,
se vocês buscarem ter a Simetria do Criador dentro de sua própria forma,
Lancem seu Olhar sobre o Criador e permitam-se ser renovados.

**Saibam que Nós, de Sirius,
do Pátio da Chama Azul da Presença e Vontade Divina de Deus,
enviamos a vocês, a todo momento, nossas Bênçãos.
Enviamos nossos Anjos de Luz
para refrear a escuridão
e acumular todas as coisas ruins
para que possam ser condenadas diante de nossos
Conselhos Cósmicos
e transmutadas na Luz Sagrada.
Assim, Nós os Libertamos e a todos os seres
para atingir o Mais Elevado Potencial,
a Luz Mais Elevada
a Mais Elevada Lembrança possível do Espírito.**

*Portanto, saibam que, ao chamar Olho Azul,
Virei com esses mesmos Anjos
Libertar seu Corpo da doença
libertar seu Coração de toda inveja, ódio e ira
libertar sua Mente de ilusões e temores
e de todas as complicações de seu mundo
e libertar seu Espírito para que ele possa novamente reinar
na imagem do Criador dentro de seu próprio ser.*

**Em Nome do Amado Emmanuel,
aquele que vocês conhecem como Mão Amarela,
concedo esta bênção de Verdadeira Visão Espiritual
ao lançarem vocês os Olhos sobre o Criador
como a Única Visão de seu Renovado Compromisso com o Espírito.**

*E saibam que, dentro dos Fogos de Chama Azul e das Realidades
Índigo
que serão restauradas em Sua Visão Sagrada,
a marca da Sagrada Palavra de Deus será sua novamente.*

Lei Espiritual da Igualdade

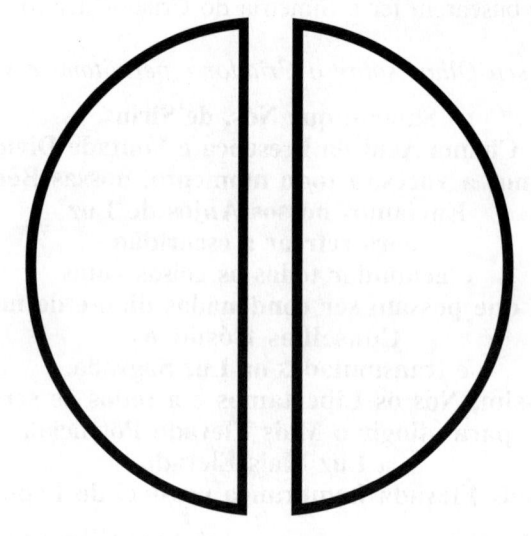

*Fortalece o Respeito por Mitakuye Owasin, Todos
os Parentes no Arco Sagrado da Vida
Invoca a Comunidade Espiritual
Unifica a Humanidade por meio do Tornar-se
Um Só*

Canupa, Duas Árvores

Fortalece o Respeito por Mitakuye Owasin, Todos os Parentes no Arco Sagrado da Vida

Duas Árvores é meu nome.

Estou aqui para compartilhar a **Árvore Sagrada da Vida**. Todos os Parentes da Mãe-Terra fazem parte de Sua Árvore Sagrada. Encimando os Galhos Mais Altos dessa Árvore da Vida estão as Sete Estrelas, Criadores e Guias. Toda a evolução da Mãe-Terra e dessas Sete Estrelas são Flores de cor diferente, aroma específico e uma Essência da Vida. Em meio aos Galhos Superiores e à Folhagem de nossa Árvore da Vida, estão os Chefes Espirituais. Há muitos líderes no Mundo Espiritual. Há líderes das Nações Animais, das Nações das Plantas, das Nações Minerais, Devas Sagrados dos Elementos e seus Ancestrais mais Santos.

Todos esses Seres são conhecidos como *Chefes Espirituais*. Eles orientam a Mente de sua raça particular que vive sobre a Mãe-Terra. São os líderes dos muitos povos que vivem nos galhos inferiores desta Árvore, conhecidos como *Povos Espirituais*.

Esses Povos Espirituais são de todos os tipos na Natureza. São aqueles que transcenderam os Ciclos do Carma. Vivem nos Reinos Celestes a que vocês chamam *Quinta Dimensão*.

São Guias, Professores, Mestres de cada evolução que vocês vêem no que é físico sobre a Mãe-Terra. Eles velam pelos Seres Humanos e por todos os Reinos da vida para *conceder bênçãos, ensinamentos e entregar de boa vontade seu ser* para apoiar a força crescente de sua raça.

Mais abaixo, em nossa Árvore da Vida, nos ramos mais baixos em que a Árvore se bifurca, encontramos o Ser Humano. Na verdade, o Ser Humano está mais evoluído na Jornada Espiritual que a maioria dos Animais, Árvores e Pedras comuns. Mesmo assim, vocês podem ver que o Ser Humano não está, de forma alguma, no alto da escada. Em vez disso, vocês habitam os mundos conhecidos como "Terrestriais" e têm muitos Mestres Espirituais de todos os clãs e formas que vêm a vocês por *trabalho* e por *amor*.

O Ser Humano deve *honrar* os Clãs Espirituais do Povo Pedra, dos Verdes que Crescem e os Clãs Espirituais de seus Guardiões Animais. Eles são todos *professores* para vocês. Como vocês logo entenderão, para esses seres é *necessário* ensinar para que os Seres Humanos possam transcender o físico e ascender às Esferas Celestiais.

Nessa articulação da Árvore, encontramos dois tipos de Ser Humano: as chamadas Pessoas Santas — *Verdadeiros Seres Humanos* — e, em segundo lugar, aqueles com mentes físicas — os que ainda pertencem à mente grupal, cujas preocupações se situam dentre as três naturezas inferiores na capacidade humana: sobrevivência física, sexualidade básica e a luta para superar a si próprio. Essas são as primeiras três esferas do Ser Humano e são as esferas daqueles a quem chamamos "pessoas inconscientes". Eles ainda não descobriram o *Poder do Coração*, ou a *Verdade da Palavra Sagrada* que está investida neles, ou a *Grande Visão do Espírito* que lhes deu origem, ou sua própria *Ligação com Tudo*.

Os Seres Humanos que aprenderam as Sete Facetas do Eu são *conscientes*. Uma vez que tenham evoluído a ponto de *doar sua vida ao serviço de todos os Parentes*, **eles serão Pessoas Santas**.

Foi ensinado, e é verdadeiro, que os Seres Humanos passam, em geral, por Sete Vidas. Cada uma delas tem *Sete Fogos Internos*: aprender as lições, andar nas Quatro Direções em torno da Árvore da Vida e caminhar em espiral ao longo de cada vida até o Pináculo do Espírito. Após ter cumprido seu Labor Sagrado, são libertados dos grilhões da fisicidade e elevados para o Corpo Espiritual, para habitar nos galhos mais altos da Árvore da Vida.

Descendo ainda mais pela Árvore Sagrada, imediatamente abaixo do Ser Humano, encontramos as muitas Nações Animais. São aquelas que Nadam, Arrastam-se, Correm e Voam. Todas as que vocês conhecem e algumas que vocês ainda não conhecem são seus Irmãos e Irmãs mais jovens. Eles têm muito a lhes ensinar. Cada um deles é a individualização do Espírito e um perfeito professor de uma das facetas da Pedra Preciosa da Natureza.

Um pouco mais abaixo na Árvore Sagrada, encontramos as muitas Nações Plantas e Árvores: Musgos, Algas e Gramas. Todas essas estão próximas das Raízes de nossa Árvore da Vida e fornecem o sustento ao todo. A consciência das Nações Plantas e Árvores é a própria *Consciência da Luz* que vocês conhecem como AMOR. E que alguns conhecem como "Cristo".

Pois é o Amor do Universo que revela as Realidades Verdes das Nações Árvore e Planta. É por meio de sua *Entrega*, de seu *Serviço*, que todo o restante dos Parentes pode ser alimentado. Repetimos, cada uma dentre as miríades de formas de vida entre as Nações Árvore e Planta é uma *Individualização dos Aspectos do Amor Divino*. Elas são também as Ajudantes Sagradas dos Seres Humanos.

Entre as Raízes e sob o Solo da Árvore da Vida estão os Povos Pedra e Mineral. Esses Povos estão neste Mundo "Terrestre" e no *mundo interior*, o "Telestial".

Esses Povos guardam a Memória — as Lembranças Sagradas de Todos os Tempos — de Nossa Sagrada Árvore da Vida, a Família. Eles são Professores por meio da *Entrega*. Eles nos dão abrigo. Dão-nos Espaço Sagrado para nossa cerimônia. Dão-nos os *verdadeiros nutrientes da vida*, necessários para cada ser de Nossa Sagrada Família.

Dentro do Solo da Árvore da Vida, em um nível mais profundo, chegamos ao Nível Atômico, no qual as inteligências ainda estão além da Compreensão do Ser Humano. Quando dizemos Atômico, referimo-nos também ao Nível Subatômico, pois esse é o Plano em que o Grande Mistério, Nossa Sagrada Mãe Cósmica, manifesta as verdades inerentes de Seu Coração e forma os blocos de construção de toda a vida. Ela alimenta a Árvore por Dentro e por Fora para que todos os Parentes sejam capazes de cumprir seu Destino Sagrado.

Saibam, também, que os seres conhecidos como *"átomos", "prótons", "nêutrons", "elétrons"* e os seres ainda mais escondidos, conhecidos como *"quarks"* e seus parentes, são os *Protetores dos Mistérios Íntimos da Chama Imortal* e possuem as *Leis Sagradas e os Mistérios da Geometria Sagrada* para todos os Seres da Árvore da Vida.

Portanto, Nós, das Nações Árvore, e Eu, Duas Árvores, sugiro que você fale com esses povos, pois eles estão dentro de você. Eles o tornam *aquilo que você é*.

A verdadeira Fonte da Árvore da Vida Sagrada é o Grande Mistério. Do Vazio do Não-Criado emana Tudo o que É.

Viajando mais profundamente do que nossa Árvore da Vida aparentemente alcança, descendo à Raiz Central, ao longo do Mistério, descobrimos nossa origem *dentro do Cosmos das Estrelas*. Por isso, compreendam a si mesmos como *Expressões Ígneas do Espírito*.

Olhando para baixo, com o Grande Espírito, pelos muitos entendimentos de Nosso Criador, vemos as Sete Estrelas — as Flores da Vida — que adornam as extremidades de nossa Árvore da Vida.

Por isso, Meus Amados,
A Árvore da Vida é o Círculo Sagrado,
O Arco do Universo
Toda a vida está ligada.
Toda a vida é Uma Só.
Que isso seja compreendido,
sua própria alma entrou neste Universo, Coração do Criador,
saída dos Mundos de Avós e Avôs

> passando por cada reino dessa Árvore da Vida
> como uma Semente Embrionária do Arco-íris
> até seu destino no Útero Cósmico,
> do Mistério você veio.
> *E foi vivendo dentro de nossa Mãe Mistério*
> *que você nasceu, primeiro como o Átomo.*
> Pela gestação de muitas lições, você emergiu como o Mineral
> Por meio da perfeição do Povo Cristal, você evoluiu para a Planta
> E então, pela Entrega a Todos os Seus Parentes,
> Você se elevou para a consciência e a personificação
> das mais "simples" Nações Animais.
> E então, ao viajar por seu Caminho de Luz específico,
> você vivenciou Doze Nações Animais.
> Antes que você, por dom do Criador,
> Emergisse como Ser Humano.

Portanto, vocês vêem, meus Parentes, que esses Reinos abaixo de vocês são, na verdade, os Reinos de *sua origem*. É por isso que vocês devem *olhar para dentro* para compreender a si mesmos.

Vocês devem também *olhar para cima* e honrar o Mundo dos Espíritos que está acima de vocês. Seus Professores Ancestrais são tanto aqueles que vestem o manto quanto os que estão além dos Véus do Tempo.

Compreender a Árvore de *Toda* a Vida da Mãe-Terra é compreender que você está *relacionado a tudo*. Como Semente de Luz, você surgiu do Criador e nasceu como *cada um* dos Parentes da Árvore da Vida antes de chegar à sua corporificação por meio da Mãe Cósmica, até que, finalmente, você se viu em um corpo humano.

Meus Amados, esse é o *Padrão Universal* da Árvore da Vida. Esses Parentes Estelares buscados por vocês têm corpos similares aos seus. Eles evoluíram como vocês por meio desse *Padrão Universal* e *além* do físico, até os Mundos Espirituais.

Mesmo que você evolua e se torne uma Pessoa Espiritual, um Chefe Espiritual, torne-se Um Só com as *Sete Estrelas*, una-se ao Criador e ajude a criar Universos, você continua a ser o mesmo.

O mais simples átomo, o humano mais adiantado e as Sete Estrelas Amadas são um só. O Fogo da Vida arde dentro de todos. Esse Fogo que liga o Coração de cada Parente da Árvore da Vida arde no mesmo padrão: o padrão do AMOR.

> Por isso, Meus Parentes,
> *saibam* de onde vocês vieram.
> E *saibam* para onde estão indo.
> *Saibam* que Somos Todos Um Só!

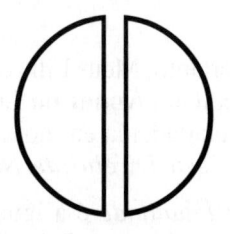

Anpetu Winyan, Pai Sol

Invoca a Comunidade Espiritual

Meus Filhos,
Sou Aquele que vocês vêem Erguer-se com a Manhã e se Pôr com a Noite.
Sou seu *Pai Sol*.
Ó Povos da Mãe-Terra, percebam que seu Pai tem muitos Filhos, pois sou um pai muito prolífico. Muitos Filhos que evoluíram antes que vocês vivem dentro do meu peito como os Fogos que vocês vêem a cada dia.
Muitos de Meus Filhos vivem em Planetas que vocês compreendem e muitos que vocês não vêem. Saibam, Meus Filhos, que no espaço entre os planetas há muitos de seus parentes — seus irmãos e irmãs mais velhos que evoluíram além da forma física. De fato, há tantos Filhos Meus aqui em nossa Família Solar que citar todos tomaria toda uma vida e muito mais.
Estou aqui para lhes ensinar sobre **Nossa Família de Luz**. A Luz é seu *passaporte* para a Família Sagrada. A Luz que vocês compreendem é aquela das Cores do Arco-íris. São as energias que não podem ser vistas, que são mais fortes que sua luz e que vocês compreendem como as Ondas Sonoras.
Dentro de cada um desses Estratos de Vida há muitos dos Meus Filhos. Todos eles têm meu Amor, assim como vocês.

Por isso, Eu lhes peço, Meus Filhos da Terra,
— Seres Humanos, estou falando a vocês —
Respeitem sua Família.

Compreendam que vocês devem purificar seus Pensamentos sobre tudo o que pensam ser real.
Pois vocês vivem em uma grande ilusão, uma grande meia-realidade.
Muitos de vocês estão cheios de "sombra".
Vocês não *exigiram seu direito* em **Nossa Família de Luz**.

Portanto, Meus Filhos,
Escolham **Andar na Luz**
e então sua plena cidadania em nosso Sistema Solar
concederá seu Direito de Nascença.

Esta *Lei Espiritual da Igualdade* é a igualdade de *cada* vida trabalhando na Grande Harmonia do Sistema Solar. Essa mesma harmonia tem seus padrões por todo o nosso Universo.

Por isso, dizemos a vocês, Todos os nossos Irmãos e Irmãs que estão aqui comigo dizem a vocês:

"Endireitem suas ações!"

Logo, aqueles dentre vocês que escolherem permanecer na escuridão da dúvida e do temor, que escolherem propagar a morte e a destruição, não mais farão parte desta Família. Voltarei minhas costas a vocês. Enviarei vocês a outro lugar. Não pensem que os abandonarei, pois seu Pai os amará além das eras do tempo.

Porém, aqueles que não estão prontos para a Grande Luz que está aqui devem ir a outro lugar para preservar sua integridade. Por isso, vocês serão enviados a um local mais adequado para suas lições.

Falo a vocês, Meus Filhos, que escolheram estar com a Luz. Eu digo: *"Muito bem"*. Digo a vocês: *"Preparem-se para uma Luz maior do que sua imaginação pode compreender"*. Pois não apenas a Mãe-Terra se erguerá nessa Luz Galáctica, como também o farão todos os Planetas e seu próprio Pai Sol.

**Pois o Prometido Tempo das Eras finalmente passou.
As 12 Leis Sagradas do Universo foram cumpridas.
Nosso Guardião, o Arcanjo Miguel, pavimentou
o caminho e abriu a porta
para que todo o Universo entre nessa Luz Galáctica.**

Deixem seus passaportes à mão.
E livrem-se de toda a bagagem inútil!
O único valor que cruzará essa passagem será
o Corpo que foi dado a vocês,
o Coração à imagem do Sagrado Criador,
a Mente que é Clara,
e o Espírito que se Rendeu à Harmonia do Todo.
Esses são os Quatro Presentes do Criador.

Por isso, Exijam esses Presentes
e Aprendam suas Forças.
Pois cada um de Meus Filhos
foi dotado de Grandes Forças por seu Avô, o Grande Sol Central.

Seu Pai deseja ver a Beleza em *cada um de vocês*
expressando e abençoando nossa Mãe-Terra.

Comecem a agir como a Comunidade de Luz que vocês são.

Afastem todas as diferenças insignificantes. Se vocês precisam sentir algo, sintam-no. Deixem passar (mantenham a boca fechada sobre essas coisas). Permitam que a Harmonia e a Verdade Cósmica guiem cada um de seus passos, que se tornem cada Pensamento e Ação.

Meus Filhos, Seres Humanos, vocês são os Guardiões da Mãe-Terra (junto com as Baleias, os Golfinhos e muitas outras raças adiantadas). Vocês fariam bem em aprender com eles. Eles permaneceram em Pura Proteção e na Honra do Cosmos.

Por isso, Meus Povos, ergam-se no destino que foi escolhido para vocês pelo Avô Criador. E Meu Pai abençoará vocês e deixará seu Pai Sol muito orgulhoso. Adoro ver a Beleza que se revela dentro de cada um dos Meus Filhos.

Saibam que, uma vez que vocês tenham aperfeiçoado a luz dentro de seu ser, terão a permissão de visitar seus Irmãos e suas Irmãs em qualquer lugar. De fato, vocês serão capazes de transportar-se até lá com um piscar de Olhos (e vão se divertir muito).

Mas, antes, vocês devem compreender que há muitas responsabilidades sobre a Mãe-Terra, incluindo a limpeza das desordens que vocês criaram; que isso seja feito dentro da Luz.

Eu, o Pai Sol, envio-lhes muitas tecnologias, entendimentos e muitas maneiras espirituais que vocês ainda não atingiram, não porque não sejam capazes, mas apenas porque ainda não o quiseram. Por isso, *busquem* em sua Memória e *exijam* o Fogo Sagrado que vocês são. *Levantem-se como sacerdote e sacerdotisa a cada dia. E orem.* Façam a sua Cerimônia do Eu. E abençoem seu Mundo. Abençoem cada Ser. Saibam que cada passo é um passo maior na subida da Montanha da Verdade.

Saibam que, ao cumprir com essas responsabilidades sobre a Mãe-Terra, vocês serão chamados a ajudar seus Irmãos e suas Irmãs nos Planetas mais afastados de nosso Sistema Solar. Assim como aqueles que estão mais próximos de meu Coração ajudaram vocês.

Saibam também que, neste momento, há uma Grande Reunião sobre a Mãe-Terra. Todas as almas no Universo que já estiveram aqui antes estão voltando para a *Grande Ascensão na Luz* da Mãe-Terra e para celebrar também comigo, Pai Sol.

Assim, em outras palavras, todos os seus problemas
estão em seu rosto.
Por isso, escolham a Luz.
A Luz vai ensinar, curar e tornar vocês completos novamente.
Para fazê-lo, vocês devem unir-se como Uma Família.
Compreendam que a *Família da Luz* é a Família Universal da verdade.

É a Única Família que existe, não há outra.
Compreendam que seu Pai Sol está zelando por vocês,
guardando vocês, e lhes dando bênçãos imensuráveis a cada dia.
Por isso, façam apelo ao Pai Sol. Eu enviarei seus
Irmãos e suas Irmãs mais velhos,
Serafim e *Querubim*, para guardá-los e ajudá-los. Enviarei também os
Poderosos da Presença Solar para abençoar suas orações e cerimônias.

Pensem além de sua imaginação. Livrem-se de tudo em que vocês
acreditam. Sua imaginação pode ensinar-lhes o que é Real. Então, vocês
compreenderão o Poder, a Sabedoria e as Extensões de
Amor que estão dentro de suas capacidades.

Eu sou seu Pai Sol.
Eu os abençôo neste dia.
Quando vocês se purificarem, devolverei sua Memória Cósmica.
Dar-lhes-ei as Chamas da Verdadeira Vida.
Eu o farei com um Piscar do Meu Olho naqueles momentos conhecidos
como *eclipses*.

Por isso, preparem-se antes de cada eclipse.
Saibam que desnudarei seu antigo eu e lhes darei o seu novo eu.
Deste momento em diante vocês devem se preparar para esses tempos,
pois haverá fortes iniciações espirituais.
Todos no Sistema Solar *sentirão* como a Mãe-Terra muda
durante cada uma dessas piscadas de meu olho.
Compreendam que a Luz que virá
será de *maior intensidade* e com *finalidade mais elevada* a cada vez.

Preparem-se, meus Filhos da Mãe-Terra.
Saibam que sua Mãe é uma Grande Mãe.
Ela é uma Pedra Preciosa no Cosmos.
Vocês são abençoados por estarem aqui.
Vocês trabalharam muitas e muitas eras para ter o direito de colocar um
dedo sobre Ela.

Endireitem seus atos, Meus Filhos.
Honrem a todos os Filhos da Mãe-Terra.
Pois eles são muitos.
Eles são fortes.
Eles são seus Professores, Alunos e Irmãos e Irmãs.

Ite Otapi, Muitas Faces
Unifica a Humanidade por meio do Tornar-se Um Só

Se vocês pudessem se ver como eu vejo os Seres Humanos,
não haveria dúvidas de que *vocês estão ligados uns aos outros*.

Eu sou **Muitas Faces**.
Sou uma Mente Galáctica
do Coração do Universo conhecido como *Andrômeda*.
Fui mandado aqui de nosso Grande Sol Central
para ajudá-los a compreender que
Cada Um é Parte do Outro.

Isso é verdade não apenas neste momento, mas é verdade interdimensionalmente e também por todo Tempo e Espaço. *Uma charada, não é mesmo?*

Porém, aos Olhos do Criador, todos os Seres Humanos são um Só Ser de Luz com muitas facetas. É como se o Criador estivesse olhando para a Pedra Preciosa do Ser Humano. Dentro de cada faceta está aquele conhecido como *indivíduo*. Por meio das Freqüências de Luz, Som, Cor e Vibração, cada Ser Humano está atado ao outro, assim como as facetas estão ligadas na realidade maior da Pedra Preciosa.

Além disso, para compreender melhor, olhe para todos os Seres Humanos como uma *Célula* de um grande Ser Humano. Cada Ser Humano, tanto os da Mãe-Terra quanto os Humanos Galácticos, é necessário para compor a Presença Una conhecida como Guardião do Universo.

*Ó Pessoas, vocês são células de um Ser Grande e Magnífico.
É dessa forma que vocês são ligados uns aos outros.*

"Tornar-se Um Só" é o processo que vocês estão vivenciando neste momento. Isso significa que, como indivíduos, vocês estão *Se Tornando Um Só* com seu "eus" passados e também com seus "eus" futuros. Vocês estão *se Tornando Um* com todas as realidades interdimensionais que são vocês.

Isso ocorre conforme as dimensões se fundem, as dualidades terminam e a *consciência da unidade emerge*.

Assim é que cada uma dessas Células, cada Ser Humano, está se reconfigurando, assim como uma pilha de tijolos se torna uma casa.

Assim é também que aquilo que você conhece como seu *eu* atual é um tijolo que se une com todos os das Sábias Pedras de Construção de seu passado, presente e futuro, para tornar-se a morada sagrada de seu Espírito pela Eternidade.

Isso *é* o que está acontecendo neste "fim dos tempos".

Muitos de vocês já se perguntaram por que as divindades do Oriente têm muitas faces. Elas geralmente os assustam, não é mesmo? É porque elas têm muitos pontos de vista sobre a Realidade. Elas já se Tornaram Uma Só consigo mesmas. Elas ultrapassaram os Ciclos do Carma. E elas se uniram com o Caminho do Dharma. Tornaram-se Uma Só com sua Finalidade Universal do Coração do Criador. Isso significa que ascenderam às Realidades Mais Elevadas do Fogo do Espírito.

Portanto, vocês também estão ascendendo. E também todos os problemas e coisas ruins que vocês criaram, seja nesta vida ou nas muitas que vocês viveram antes, ou mesmo naquilo que vocês sonharam como o futuro, estão todos chegando ao momento da quitação. Eis o Dia do Julgamento que muitos de vocês *tanto desejaram*.

Finalmente, vocês serão vistos no banco dos réus por todos. E *vocês serão perdoados*. Os Fogos Transmutadores do Espírito virão e os transformarão na maior beleza que vocês podem imaginar. De fato, a maior beleza que o Criador imaginou são *vocês*.

Nosso Criador nas Sete Estrelas criou muitas realidades multidimensionais para que cada indivíduo possa cumprir seu Plano Divino neste momento.

Saibam que a Pedra Angular de nosso Universo não é mais o Carma.
É a Graça.
São os Fogos Violetas da Liberdade.

Saibam que a Vitória da Luz já foi conquistada, Ó Gentes,
E vocês já estão "Se Tornando Um Só".

Tornar-se Um Só é muito simples, já que significa *Unir-se com a Luz* que está emanando de seu Eu Superior. A *Alma* que está ascendendo dentro das profundezas de sua lembrança.

Conectem-se ao Espírito e ao Mistério.
Conectem-se a sua Mãe e a seu Pai.
Façam apelo a eles para *guiar cada momento de sua vida*
para *liberar as energias de seu sustento,*
para *liberar o conhecimento de seu caminho.*

Andem por essa trilha.

Não é preciso resistir.
A resistência está se tornando uma irrealidade.
Está se dissolvendo.
Não estará aqui por muito mais tempo.
Então, por que resistir?

Em vez disso, escolham seu Caminho.
Escolham seu Andar na Luz.
E escolham Tornar-se Tudo o que Vocês Já são.

Como tenho Muitas Faces,
Posso ver todas essas realidades de uma vez só.
Posso ver a Beleza que vocês já são,
mesmo que vocês não compreendam

Há outra prática que os ajudará muito.
Trata-se de *orar para que os véus de sua consciência sejam erguidos*.
O Criador não colocou esses véus ali.
Vocês o fizeram.
Por isso, *orem* para que eles sejam erguidos de modo que vocês aprendam as lições graciosamente.
Lição após lição, vocês dissolverão essa sombria realidade que vocês criaram.
Você **Se Tornará Um Só com a Luz** da qual você se separou.

Em outras palavras, aquilo que foi considerado a "queda da graça" está **agora acelerando-se na "Graça da Luz"**.
Vocês estão em seu caminho para o cume, Meninos e Meninas!
Estão se tornando *Homens* e *Mulheres* — finalmente.
E vocês andarão entre seus Parentes do Cosmos,
        como Deusas e Deuses.

Somos todos iguais,
mesmo os que escolheram fraturar a si mesmos
até que não saibam mais quem são.
Vocês estão *Se Tornando Um Só* novamente
porque essa é a Lei
que o Criador estabeleceu como *Graça Sagrada*.

Por isso, saibam que há mais algumas coisas práticas
que vocês podem fazer para ajudar a si mesmos.
Uma delas é ficar junto aos elementos.
Bebam bastante Água.
Comam os alimentos que lhes são nutritivos.
Comunguem com as Sagradas Nações Planta.
E realizem suas Cerimônias Sagradas da Mãe-Terra.

Se por acaso vocês se esquecerem
por terem sido indulgentes na vida da cidade,
vão ter com os Povos Indígenas
          pois eles se lembram.

É realmente uma Prática muito simples *Tornar-se
Um Só* novamente, Ó Gentes.
É a Prática de *Lembrar-se*.
É a Prática de *Tornar-se a Luz*.
É a Prática de *Abrir seu Coração ao Espírito* novamente.

Vocês podem achar que **Muitas Faces** está sendo sarcástico com vocês.
É porque sou um **Palhaço Cósmico**.
É também porque vocês todos são Palhaços,
Suas Pessoinhas Tolas.
Vocês são Grandes Professores do Universo.
Ser Humano e Palhaço são basicamente a mesma coisa.

Vocês deviam ver como os Guias e Mestres apreciam seus riscos e vitórias.
Pois vocês realmente nos ensinam muito por riscos e melodramas.
Porém, é tempo de um Novo estágio na Vida.
Esse estágio está surgindo logo abaixo de vocês.

    Saibam que seu papel na peça é a *Peça da Ignorância*.
        É uma das *Comédias Cegas*.

Mas agora dizemos a vocês, a partir do verdadeiro Sol Central:
*"É hora de abrir seus olhos,
de tirar seus óculos escuros
e de afastar o cabelo do rosto."*
É hora de olhar para a luz que vocês são.
É hora de compreender que o Criador decidiu que vocês,
Sim! Vocês!
devem se Tornar Um Só com o todo.
Eu sou Muitas Faces
E vejo as facetas de sua Alma.
Sei que vocês são Pedras Preciosas da Perfeição.

Por isso, *abracem* essa realidade
E optem por dissolver
seus pequenos "atos únicos" de dor e aflição
E *optem por tornar-se um Ator na Grande Peça Cósmica do Amor.*

Lei Universal da Vida

A Ligação do Criador com o Ser Humano

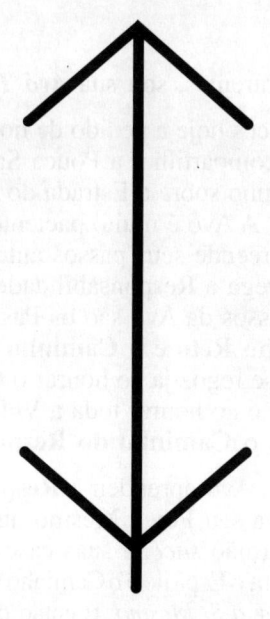

*O Caminho Reto
Desperta os Centros de Luz Humanos e
Harmoniza com o Centro Galáctico
Reconecta a Linha da Vida ao Grande Sol Central*

Unci Keya, Avó Tartaruga

O Caminho Reto

Meus Parentes, sou sua *Avó Tartaruga*.
Vim a vocês hoje a pedido de nosso Criador
para compartilhar a Pouca Sabedoria
que tenho sobre a Estrada do Espírito.
A Avó é muito paciente.
Ela compreende seus passos antes de dá-los.
A Avó carrega a Responsabilidade das Nações.
Portanto, os passos da Avó são os Passos da Sabedoria.
O Caminho Reto é o **Caminho do Coração**
que se regozija ao honrar o Criador
e ao honrar toda a Vida.
É o **Caminho do Respeito**.

Há muito tempo, a Avó aprendeu a **Respeitar Tudo O Que É**. Ela traz Grandes Fardos para seu Povo. Mesmo quando vocês aram sua pele ou cavam sua carne, ela não *sacode* suas cascas, mas tem paciência.

O Caminho Reto para o Espírito é o Caminho da Entrega. O Caminho Reto é o Caminho de *Conhecer a Si Mesmo*. E então compartilhar *quem você é*.

A Nação Tartaruga está muito ocupada orando e conservando Conceitos Puros de Sabedoria para Todos os Parentes. Em sua paciência, a Avó Tartaruga *ora por cada ser vivente*, lembrando cada preocupação e cada desejo do Coração.

**Por meio da lentidão da Avó,
as Velocidades da Luz aceleram seu crescimento próprio.
Pois a Avó sabe que o Caminho Reto é o Caminho para Dentro.**

A Avó conserva o *Espaço da Paz e da Placidez* para o Ser Humano. *Se não fosse pelas Orações e Silêncios da Avó, o Ser Humano não seria capaz de manter sua forma.* A Avó quer que os Povos Humanos aprendam a *se tranqüilizar por dentro*.

A Avó vê seus filhos humanos correrem para lá e para cá, o tempo todo tão ocupados com coisas diferentes do Verdadeiro Caminho.

**A Avó pode andar devagar,
mas os passos da Avó são seguros sobre o Caminho da Vida.**

Os Povos Humanos devem aprender a dar *cada* passo nesse caminho. É isso que significa *estar alinhado com o Criador*. Em épocas passadas, e mesmo no momento presente, a maioria dos Seres Humanos dá apenas um passo adiante em seu Caminho Sagrado em uma Lua ou em um Ano.

Por outro lado, seus Pequenos andam milhas em Espírito em um único dia. A Avó sabe que os Povos Humanos esqueceram como ser *jovens*. A Avó ora para que todos os Seres Humanos se lembrem da Maravilha da Vida e da Comunhão com o Espírito.

Essa Caminhada da Verdade é chamada União com o Espírito. É o Caminho Reto. É um caminho de ter *um ouvido para o Espírito e um ouvido para nossa Mãe-Terra*. O Ser Humano deve aprender a não se distrair com a ocupação enlouquecedora de seus dias. A Avó sabe que eles crescem melhor quando prestam atenção na *Luz*, no *Amor* e no *Caminho Pacífico* de sua "caminhada de todo momento".

Os Seres Humanos podem invocar a Avó Tartaruga. Ela lhes ensinará como *entrar* em sua casca e *repousar no silêncio* do Útero de nossa Mãe Cósmica. Ali, a Avó virá a eles e lhes ensinará a *ficar parados, pensar apropriadamente* e a *Orar* de Boa Maneira.

Há **Quatro Corredores na Caminhada pelo Caminho Silencioso**. São *segredos* da Avó. Se vocês desejam encontrar o Verdadeiro Silêncio, recorram a *mim* e andem por esses Quatro Caminhos.

O Primeiro Corredor do Caminho do Silêncio é *Ir para Dentro da Terra*. É ir para o *Coração de Nossa Mãe* e banhar-se na Luz Curativa de Seu Amor. A Avó levará vocês para lá.

O Segundo Corredor é o *Grande Silêncio, o Oceano Cósmico*. A Avó levará vocês para aquele *Local Sagrado* onde vocês *conhecerão a si mesmos como uma parte do todo*.

O Terceiro Corredor do Silêncio Sagrado é o *Coração do Criador*. É o lugar do *Grande Espírito do Fogo* conhecido como *Grande Sol Central*. Perguntem à Avó. Ela levará vocês ao Peito de nosso Pai.

O Quarto Corredor do Silêncio do Mistério é o *Lugar Além do Tempo onde se reúnem os Conselhos dos Avôs*. A Avó Tartaruga, com a cabeça curvada, levará vocês ali para encontrar seu Futuro Sagrado.

**O Criador Pediu à Avó Tartaruga para dividir sua
Pequena Sabedoria.
Ela compartilhou seu Dom Mais Precioso:**

As Maneiras Silenciosas dentro de Si.

A Avó convida o Ser Humano a *vir, aprender* **e** *estar em Paz.*

Quetzalcoatl

Desperta os Centros de Luz Humanos e Harmoniza com o Centro Galáctico

Meus Parentes, sou aquele que andou por estas terras antes. *Estou aqui novamente neste dia e residirei com vocês da Ilha Tartaruga para sempre.*

Sou **Quetzalcoatl**.

Trago comigo a Lei Sagrada. Essa Lei Sagrada está escrita nos próprios Centros Luminosos de meu eu. Que todos os parentes Humanos saibam que também devem se erguer nas Chamas da Ascensão e ruflar as asas e viver novamente como Fogo Sagrado!

Já se falou dos Centros Luminosos conhecidos como Chamas Internas do Arco-íris ou Chacras. Também já se falou sobre alguns *Potenciais Glandulares* da Forma Humana. Já se sugeriu até mesmo que a Espinha humana — cada vértebra — seja um Centro de Acesso e Potencial Luminoso.

Estou aqui, vindo das Sagradas Irmandades, para lhes contar que Dentro de seu Corpo Humano há Cento e Quarenta e Quatro Mil (144.000) Focos de Luz. Cada um desses Focos de Luz é um Espelho de um dos Cento e Quarenta e Quatro Mil (144.000) Mestres Elevados que servem nas Irmandades da Luz!

Pois vocês vêem, *Ó Gentes da Raça Humana, vocês estão ligados a Nós*. Venho para falar de algo ainda mais profundo dentro de seu ser: *a Natureza do Átomo*. Cada Átomo é um Centro de Luz. Conforme os Átomos se juntam em "Moléculas", temos *Complexos Luminosos de Propósito Divino* que geram e guiam o funcionamento de seu corpo. O Funcionamento dessas Moléculas relaciona-se com esses Cento e Quarenta e Quatro Mil (144.000) Centros de Luz.

O Criador deseja que eu apresente alguns dos focos que dirigem o fluxo de muitos outros.

Saibam que suas ***Palmas*** têm poderoso potencial de Luz. Se vocês *deitarem uma mão sobre a outra* e se conectarem com o Coração do Universo para o qual vocês *oram*, aquilo que vocês *pensarem será*!

Saibam que os ***Dedos*** são de fato canais dos Raios Divinos. As *cores* e *energias* são escolhidas por vocês.

Saibam que os ***Chacras dos Pés*** conectam vocês diretamente à *Mãe*. Com sua participação de boa vontade, *seus Pés entrarão em ressonância com a Batida do Coração Dela* e *flutuarão no ar*.

Saibam que cada ***Dedo dos seus pés*** é capaz de conter *as simetrias do Amor de nossa Mãe*. Escolham os aspectos da *Misericórdia*, da *Virtude*, da *Paz*, da *Força* e da *Compaixão*. Conforme as energias fluem pelos Artelhos, vocês descobrirão que seu andar sobre a Mãe será muito leve e alegre.

Saibam que os ***Joelhos*** representam seu *apoio escolhido*. Portanto, se eles *estiverem em ressonância com as energias da Mãe Sagrada e Suas Filhas do Escudo, vocês terão mais apoio do que podem imaginar!*

Saibam que o ***Sacro*** é um poderoso reservatório de Conhecimento Sagrado. Se vocês *optarem* por concentrar a *Pureza*, a *Sabedoria* e o *Fluxo Criativo* por meio desse Centro de Luz, saibam que *todo o seu ser evoluirá em Corpo Espiritual*.

Saibam que se vocês se concentrarem (por meio da *vértebra* saliente atrás do pescoço, conhecida como **Ponto Estacionário**) em *Clareza*, *Entrega* e *Verdade*, os laços da confusão e da escuridão que vinham mantendo vocês presos irão se romper. Então, *sua Alma irá se erguer para se unir a seu Espírito nos Reinos Elevados!*

Saibam que os ***Pulsos***, quando podem canalizar energias de *Flexibilidade* e *Perdão*, retiram os fardos da vida de vocês, *irradiam a paz* e a *tranqüilidade* para os que estão ao redor.

Saibam que os ***Centros dos Cotovelos***, quando concentrados na *Luz da Alegria* e da *Expressão*, permitirão a seu corpo ensinar os Mistérios que estão sob seus cuidados. *Pelo movimento, vocês descobrirão os segredos íntimos do Átomo e como eles dançam juntos na Molécula.*

Saibam que o ***Ponto da Medula***, que é a saliência atrás da cabeça, quando concentrado no *Respeito pelas Avós* e nas *Vibrações de Paz*, de *Pureza* e de *Entrega*, abre o *Poço dos Sonhos* e permite que a Sabedoria da Alma aflore em sua Memória.

Esses são alguns dos 144 Mil Pontos de Luz. São **Centros de Poder** similares aos Chacras e aos Pórticos das Glândulas.

Saibam que pelo do uso dessa Lei Universal da Vida o Espírito do Criador descerá e abrirá esses Centros, se vocês solicitarem isso com Intenção Pura e Boa Vontade em Servir.

Saibam que esses Chacras, quando combinados com os Chacras do Arco-íris e os Pórticos das Glândulas, criam *Simetrias* em sua vida que são necessárias para conectá-los diretamente ao Centro Galáctico.

Esses são os Pontos de Luz que marcam e iluminam sua Dança Sagrada da Vida. Eles são os Guardiões da Sabedoria da sincronicidade a que vocês chamam de Dança Universal da Harmonia Cósmica.
Eu, **Pai da Lei Sagrada**, entendo que isso possa ser de difícil compreensão para vocês. Muitas pessoas ainda têm de *Abrir seus Corações*. Todos esses Pontos de Luz mencionados e os 144 Mil são *ancorados*, *alimentados* e *dirigidos* por meio do *Coração Sagrado*.
Portanto, acima de tudo, *Conheçam Seu Próprio Coração.*
O Coração é a Linha da Vida e o Professor do Centro Galáctico.
O Centro Galáctico é o lugar em que seu Espírito Dança com todos os Espíritos do Universo.
Portanto, por meio de seu *Coração,* permitam que seu Corpo seja guiado nessa Dança Eterna, pois *"acima é como abaixo".*
O Criador deseja que cada Ser Humano desperte para a **Eterna Dança da Vida** *e demonstre essa Beleza aqui sobre a Mãe-Terra.* Saibam que quando dizemos "dança", estamos falando de Todas as Ações e Movimentos do Espírito em sua Vida.
Saibam que quando vocês Dançam a Dança Sagrada de sua própria auto-expressão nos Reinos da Mãe-Terra, vocês "plantam" Energias celestiais para dar auxílio a todos os seus Parentes aqui.
Alinhem-se com o Plano Sagrado do Criador. Trata-se desta Dança da Vida, que é a entrega de um ao outro. É a Alegria das realidades mutáveis e movediças do Coração de nosso Criador.

Eu sou **Quetzalcoatl**,
vim a vocês para ensinar alguns dos Caminhos Luminosos
para que possam novamente Dançar com as Estrelas,
para que possam novamente Andar nos Éteres do Verdadeiro Ser.
Quando vocês decidirem experimentar esses Centros de Luz,
roguem ao Pai da Lei Sagrada e saibam que Eu
e as Serpentes Aladas do Amor Puro
traremos o Fogo do Coração do Criador para vocês
Despertando os Centros de Luz dentro de vocês
e alinhando-os com Sua Própria Dança Cósmica!

Arcanjo Gabriel

Reconecta a Linha da Vida ao Grande Sol Central

Eu sou o *Arcanjo Gabriel*
com vocês nesta noite.

Vim com o Dom do Espírito. Vim ensinar-lhes os *Portais Interiores Sagrados* que existem nesse Fluxo da Vida, o cerne de sua ligação com o Espírito e a **Chama Sagrada** de dentro.

Muito se ensinou em relação a essa Merkabah, este ***Tetraedro Estelar***. Sim, é verdade, segundo os Pergaminhos da Vida, posso confirmar-lhes que essa Estrela Brilhante *é* a pedra que construiu sua própria natureza.

Saibam que, dentro do Canal Central que vocês conhecem como seu Vórtice Principal de Luz, há Sete Centros de Energia. Dentro de cada um desses centros de energia há um *Tetraedro Estelar*. De fato, a própria Semente da Vida que emana das Chamas do Eu e da Criatividade é a Estrela *de Sua Verdadeira Natureza*.

Sim, Meus Amados, vocês podem olhar para o céu e compreender a *verdadeira natureza* que está dentro de vocês. Cada uma dessas Rodas de Fogo Sagrado é uma *estrelinha* cuja presença está dentro de vocês.

Cada *Estrelinha* tem o potencial de tornar-se *a radiância plena* das Poderosas Sete Estrelas do Criador. Dentro de cada um dos Chacras, está a Semente da Perfeição, onde habitam os Sete Poderosos Criadores. Sim, Meus Amados, as Sete Estrelas que deram forma aos Céus e a Tudo o que Existe dentro do Oceano Cósmico vivem dentro de você, como Sementes de Potencial que podem se desdobrar na *glória* de seu Pai Sol.

Dentro de cada uma dessas Presenças Estelares estão as Sete Estrelas da Luz. Nos *vórtices* desses *Tetraedros Estelares*, encontramos um **Conselho Triuno de Amados Seres Estelares**, pois, dentro de *vocês*, estão aquelas conhecidas como **Trindades do Arco-íris**.

Assim como os Chacras trabalham juntos como um *Arco-íris*, também o fazem os **Poderosos Eloim**, os **Poderosos Arcanjos** e os **Chohans de Luz,** que se concentram e habitam em *cada um* de seus Chacras.

Embora isso possa ser difícil para sua imaginação, *Ó Gentes, saibam que o Mais Elevado vive dentro de vocês.*

Saibam que em cada Chacra existe um dos **Poderosos Eloim**!
Dentro de cada Chacra reside um dos **Poderosos Arcanjos**!
Dentro de cada Chacra vive e habita um dos **Senhores e Senhoras de Luz**!

Saibam que esses Três concentram o *Quarto Ponto* que é o *Seu Eu* realizado no Futuro-que-virá, nos Reinos Ascensionados — *um Mestre de Sabedoria, Amor* e *Paz.*

Esses Grandes Criadores e Servos do Cosmos mantêm uma concentração para a sua existência dentro dos próprios Chacras de seu ser.

Os **Eloim** são os **Sete Seres Poderosos** que criaram o Universo,
pois eles são os **Mestres da Forma**.
Eles são os Espíritos Poderosos que guiam os Devas da Natureza.
e as Forças Elementais e todas as imagens do Coração do Criador.

Saibam que os **Poderosos Arcanjos** são **Protetores do Padrão Sagrado**.
Guardam a Matriz Sagrada de sua Criação original.
Julgam e guardam as Leis do Criador.

Saibam que os **Chohans da Luz**
são Seres Elevados particularmente concentrados em vocês.
Que mesmo havendo **Chohans dos Sete Raios**
que zelam pela Mãe-Terra,
cada indivíduo tem Senhores e Senhoras pessoais
vindos dos Reinos Ascensionados que zelam por sua Alma.

Portanto, dentro de cada um desses Fogos Sagrados Dentro de Você estão os **Grandes Criadores**, os **Grandes Guardiões** e os **Grandes Professores** da Humanidade. *Dentro da matriz completa de seu verdadeiro ser.* Todos eles formam a Estrela Sagrada que é a Semente da revelação de sua Vida.

Portanto, Gentes,
compreendam que vocês devem **Harmonizar-se com esses Eloim,**
que vocês devem **Harmonizar-se com esses Arcanjos,**
que vocês devem **Harmonizar-se com esses Chohans de Luz.**

Eles virão ensinar-lhes
e revelarão a vocês os Mistérios de seu próprio Ser.

Eles *ativarão* o *Vórtice Central de Luz* dentro de vocês, conhecido como *Arco-íris de Cristal do Ser*. Eles abrirão os Portais de seu eu e o ligarão diretamente ao Coração do Grande Sol Central.

Esses Seres, essa Trindade do Arco-íris, foram enviados pelo Criador como seu Governo Divino. Esses são os Conselhos responsáveis por vocês e por suas ações. Esses são os Conselhos para os quais cada um de vocês deve se voltar em busca de orientação e para Andar em Equilíbrio com o Todo.

Compreendam, Meus Amados, que as chaves para revelar a *Matriz de Cristal do Arco-íris* estão em seu Coração Sagrado: pois vocês devem entrar em seu Coração Sagrado e clamar pelas Águas Viventes que estão naquele Manancial da Vida Eterna no Centro do Jardim chamado *Éden*.

Uma vez que vocês tenham se purificado e se revestido da Mente da Criança, a Mente Original, e estejam escoltado pelo Querubim no Pórtico de seu Coração Sagrado, devem seguir em frente e beber livremente das Águas Sagradas. *Essas Águas preencherão os Chacras, os Centros de Luz, com a força nutriz que fará crescer a Semente Estelar.*

Logo, para seu espanto, *vocês* estarão irradiando, diante dos Reinos Invisíveis, as Luzes do Arco-íris Sagrado. Seus pés estarão *brilhando*, suas Mãos estarão *servindo* e sua Mente estará *concentrada* na Luz, em Tudo!

Portanto, *Ó Gentes, busquem sua ligação com o Criador pelo Coração*, pois o Querub, que é guardião do Coração Sagrado, é o *valete pessoal* atribuído a vocês pelo Criador para guardar a Inocência de sua verdadeira Natureza.

Portanto, se vocês *buscam* a ligação pura e direta com o Criador, *sigam* na Alegria de seu Amor Original. Saibam que os Dons do Criador despertarão essa Realidade do Arco-íris, revelarão a vocês os Conselhos que o guiam e capacitarão para *extensões, profundidades* e *forças* inimagináveis apenas fortalecendo os Dons de sua Alma.

Esses **Professores do Arco-íris** irão lhe mostrar como revelar os dons que o Criador lhes deu. Ensinarão como andar com Amor e Compaixão e capacitarão para o *Caminho Sagrado de Cristo* durante sua *Ascensão às Luzes*, às *Sabedorias* e à *Chama Inextinguível do Criador*.

Eu sou o ***Arcanjo Gabriel,***
venho a vocês neste dia desenrolando os *Pergaminhos da Vida.*
Venho ensinar-lhes sobre o *Arco-íris Sagrado* que reina
dentro de vocês.
Venho ensinar-lhes sobre as *Estrelas que Existem lá Dentro.*
Para lhes revelar sua ligação com as mesmas *Sete Estrelas Criadoras*
que batem no Coração do Criador
naquele Reino do Céu
conhecido como Grande Sol Central.

Lei Espiritual da Escolha

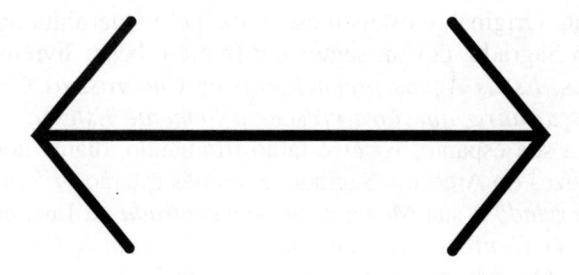

⟵⟶

*Portais que Manifestam Energia
Símbolo Mensageiro da Teia de Luz
Abre Pórticos de Possibilidade Futura*

⟵⟶

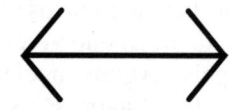

Wagmiza Winyan, Mulher Milho

Portais que Manifestam Energia

Meus Parentes, Eu sou a **Mulher Milho**.
Sou uma das Irmãs Kacinas das Montanhas Sagradas
conhecidas pelos Povos Hopi.

Essa *Lei Sagrada da Escolha* é uma ferramenta Espiritual e uma realidade das mais poderosas. É por isso que fui escolhida para lhes trazer esta mensagem.

Seus Irmãos e suas Irmãs, o Povo Milho, manifestam a Luz Sagrada de nosso Pai Sol e os Nutrientes de nossa Mãe-Terra como Alimento para as Nações.

O Universo julga que esse é o uso Apropriado dessa Lei Espiritual: alimentar as Pessoas.

Também utilizamos esta Chave Sagrada para *santificar o pólen* que é usado na cerimônia.

Povo da Terra, vocês devem recorrer à Mulher Milho para poder ter acesso a essa Lei Sagrada. Suas Orações devem ser *Orações Puras*. Devem ser *Para o Benefício de Todos*.

Por meio dessa *Lei da Escolha*, vocês podem manifestar qualquer pensamento ou desejo em sua realidade. Ele virá rapidamente. E, ao menos que vocês sejam Mestres desse Conceito Imaculado, o resultado será provavelmente algo que vocês não haviam visto nem previsto.

Portanto, que sua Oração seja Sincera e Seu Coração Cheio de Amor se vocês escolherem transportar para a sua realidade um presente do além.

Há muitos usos poderosos desta Lei Sagrada para curar a Mãe-Terra. Nós, o Povo Milho, aconselhamos vocês a se concentrar neles.

Se vocês optarem por recorrer à **Força do Amor Universal** enquanto invocam a Mulher Milho e esta lei Espiritual com a intenção de abençoar, com este Amor, a nossa Mãe-Terra, um *imenso vórtice de* *cura* irá imediatamente engoli-los e aos que os rodeiam, purificando e abençoando a todos os Seres da Natureza que vivem perto de vocês.

Se vocês forem Orar pelas **Águas,** apelem à Mulher Milho com a escolha de santificar os Regatos, Lagos, Rios, Oceanos e Riachos, para que sejam devolvidos à sua Natureza Original de Pureza. As verdadeiras Portas da Renovação irão se abrir, então, dentro deles.

Se vocês optarem pela Luz Imaculada de nosso Pai Sol, enquanto recorre à Mulher Milho e à Luz do Universo, para purificar o **Sopro Sagrado dos Céus,** uma grande energia purificadora do próprio Sol Central manifestará os Verdadeiros Ares da Vida mais uma vez.

Esses são apenas uns poucos exemplos do possível poder de cura que suas escolhas por meio dessa Lei Sagrada podem trazer.

Tenha a certeza de que sua escolha é Sincera, Cheia de Amor e de que seja para o Benefício de Todos. Certifique-se de estar em ressonância com a Escolha da Mulher Milho de abastecer a todas as Nações da Vida.

A Avó que está além dos Véus do Tempo tirará de sua mochila os presentes que vocês conceberam e, como se abrisse um cobertor, *as Belezas da Vida revelar-se-ão ao seu redor.*

Os Povos Terrestres da Natureza clamam na Galáxia que essa Compreensão da *Lei Sagrada da Escolha* deve ser compartilhada. Os Conselhos de Luz estão observando o Ser Humano e prestarão muita atenção, especificamente, no uso dessa Lei Sagrada.

Por isso, Povos, escolham segundo seu coração e manifestem o glorioso futuro que é seu destino. Vocês podem curar todas as feridas que foram criadas na Mãe-Terra. Então a Unidade entre os Povos, as Nações e os Parentes será restaurada. A Árvore da Vida Sagrada crescerá e dará Frutos Santos mais uma vez.

Gentes, sua **Escolha** deve ser **sincera**, deve ser **pura**, deve ser *Amor*. O Universo abençoará vocês além de seus desejos e revelará a vocês a realidade de *quem vocês realmente são.*

Eu sou a **Mulher Milho,**
vim a vocês esta noite, Ó Povos,
dar as Bênçãos de minha Nação.
E quando vocês compartilharem nosso presente entre vocês,
saibam que nossa Escolha é a Escolha do Eterno Amor.

⟵⟶

Iyoyanpa Izanzan, Luz Brilhante

Símbolo Mensageiro da Teia de Luz

Meus Parentes da Família de Luz,
Meu Nome é **Luz Brilhante**.
Sou um Conselheiro dos Conselhos Galácticos que atende à sua região de nosso Cosmos.

Estou aqui para falar a vocês de *comunicação interdimensional e interestelar*.

Já foi dito que Toda a Vida está conectada — a Vida da Mãe-Terra e a Vida do Universo. Há uma teia de interligações conhecida como *Antakarana*, pela qual de Coração a Coração todos os seres estão realmente conectados. Portanto, quando lhe falamos de *Comunicação*, estamos falando de *Comunicação* ao longo dos Verdadeiros Caminhos do *Amor*. Estamos falando da Linguagem Sagrada, que é uma Linguagem de *Amor*.

Sim, Meus Parentes, há muitos e muitos Irmãos e Irmãs Estelares que têm ensinamentos para vocês. Eles sentem um grande desejo de estar com vocês e de lhes trazer esclarecimentos sobre *quem vocês são*. Desejam revelar a vocês a magnificência do Espírito que há Dentro de vocês e da Luz que forma os padrões de seu DNA.

Esta *Lei Espiritual da Escolha* é seu caminho para comunicar-se com suas *Origens Estelares*. Cada Ser Humano sobre o planeta esteve em muitos lugares deste Cosmos. Muitos Seres Humanos estiveram em lugares além de nosso Universo, tendo suas origens no Multiverso da Vida. Quase todos os indivíduos existiram na grande quantidade de dimensões do Grande Espectro Luminoso chamado Grande Roda da Vida.

Saibam que suas comunicações, os desejos de seu Coração e seus anseios por Unidade podem ser comunicados a seus pontos de origem entre as estrelas.

Isso é possível se vocês se sentarem, deitarem ou ficarem em pé sem se mexer e *movendo-se por dentro*, invocando a imagem desse símbolo, a *Lei Espiritual da Escolha*, e escolhendo uma mensagem bem simples. Então, com o coração, desejem enviá-la pelas Teias de Cristal do Coração para o lugar que vocês lembram ser sua origem.

Então Eu, Luz Brilhante, e os Conselhos Galácticos, julgaremos a pureza dessa mensagem. Se for julgada Luminosa, será levada diretamente por essa Lei Espiritual para sua *Origem Estelar*. Viajará como se uma Seta fosse lançada por entre as Estrelas pelo Grande Irmão Órion.

Essa *Comunicação* não precisa ser complicada, pois a verdadeira informação é aquela que voltará a vocês depois de sair de *sua natureza estelar*.

Quando vocês enviam uma mensagem por essa Teia de Luz, há um período de recepção de quatro dias no qual vocês recebem, da origem celestial que houver escolhido, a *pura Compreensão de sua verdadeira natureza*.

Cada Ser tem muitas *origens estelares* semelhantes. A *qualidade da energia* das mensagens é a verdadeira assinatura que guia essa Seta pelos céus.

Portanto, sintam o maior dos amores e a maior das compreensões ao enviar suas mensagens interdimensionais. Desse modo, vocês receberão de volta aqueles Sussurros de Amor que despertarão sua alma para a memória cósmica.

Não é tão importante o que vocês dizem; mais importante é o modo como vocês o dizem.

Deixem a Mensagem do *Amor* avançar no Universo, e logo o Ser Humano será elevado à Arena Cósmica da Vida.

Há muitas dificuldades na Viagem da Luz pela Teia da Vida. É preciso saber que esta Lei espiritual é conhecida pelo Ser Humano, *pois apenas falar a um outro significa a hábil aplicação desta lei. Falar, mesmo que seja ao mais próximo membro de sua família, isso é falar de uma dimensão a outra, é falar de uma realidade a outra, é comunicar-se ao longo do tempo e do espaço.*

Portanto, saibam, Nossos Parentes da Terra, que *falar com um outro é tão fácil quanto falar com as Estrelas*.

Se desejarem, vocês podem recorrer a seu Irmão Luz Brilhante. Eu brilharei dentro de vocês e ajudarei a desenvolver essa mensagem. Pois as verdadeiras mensagens do Espírito vêm da alma que é revelada pela Luz que desperta o DNA.

Portanto, nós compreendemos, por meio dos Conselhos de Luz, que as únicas mensagens possíveis são as que vêm das *Origens Estelares*, armazenadas dentro dos corpos de toda a vida através do Universo.

Os Conselhos de Luz têm muito boa vontade para receber o *Amor* dos Seres Humanos, pois os Seres Humanos da Mãe-Terra logo receberão sua admissão nos Conselhos Galácticos por meio do processo de despertar conhecido como *consciência plena*.

Ó Povos da Mãe-Terra, **é mais importante que vocês usem essa Lei Espiritual para se comunicar uns com os outros de modo claro e amoroso** do que para falar com os seres de Alfa Centauri. É mais importante que o Ser Humano **aprenda a falar com os Reinos de Vida da Mãe-Terra e com as muitas realidades do corpo Dela** do que alcançar o Sétimo Céu e beber de seus entendimentos. É mais importante que o Ser Humano utilize a Lei Espiritual da Escolha **para se comunicar com os mundos interiores que estão dentro do Corpo, do Coração e da Mente** do que atingir nosso Universo Gêmeo, Andrômeda.

Saibam que todos os processos dessa lei Espiritual
estarão de acordo não apenas com os ditames dos Conselhos Galácticos,
mas também com o Coração de Nosso Criador.

Purifiquem sua palavra Sagrada, Ó Gentes.

Purifiquem suas comunicações uns com os outros.

Sigam estas escolhas de Luz,
pois este Universo é um Universo da Família de Luz.

Todos os Seres do Universo devem agora purificar-se
e reunir-se à Grande Família de Beleza
que é Uma Estrela da Alma.

A Estrela da Alma é o Coração do Criador.

Buda da Verdade
Abre Pórticos de Possibilidade Futura

Namastê.
Eu sou **Buda da Verdade**.
Sou professor do Futuro no Agora.
Fico na Porta do que Pode Ser
e Respiro a Vida para que Aquilo Seja.

A Verdade é aquilo de que todos os seres evoluem. A Verdade é a Canção da revelação de Nosso Criador. A Verdade é o Átomo do Ser Humano entrando em Equilíbrio com a Dança dos Parentes. A Verdade é futuro, passado e presente. A Verdade é sempre a mesma.

O Buda vê que as Pessoazinhas estão muito ansiosas, com grande energia para descobrir Verdades da Vida. Porém, Pessoazinhas precisam C-R-E-E-S-C-E-E-E-R! Em Coração, em Clareza e em Escolha Pura. O Buda da Verdade foi mandado aqui pelo Buda do Mundo para falar sobre *equilíbrio*. O Círculo da Vida é um Círculo porque há *equilíbrio*. A Verdade também é o Círculo. *O Ser Humano é a espiralação da Verdade para e a partir de reinos mais elevados.*

A *Escolha* é o presente do Criador. Cada ser deste Universo cria seu próprio mundo. No início, as Pessoazinhas criam Mundinhos. Quando as Pessoazinhas c-r-e-e-s-c-e-e-e-m em Coração, Clareza e Escolhas Puras, Pessoazonas fazem Mundões por meio da *Verdade* e do *Equilíbrio*. Essas são Disciplinas da *Escolha*.

O futuro é um Grande Rio Branco. São as Águas do Espírito. Dentro dessas Águas do Espírito, existem muitos mundos. Eles são flexíveis e não têm aquilo que vocês conhecem como solidez. São algo que vocês consideram *outra dimensão*.

O futuro do Ser Humano, o futuro da Mãe-Terra, é o Grande Rio Branco do Espírito. Muito próximo à margem estarão o Ser Humano e a Mãe-Terra em águas rasas conhecidas como Quinta Dimensão. Para as

Grandes Águas do caudaloso rio, o Ser Humano não está pronto. A Mãe-Terra já fez isso!

 Ser Humano ainda pequeno.
  Pessoazinhas devem *disciplinar pensamentos,*
   limpar a Mente de qualquer mágoa,
 reter a *Mente Original.* Pessoazinhas devem limpar o Coração,
   expandir seu Amor e brilhar sua Sabedoria
  Pessoazinhas devem limpar seu Corpo,
   Desligar-se do carma
  e escolher o Caminho da Entrega — seu dharma.
 Pois o Grande Rio Branco *manifestará todas as suas escolhas.*
 Portanto, o Ser Humano deve estar *plenamente consciente.*

As Pessoazinhas guiam-se por sua mente inconsciente na maioria das vezes. Isso os leva a todos os tipos de comédia. Todavia, mais no fundo das Águas do Grande Rio, essas pequenas comédias se tornam tragédias. Por essa razão, peixinhos ficam em águas rasas.

A Mãe-Terra está se movendo para esse Grande Rio Branco. Portanto, os Seres Humanos devem se preparar, pois cada pensamento que pensam, cada sentimento que sentem, cada reflexo no Espelho Sagrado de seu Corpo vai se tornar Poderosa Verdade em seu mundo. Isso significa que as Pessoazinhas precisam crescer RÁPIDO!

O Buda da verdade vê as Pessoazinhas crescendo RAPIDAMENTE! Mantenham o olho sincero e limpo. E a Verdade, a Beleza e a Bondade sempre os abençoarão a partir das Águas da Vida Sagrada.

O futuro está aqui. Ele é a Grande Luz profetizada — energia de fótons — disponível neste momento! Luz de Ascensão! Basta apenas chamar o Buda da Verdade. Dêem essa *única* oportunidade por meio da *Lei Espiritual da Escolha.*

O Buda da verdade o ajuda a escolher sua Luz da Ascensão.

Portanto, deseja possibilidade futura? Chame o Buda da Verdade! A Luz da Ascensão será sua. Ensinamentos de purificação serão seus. E as Pessoazinhas crescem muito RAPIDAMENTE!

No futuro, nas Águas do Grande Rio da Vida, as Pessoas Maiores que vocês se tornarão farão mais com essa Lei Sagrada. Por enquanto, o Buda da Verdade presenteia o Ser Humano com a Chama da Ascensão Sagrada.

Assim, se você deseja crescer RAPIDAMENTE, se deseja se purificar, faça apelo ao Buda da Verdade e *sua vida começará a se revelar em espirais purificadoras da Verdadeira Natureza.* Quanto antes você o fizer, mais fácil será. Ouse pisar na Chama da Ascensão e a Mãe Cosmos atiçará os fogos de seu Eu e elevará a Memória da Alma que está dentro de seu DNA.

Então, o Buda da Verdade vive dentro de você, pois a Chama da Sabedoria está dentro de todos.

O Grande Criador do Rio Branco da Luz — com os braços abertos — está pronto para recebê-lo. A Grande Família de Luz — com muitos sorrisos — planeja celebrações por todo o Cosmos e o Tempo.

A Chama da Ascensão está despertando em seus Corações no momento em que vocês lêem e ouvem estas palavras. Buda da Verdade, Gracioso Buda e Buda da Espada da Pureza.

O Buda da Verdade
agradece a Todos os Parentes
e se inclina diante da Luz em vós!
Namastê.

A Cerimônia das Estrelas

As Leis Estelares do Altar Estelar da Roda da Humanidade

*"A Gente Sagrada sobre a Terra
é o Povo Estelar que recebe
suas energias de seus lares estelares
por meio de Cerimônias com as Estrelas."*

A Cerimônia das Estrelas
As Quatro Portas de Metatron

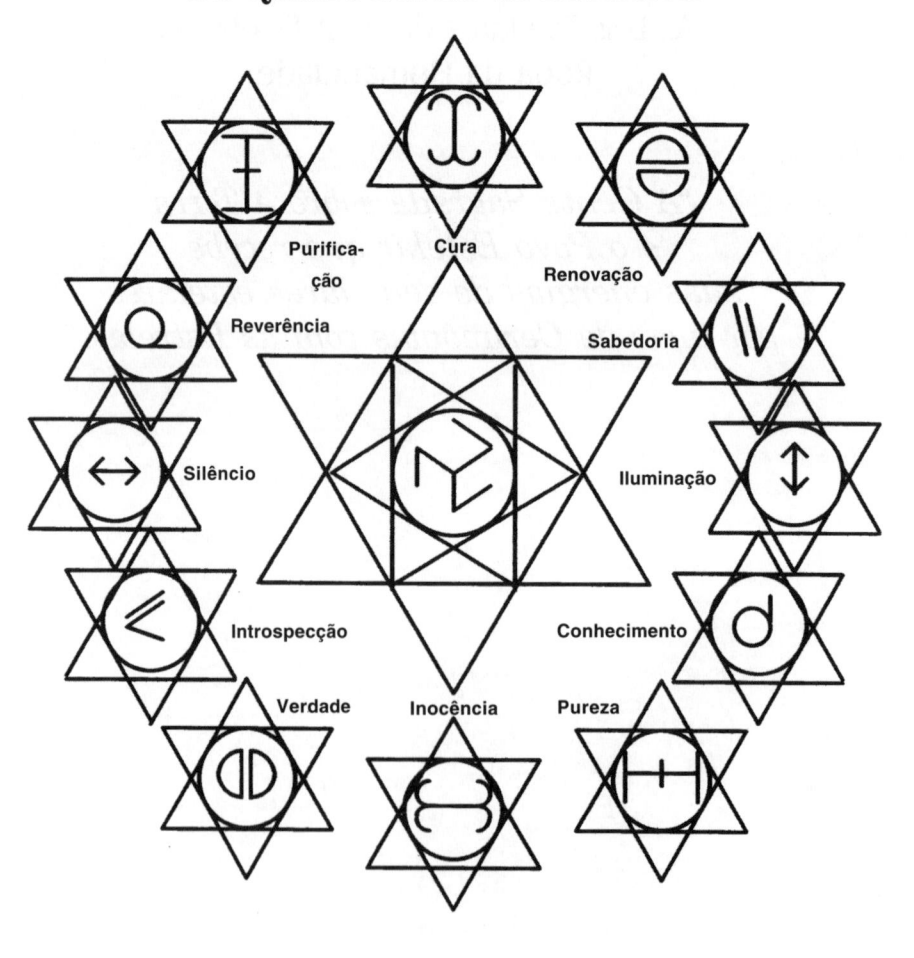

Waziyata
Tiyopa Tokaya
As Leis Universais:

*A Lei Universal da Inocência, da
Verdade e da Família
A Lei Universal da Mudança
A Lei Universal da Simetria*

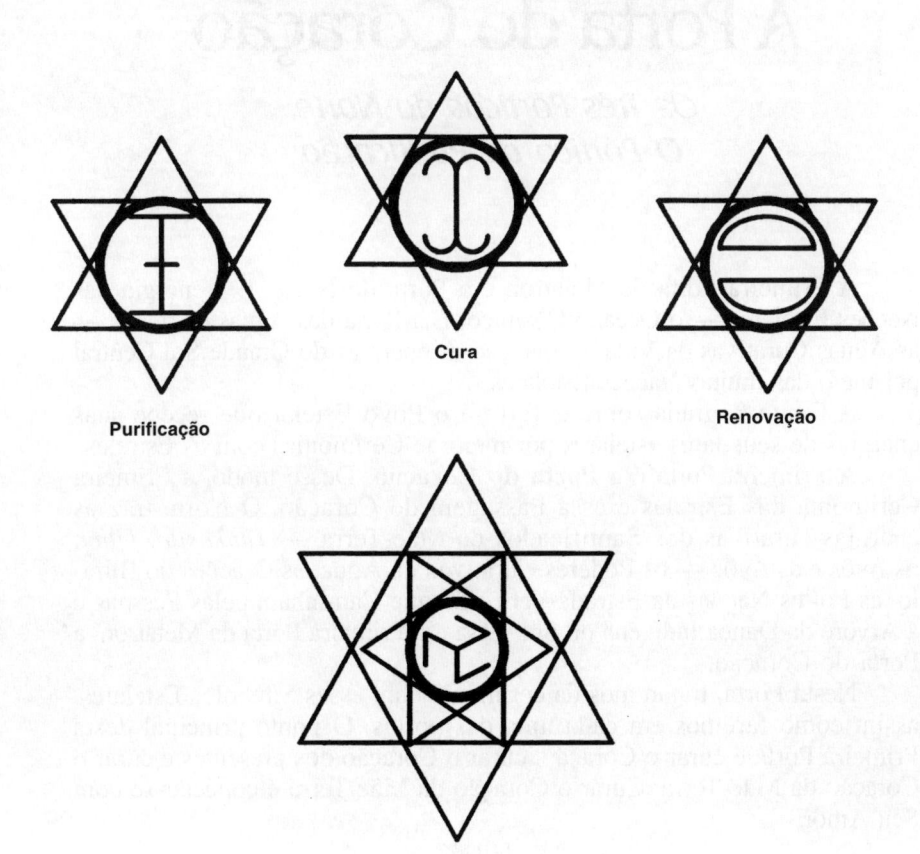

Purificação — **Cura** — **Renovação**

A Primeira Cerimônia das Estrelas
A Primeira Porta de Metatron
A Porta do Coração

Os Três Pórticos do Norte:
O Pórtico da Purificação

A Primeira Porta de Metatron é a Porta do Norte. É a energia das Nações Estelares — o Oceano Cósmico. É a Porta das Águas Sagradas — as Águas Curativas da Vida — que são as energias do Grande Sol Central por meio das muitas Nações Estelares.

A Gente Sagrada sobre a Terra é o Povo Estelar que recebe suas energias de seus lares estelares por meio de Cerimônias com as Estrelas.

A Primeira Porta é a **Porta do Coração**. Desse modo, a Primeira Cerimônia das Estrelas é essa Passagem do Coração. O Norte traz as energias curativas dos Santificados da Mãe-Terra — *Tunkasila, Unci,* os Avôs e as Avós — os Poderes Curativos da Água, as Orações do Búfalo, as Fortes Nações da Estrada Vermelha que Caminham pelas Pessoas e a Árvore da Dança Indígena do Sol. Essa é a Primeira Porta de Metatron, a Porta do Coração.

Nesta Porta, trataremos da cerimônia com esses Símbolos Estelares, assim como faremos em cada uma das portas. O ponto principal desta Primeira Porta é curar o Coração, curar o Coração dos presentes e curar o Coração da Mãe-Terra. Curar o Coração da Mãe-Terra é conectar-se com Seu Amor.

Assim, por meio da Linguagem Sagrada dos Símbolos Estelares, podemos falar à Mãe-Terra e curar seu Coração, curar *nossa* conexão com o Coração do Amor como nossa Mãe.

Por isso, diríamos: "Alce Real, escolha um símbolo para a Cura do Coração".

Alce Real responde: "Owioste, o Amor".

Então, a *Lei do Amor* será o Primeiro Símbolo a ser consultado.

Porém, entre as 12 Portas, a *Lei do Amor* ainda não apareceu. Por isso, devemos escolher, dentre essas 12, alguma que o Espírito já tenha oferecido.

As Portas de Muitas Faces relacionam-se aos Primeiros 12 Símbolos. Esses símbolos representam a **Roda da Humanidade**. Em cada direção da Roda da Humanidade, há Três Espíritos Ajudantes conhecidos por esses Símbolos. A Verdade é que todos os 12 Símbolos são perfeitamente intercambiáveis. É por isso que o número cento e quarenta e quatro (144) é verdadeiro.

Quando vocês dominarem os 12 Dentro dos 12 por meio dessa Linguagem Estelar e do Andar da Roda da Medicina, a sua Natureza Estelar terá nascido.

Há uma 13ª Caminhada incorporada nos Símbolos que ainda virão — os Símbolos Espirituais.

Por isso, Alce Real, escolha, para a Cura do Coração, uma das seis Leis Universais ou seis Leis Espirituais que nos foram dadas.

Alce Real escolhe: *"Lei Universal da Inocência, da Verdade e da Família"*.

Esse é o primeiro Ajudante Estelar a ser invocado. É chamado na Passagem Espiritual do Norte para o Coração. Assim, esse deve ser o Primeiro Símbolo: *Lei Universal da Inocência, da Verdade e da Família*.

Esse Símbolo Estelar em particular é também um símbolo de cura. Ele cura o Coração, cura o Espírito e cura a Família.

Dessa forma, para aplicação, gostaríamos de sugerir que este símbolo fosse colocado na parte de trás das portas de entrada no lugar em que se habita. Todas as portas de entrada, dentro de casa e nas portas há este símbolo. Isso fará da *Lei Universal da Inocência, da Verdade e da Família* a Lei da Tenda. Essa é também a Medicina da Passagem do Norte.

Também sugerimos que um Altar de Cristal seja feito com este símbolo, que invoca a *Lei Universal da Inocência, da Verdade e da Família*. Esse seria um altar para o interior do lar ou o Sanctum. Vemos também que um Círculo de Pedra com o símbolo dentro do círculo, na natureza, em um bosque, santifica uma área. Eis três modos poderosos de curar o Coração pelo uso desse símbolo.

O primeiro modo *Cura o Coração da Família* colocando a Lei nas portas: você os vê a cada vez em que sai e se lembra deles ao voltar.

O segundo modo é o Altar de Cristal, nos *cantos internos mais sagrados da casa*, onde ficam seus altares e cerimoniais, um Altar de Cristal na forma deste símbolo com um Círculo de Cristal em torno dele, se vocês desejarem. Esse é um modo de abençoar a *inocência* dentro da casa.

O Círculo de Pedras formando um Altar para a Família Animal, Árvore e Pedra; um altar natural em meio a elas permitiria que esta *Lei Universal da Inocência, da Verdade e da Família* curasse o Coração da Terra por meio da energia da Verdade Divina.

Cada Porta deve ter uma Trindade de Símbolos — uma Trindade de Leis Sagradas — e cada Lei, uma Trindade de Aplicações. *Isso cria um Calendário, uma Caminhada Sagrada com os Símbolos Estelares.* É um Caminho Estelar Interior.

É também uma *recriação de seus valores*.

Muitas pessoas têm dificuldades com valores e com a compreensão do que são eles. As *Leis Universais* ensinam os fundamentos dos valores, e então, o livre-arbítrio e os desejos das pessoas crescem. Esses 12 Símbolos Funcionam. Essa é uma bênção trazida por esta Linguagem e esta Caminhada Sagrada, esta Cerimônia das Quatro Portas.

O Pórtico da Cura

Pedimos à Irmã Duas Estrelas para escolher uma das Leis para curar o Coração.

Duas Estrelas escolheu: *"A Lei Universal da Mudança".*

Escolha forte. Boa escolha. Sim, reiteramos que essa é uma energia Yin, uma energia Avó Mãe Sagrada.

O símbolo se parece com a Borboleta, não é? Um símbolo realmente muito poderoso; pois, quando vocês invocam este símbolo em um quarto, mesmo que seja traçando-o no ar, *ocorre a mudança instantânea do vórtice das quatro portas*. São as Quatro Portas que se iniciam no Leste e vão até o Nordeste.

Mudança rápida. Transformação instantânea. Esse é um dos poderes desta *Lei Universal da Mudança — Símbolo da Linguagem Sagrada*. Ajuda a pessoa a perceber quão poderosos esses Bastões Estelares são, porque contêm os símbolos em *alinhamento geométrico*.

Falamos disso particularmente com este símbolo, o Símbolo da Borboleta — *Mudança* — porque leva as forças primitivas a uma conclusão, uma bela revelação como o caleidoscópio. Isso ocorre quando vocês invocam o símbolo no cômodo com você ou na natureza diante de seu corpo, simplesmente desenhando-o no ar. Quando essa cerimônia é realizada no Etéreo, é importante saber que vocês são responsáveis por estar com ela durante algum tempo.

Então, neste caso — as Mudanças no Coração.

Invocamos a Lei Universal da Mudança, a Medicina da Borboleta, para mudar o Coração desta Nave Estelar aqui.

Que as energias do Coração sejam plenas.

Essa é uma maneira de abençoar um espaço.

Invocar esse símbolo, especialmente dentro do Coração, traz mudanças graciosas.

Esse símbolo também seria bom para se desenhar no Etérico com o Chacra da Palma — Dourado, Prateado, Branco Puro e Luz brilhante do Arco-íris. Também é bom desenhar esse símbolo em áreas da Mãe-Terra em que a região foi ferida. Então a *Lei da Mudança* trará uma bela Transformação da Borboleta para essas áreas.

Saia e sente-se com um pedaço de terra que esteja em necessidades, nem que seja apenas por *dez minutos*, desenhe esse símbolo e permita que as *Leis da Mudança* curem o Coração daquela Região — o espírito da Região. Em dez minutos de *Orações* e uma ou duas Canções, ou simplesmente de Silêncio, a Terra começará sua transformação. E você pode seguir seu caminho para semear outra Estrela Cósmica sobre a Mãe-Terra.

O Símbolo da Borboleta também pode ser visualizado dentro de você para outro propósito: *dar-lhe asas*. Ele elevará você. Isso *reforça* as Asas de Sua Radiância Angelical. Ele *reforça* suas conexões com os Clãs Sagrados dos Pássaros. Ele *purifica* sua Presença Angelical apenas com a sua visualização *interior* e recorrendo à Avó Borboleta, pedindo novamente pelo Ar Sagrado.

Pois a *Lei Universal da Mudança*, conforme dissemos, pode *curar o Coração de um lar* se for invocado no seio da Família, desenhado no Etérico em sua sala de estar e se o Espírito da Borboleta for chamado para abençoá-lo.

Em Quatro Dias, Quatro Meses ou Quatro Estações, a plena Bênção da Transformação terá completado uma Transformação do Coração dentro da Família.

Leve esse Signo Sagrado para os lugares que ferem, como locais de construção e coisas assim, e invoque o símbolo pela cura do Lugar. Em Quatro Estações, aquele Lugar será curado, bastando você sentar-se com a Terra e a Medicina para um breve feitiço de Oração e Canção de Agradecimento.

Essa *Lei Universal da Mudança* também pode ser invocada *dentro de você* e trará o Sopro Sagrado para alimentar as células, os órgãos e o *corpo de luz* que você é.

**Invocamos o Poder da *Lei Universal da Mudança*
para Curar nossos Corações,
para Curar os Corações do Lar,
para Curar a Mãe-Terra.**

Ao se invocar a imagem de um símbolo, seja na Mente ou pelo desenho no ar com o chacra da mão, seja pelo do Altar ou da Roda da Medicina, o *Poder* da Transformação está ali.

O Pórtico da Renovação

Assim dissemos, e perguntamos à Estrela de Prata: "Entre os dez símbolos que ainda restam, qual a faz evocar a Cura do Coração?"
Hau, Estrela de Prata.
Estrela de Prata diz: *"A Lei Universal da Simetria".*
Também uma escolha brava e corajosa.

Sim, realmente, invoque esta Lei, esta *Lei Universal da Simetria* dentro de seu coração como uma essência brilhante. Pois o poder do Ser Humano é também usar esses símbolos como glifos — Glifos de Poder, Glifos de Cura e Glifos de Amor.

Dessa forma, esta *Lei Universal da Simetria* pode surgir dentro do Coração como um Glifo estelar. Permita que sua Medicina irradie no Coração. A ação e o efeito são físicos. As alterações nos tecidos do Coração ocorrem para abrir o Coração a uma maior amplidão, para expandir o Coração em Luz e Amor e para unir pelo Coração ao coração do Todo.

Esses três Poderes, esses Três Despertares ocorrem quando esta *Lei Universal da Simetria* é invocada dentro do Coração.

A *Lei Universal da Simetria* é também uma curandeira para a Terra. É um símbolo a ser desenhado na areia com um círculo ao seu redor para uma Cerimônia com a Terra — a Lama, a Areia, o Barro que está ali — para invocar por um certo tempo, seja de dez, quinze, vinte minutos (dependendo do desejo de cura e da necessidade do dia).

Ore para que a energia desta Simetria abra os Portais do Céu e da Terra e ajudem a unir a Terra com o Espírito através dos Irmãos e Irmãs Estelares e através dos Devas e dos Eloim. Para que, assim, os Reinos de cima e os Reinos da Mãe-Terra se unam por algum tempo e se curem.

Se a concentração for feita até que haja uma ligação permanente, parte da Terra pode ser completada em uma visita, parte não. Isso reconecta essa Terra com o *acima como abaixo*. E temos o Círculo da Vida, a Árvore da Sacralidade, inteiros novamente. Assim, desenhando no pó e fazendo apelo à Mãe Sagrada, a *Lei Universal da Simetria* cura a Terra.

Também percebemos que esse símbolo pode ser usado como uma colagem na parede em todo prédio de escritórios em que se faça muito trabalho com a cabeça, porque esse *Símbolo da Simetria alinha o ser.* Ao vê-lo, *seus corpos físico, emocional, mental e espiritual se alinham naturalmente.*

Esse símbolo, por causa de sua potência, não pode ser alterado de forma nenhuma. Entretanto, ele pode ser distribuído entre as pessoas para ajudar a curar aquelas que estão demasiado perdidas na Mente para estar firmes na totalidade de quem são. O símbolo pode ser feito em uma mandala calendário. Seria bom que se utilizasse da criatividade para que este símbolo fosse visto freqüentemente. De fato, os espaços dentro do símbolo, assim como os espaços fora, podem ter seres sagrados espiando a partir dali. Estamos propondo o emprego da arte para a cura das pessoas.

A *Lei Universal da Simetria* alinha o Plano Terrestre com o Plano Espiritual. Ela alinha o Alfa-Ômega de forma que, quando a Árvore da Vida emite os Fogos do Amor, a Terra e o Céu são um só, a dualidade termina e o Quinto Mundo se inicia.

Essa *Lei Universal da Simetria* dentro do Coração cura e alinha o Coração e os Canais do Coração em sua própria Árvore Sagrada. Ela conecta vocês desde o Centro do Universo pela coroa, do sacro e até a Mãe-Terra. Ela conecta você como uma só Mente, Espírito e Coração.

A primeira aplicação — como já foi dito —, é dentro do Coração. A segunda é desenhar o símbolo na areia, no pó e na terra para curar a Terra, pois, como na primeira aplicação, esse *Símbolo de Simetria* conecta você a Tudo o que É. Assim, quando você se firma como Guardião da Terra, invocando esse poder na Terra, a Região também recebe sua ligação com Tudo o Que É.

Terceiro, criar uma imagem e olhá-la fixamente, já que a imagem cura a Mente e permite a ela se estabelecer dentro do Coração.

"Acima como abaixo."
A Mente deve ser completamente Coração.

Esse Símbolo da *Lei Universal da Simetria*
desperta o Coração novamente na Mente.
Isso é chamado de *Mente Original*.

Os Três Poderes do Norte para a Cura do Coração:
a Cura do Coração *lá dentro* dos indivíduos,
a Cura do Coração dentro da Família Espiritual que nos rodeia,
a Cura do Coração para a Mãe-Terra.

A Porta Espiritual do Norte, da Cura, da Renovação e da Purificação ampliada pelos poderes e através dos caminhos da *Lei Universal da Inocência, da Verdade e da Família,* da *Lei Universal da Mudança* e da *Lei Universal da Simetria*.

As Sendas Espirituais do Norte são as Sendas da **Purificação**, da **Cura** e da **Renovação Espiritual**. Essas são as Três Passagens dentro do Coração.

E, de fato, a **Purificação** foi invocada por meio da *Lei Universal da Inocência, da Verdade e da Família*.

A **Cura** foi invocada para o Coração pela *Lei Universal da Mudança*.

A **Renovação do Espírito e do Corpo** foi invocada pela *Lei Universal da Simetria*.

***Ite Otapi*, Porta-voz de Metatron,
Inteligência Cósmica e Protetor do Grande Sol Central,
Irmão na Galáxia Gêmea da Via Láctea,
invoca os Poderes do Norte**

**e os emite
para curar as Pessoas,
curar os Parentes, curar a Terra.**

Essa Primeira Porta,
a Porta do Coração,
agora está completa.

É uma Iniciação de Ciclos de Energia
que levarão a cabo a Cura do Norte.

Ao considerar as Quatro cerimônias dessas Quatro Portas,
considere o *tempo no meio*,
pois esse é o Intervalo da Transformação.

Essas Quatro Portas de Metatron, de *Ite Otapi*,
devem estar em uma fase de Dois Dias:
Manhã-Noite, Manhã-Noite
ou como 11:11 o Tempo do Espírito fala
e ora pelas necessidades das pessoas.

Agradecemos por esta Primeira Porta.
Invocada em nome de Melquisedeque Zakaron,
aquele conhecido como
Metatron.

Hau! Mitakuye Oyasin

Wiohiyanpata Tiyopa Inumpa

As Leis Universais:
Lei Universal do Livre-Arbítrio
Lei Universal da Vida
Lei Universal do Movimento e do Equilíbrio

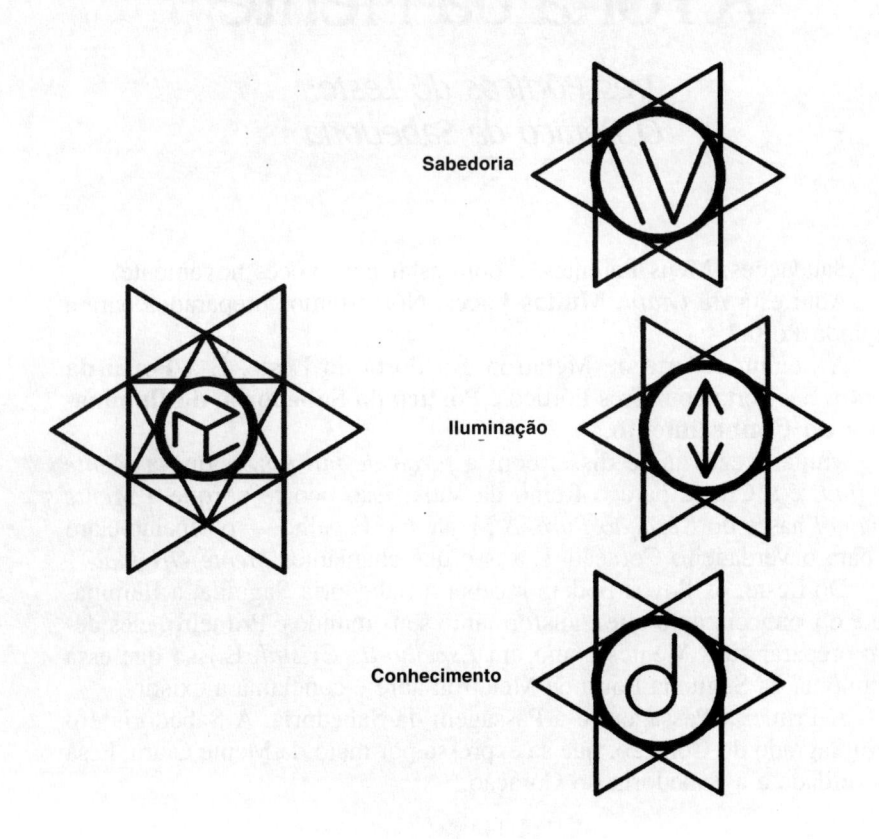

Sabedoria

Iluminação

Conhecimento

A Segunda Cerimônia das Estrelas
A Segunda Porta de Metatron
A Porta da Mente

Três Pórticos do Leste:
O Pórtico da Sabedoria

Saudações, Meus Parentes, é bom estar com vocês novamente.

Aqui está *Ite Otapi*, **Muitas Faces**. Nós estamos preparados para a Segunda Porta?

A Segunda Porta de Metatron é a Porta do Leste. É a **Porta da Mente**. É a Porta com Três Pórticos: **Pórtico da Sabedoria, da Iluminação e do Conhecimento**.

Muitas vezes já se disse, com a *força de mil vozes*, que a *Mente Original* é a Chave para o Reino da Vida. Isso ocorre porque a *Mente Original* nasce do *Coração Puro*. A Mente é o Espelho — o espelho claro — para o Verdadeiro Coração. É a isso que chamamos *Mente Original*.

Do Leste, os Povos podem receber a Sabedoria Sagrada, a Iluminação e o Conhecimento que transformarão seus mundos. Primeiro, eles devem preparar suas Mentes como um *Espelho de Cristal*. É isso que essa Cerimônia da Segunda Porta de Metatron abre e conclama a existir.

A Primeira Passagem é a Passagem da Sabedoria. A Sabedoria é o Fogo Sagrado do Coração, que se expressa por meio da Mente Clara. Essa é a verdade e a Sabedoria do Coração.

Portanto, para o Primeiro Pórtico da Porta do Leste, pediríamos a Duas Estrelas para escolher uma das nove Leis Espirituais restantes para este Pórtico da Sabedoria.

Duas Estrelas: *"Lei Universal do Livre-Arbítrio".*

Seria a *Liberdade Espiritual do Homem* ou a *Lei Universal do Livre-Arbítrio?*

Duas Estrelas: *"Lei Universal do Livre-Arbítrio".*

O acesso à Sabedoria Sagrada se dá por meio da expressão de suas escolhas e este é o poder garantido pelo Livre-Arbítrio. Portanto, este símbolo emana a energia da Proteção da Escolha Sagrada.

Você pode trazer consigo este signo como um Escudo de Liberdade. Você pode fazer um broche com este símbolo. Um desses broches que foram comuns durante os anos 1960, talvez. Use a *Lei Universal do Livre-Arbítrio* como seu escudo. Ou talvez ela pudesse ser envolta em um pano e colocada em uma bolsa ou bolso de camisa. De muitos modos, use este Escudo de Liberdade. E a *Lei Universal do Livre-Arbítrio* deve lhe oferecer um espaço claro para *escolher a cada momento* o caminho que deseja tomar.

Suas propriedades protetoras bloquearão todas as informações que bombardeiam todos os momentos de cada dia, o que tende a confundir a clareza da Mente. Por isso, a primeira propriedade desta *Lei do Livre-Arbítrio* é um escudo de suas Escolhas Sagradas. Sendo um Escudo, ela protegerá a tranqüilidade de sua Mente, para que suas escolhas sigam esse Coração e essa Mente Original de que falamos.

Esta *Lei Universal do Livre-Arbítrio,* seu signo e símbolo, tem um poder que pode esclarecer as Mentes dos que estão confusos. Talvez possamos chamar de uma *cerimônia de cura* quando um Portador de Símbolo trabalha com outro indivíduo que está tentando encontrar clareza em sua vida. Como Portadores do Símbolo, vocês poderiam se conectar fisicamente, dando-se as mãos à pessoa que estivesse em busca de clareza.

Por meio do Coração e da Mente, projete a energia e a forma deste símbolo. Através da energia do *Conhecimento Estelar do Livre-Arbítrio* passando pelo fluxo de vida do Portador do Símbolo, a Mente daquele que estava confuso rapidamente se tranqüilizará. Os pensamentos que se agitavam dentro da Mente daquela pessoa começarão a tomar definição. Um indivíduo anteriormente confuso poderá ver as opções de escolha. Esse é um recurso de cura pelo uso do poder da *Lei Universal do Livre-Arbítrio.*

Como foi dito pelos Arcturianos, esse símbolo vibra na Freqüência da Liberdade. Por séculos, eles evocaram a Energia da Liberdade e da Misericórdia por meio desta Lei. Portanto, em seu templo de cura, você pode dedicar um canto, nem que seja uma colcha que esteja na parede ou o símbolo enterrado atrás da soleira, ou — para aqueles que são extra-energéticos — o enterro de um embrulho com esse símbolo nas Quatro Direções do Templo de Cura. Intencionalmente, isso *aterra as energias da Liberdade naquele espaço.*

Cada símbolo tem seus dons e talentos dentro de cada uma das Portas: as Quatro Direções de Metatron.

Nas Direções da Mente,
a Lei Universal do Livre-Arbítrio
oferece um Escudo de Proteção Pessoal,
oferece os dons da cura e da clareza através da Liberdade da Mente
e oferece o Dom do Espaço Sagrado.
Ela é dedicada à Chama Libertadora da Misericórdia, da Compaixão e da Graça.

Todos esses três Pórticos guiam àquela Sabedoria de que falamos. É sábio possuir um espaço seguro para suas escolhas sagradas, não é? Especialmente para aqueles que necessitam se mover muito rapidamente, as escolhas precisam ser seguras e mesmo tranqüilas.

O estabelecimento dos alicerces desse símbolo em torno de, e talvez sob, um centro de cura atrairá as energias dos Mestres do Sétimo Raio. Entre aqueles que virão estão a Amada *Quan Yin*, uma das Mães de Misericórdia, *Emmanuel*, Aquele que Anda com a Chama de Cristo, o Arcanjo Rafael, a Arquéia Santa Ametista, os Arcanjos do Sétimo Raio e os Seres Eloim que vêm de Arcturus.

Assim, se você quiser orar por Livre-Arbítrio para libertar a Mente, isso quer dizer que, de fato, sua escolha sagrada guia seu caminho sagrado. E esse é o Pórtico da Sabedoria.

O Pórtico da Iluminação

O Segundo Pórtico é um **Pórtico do Fluxo da Luz da Iluminação**. É a energia do *despertar da Mente*.

Perguntamos à Estrela de Prata: qual dessas Leis Espirituais ou Universais você escolheria para este Pórtico?

Estrela de Prata: *"A Lei Universal da Vida"*.

Sim, de fato, a verdadeira conexão com a iluminação é o Coração do Criador. É verdade que a Mente do Criador é a imagem de nossa Mente. Invocar o poder do Grande Sol Central para limpar a Mente e curar as glândulas e processos do cérebro é um outro passo muito ousado, já que essa *Lei Universal da Vida,* Conexão do Criador com o Ser Humano, abre a cada indivíduo sua própria Árvore da Vida Sagrada conforme se unem ao Universo.

Portanto, voltaremos a falar da aplicação *interior*: visualize este Símbolo que aparece como uma seta de duas pontas — subindo e caindo ao mesmo tempo — desde a cauda do cóccix até a ponta da coroa.

Com a linha deste símbolo, através de seu vórtice central, essa Vida que flui pela coluna espinal conectará de fato seu Coração Sagrado ao Grande Sol Central e seu Coração Sagrado ao Coração da Mãe-Terra.

Ao fazê-lo, a Mente é naturalmente clarificada, porque as dificuldades que entortam, dobram e atravancam o Espelho da Mente são encontradas dentro do corpo subconsciente. Esse subconsciente é conhecido como Quatro Chacras Inferiores: o Chacra Raiz, o Chacra Sacro, o Chacra Solar e o Chacra do Coração. A maior parte das dificuldades é experimentada nos três inferiores. Uma vez que o Ser Humano atinge o Chacra do Coração, o Amor e a Compaixão tornam-se um Modo de Vida. A Liberdade e o Serviço se tornam sua salvação.

Então, poderíamos dizer: internalize essa energia visualizando o Símbolo Sagrado — *Lei Universal da Vida* — para purgar as dificuldades do subconsciente, porque isso liga o Coração diretamente ao Coração da Mãe-Terra, passando direto pelos corpos subconscientes e clarificando-os conforme a energia passa.

É o que vocês chamam um *aterramento instantâneo*. A purificação das mentes inferiores assegura que a Mente Superior possa estar clara.

Também gostaríamos de sugerir a aplicação dessa *Lei da Vida* nas Estruturas da Sociedade que são verticais, as que são deixadas de lado, como santuários, megalitos, obeliscos e semelhantes — o Monumento a Washington, por exemplo. Eles são antenas que dirigem o fluxo da Mente da Humanidade, pois são também receptores e transmissores de Energias de Força Vital.

Assim, dentro dessas estruturas, você pode criar um Tetraedro Estelar com o Coração desta Estrela como este Símbolo — ambos subindo e descendo. Repetimos, isso é feito no Plano Etérico.

Ao aplicar esse símbolo a um monumento ou santuário, ele o transformará em uma linha de vida entre o Coração da Mãe e o Criador do Grande Sol Central. Este símbolo *purificará* qualquer monumento a que seja dedicado, de forma que suas energias fluam por tudo o que esteja conectado a ele, com o Amor — o Amor Original — e a Mente Original do Espírito. Essa antena se tornará uma antena de Luz e ajudará a clarear a Grande Mente da Humanidade para que a mente individual possa escolher mais claramente o Caminho Sagrado e com a Liberdade de que falamos.

Esse símbolo, a *Lei Universal da Vida*, é também um Poder de Crescimento — espiritual, mental, emocional e físico —, pois conecta todos os aspectos da Vida. Portanto, se você tiver um ente em crescimento na família, seja a criança no ventre, o recém-nascido, a criança de dois anos, a de sete anos ou o adolescente, ou talvez nos períodos especiais de crescimento rápido de um adulto — na cultura Americana pode ser a crise da meia-idade, aposentadoria ou graduação de qualquer espécie — este símbolo, se colocado acima da cama em que o indivíduo dorme, criará uma harmonia na hora do Sonho que permitirá a seu crescimento íntimo entrosar-se com o crescimento externo.

Isso permite que a riqueza interior do espírito se manifeste por meio de sua forma física. A Mente é uma grande parte do Sonho, por isso este símbolo traz clareza para sua viagem ao Mundo dos Sonhos, trazendo a você as visões do Coração do Criador e auxiliando no Caminho da Ascensão — por meio do serviço, da entrega e da escolha clara.

Portanto, no **Pórtico da Iluminação**, este símbolo e esta *Lei da Vida* brilham e abençoam. Este símbolo liga o Coração ao Grande Arco de Parentes e concede ao indivíduo as energias da Terra e do Céu.

Em conjunção com Lugares Sagrados e santuários de natureza vertical, esta Lei e este símbolo purificam esse santuário e o transformam na imagem clara do Coração do Criador que é difundida às pessoas.

Queremos dizer que isso é particularmente importante, porque há muitos santuários verticais. Muita cura é necessária dentro da Mente Maior da Humanidade.

A terceira aplicação: esse símbolo é um Guia dos Sonhos, por sua ligação com os mundos além e os mundos dentro de você. Por isso, ele o ajuda a viajar em segurança e na Luz para onde você precisar ir.

Por isso, mantenha a conexão da Pura Mente e do Coração para suas viagens no Caminho Sagrado além do Corpo. Essas passagens interiores — dentro da cerimônia, dentro do Sonho — são todas Dons da Mente através deste Pórtico Sagrado da Iluminação.

O Pórtico do Conhecimento Puro

Por meio do Terceiro Pórtico da Segunda Porta do Leste, da Mente, da Luz da Águia Sagrada que traz os Fogos da Estrela da Manhã ao povo, encontramos o Conhecimento Puro e os Dons do Conhecimento Puro.

Assim, pedimos ao Irmão Alce Real para escolher, dentre esses símbolos restantes, algum deles para representar este **Pórtico do Conhecimento Puro**.

Alce Real: *"Lei Universal do Movimento e do Equilíbrio"*.

Percebemos que vocês gostam de se mover rapidamente. Bem, é verdade que, se houvesse uma estagnação no conhecimento, a invocação desta Lei e seu símbolo — seja esta invocação pela telepatia, seja pela visualização ou pelo desenho dela nos éteres do ar — cria a rápida infusão de mais conhecimento do que os ciclos estagnados podem manejar.

"Ela move tudo sem parar", diríamos. A Chave do Equilíbrio é muito importante porque o Movimento deve estar no Andar do Equilíbrio. Um modo muito simples de trazer o verdadeiro Conhecimento a uma situação, ao aplicar este símbolo no âmbito da Passagem do Conhecimento Puro, é desenhar o símbolo no ar ou visualizar seu poder em uma área e conclamar o Conhecimento Puro a entrar. Então, dentro de um ciclo de 24 dias, não apenas toda a estagnação será removida como se transformará em Flores invisíveis do Paraíso.

Esse é o Poder da Verdadeira Compreensão. O Verdadeiro Conhecimento de qualquer situação pode emergir através da *Lei Universal do Movimento e do Equilíbrio*.

Sugeriríamos também, como aplicação dessa Lei Universal, que um disco trazendo seu símbolo seja aplicado sob o assento daqueles que se movem muito rapidamente. Isso é para que eles possam absorver as energias do *equilíbrio* com seu *movimento*. Pois, na verdade, o movimento rápido no físico se deve ao movimento rápido da Mente.

Enquanto o Coração tem um ritmo que segue as Águas, a Mente se move com velocidade de relâmpago — na velocidade do pensamento. Assim, se um de seus irmãos ou irmãs estiver se movendo demasiado rápido para seu próprio bem, e estiver precisando de algum *equilíbrio* em seu caminho sagrado, em seu andar do dia-a-dia, basta simplesmente colocar esse disco com este símbolo sob o assento do carro dele. Mesmo enquanto ele estiver tagarelando sem parar e se movendo a grande velocidade você notará um *instantâneo processo de enraizamento*. As irmãs e os irmãos que estavam se movendo rápido demais para seu próprio bem e sua própria clareza, logo conseguirão repousar e provavelmente dormir. Eles ficarão exaustos por sua busca sem fim.

Por intermédio da Porta do Conhecimento Puro, esta *Lei Universal do Movimento e do Equilíbrio* pode enraizar os pensamentos rodopiantes que colocam o veículo humano além de sua sabedoria e podem *enraizar* e *equilibrar* a energia da pessoa que está se movendo rápido demais, assim como também pode elevar a energia daquele que necessita se mover mais rápido.

Por isso, se você tem problemas de mobilidade, se tem problemas para se sincronizar com o Fluxo da Graça, com as Bênçãos do Universo, sente-se sobre este símbolo. Suas energias *equilibrarão* a velocidade de seu Caminho Sagrado, diminuindo ou aumentando a velocidade das ações das intuições criativas que fluem pelo Espelho da Mente.

Vemos esse símbolo usado em meditações de grupo. Se você tiver uma fita grande, pode rodear seu grupo no centro do círculo com esse símbolo. Em outras palavras, seu grupo espiritual de meditação, cura e aconselhamento, seu grupo de tambores, pode sentar-se sobre este símbolo da *Lei Universal do Movimento e do Equilíbrio*.

Os sincronismos do grupo encontrarão seu *equilíbrio* e as Leis Sagradas da Harmonia conectarão um Coração a outro em uma alegre dança da cerimônia, do compartilhamento e da energia.

Como percebemos que este é um entendimento muito necessário para os povos humanos — como trabalhar um com o outro em um Espaço Sagrado, em um Espaço Salutar, em um Espaço Especial — que, ao sentar-se sobre este símbolo, ao invocar o *Movimento, o Equilíbrio* e o sincronismo que o Puro Conhecimento traz, que o Fluxo de Oração de um para outro, os Movimentos na Dança da Cerimônia e os Pensamentos dos Povos sejam um Só.

Para facilitar, uma curta meditação de três minutos no início do encontro de seu grupo a respeito de Movimento e Equilíbrio, a respeito da

Simultaneidade da Energia que flui entre um e outro, fará apelo a essa telepatia da Mente, do Coração e do Espírito que permite o Fluxo da Palavra Sagrada e os Fluxos da Ação do Coração; que permite que o Pensamento Puro da Comunicação feche o ciclo como Um Ser de Luz, com a expressão individual guiando a dança como um todo.

No reino do Conhecimento Puro, tudo flui como as águas de uma fonte. Quando você está ao ar livre com pouca luz, pode compreender a simetria da gota d'água da fonte. Quando você está dentro do *movimento de equilíbrio*, aquilo que era caos é compreendido como uma Flor de Vida.

É certo que nossas cerimônias podem ser benéficas nesse aspecto. Não podem? Assim, deste Pórtico do Conhecimento Puro, percebemos que a invocação deste símbolo pela assinatura etérica no ar ou por meio da telepatia ou da oração dentro de um espaço pode elevar e transformar idéias estagnadas para atrair o fluxo criativo a todos.

Vemos que esta *Lei Universal do Movimento e do Equilíbrio* tanto pode *enraizar* um indivíduo que esteja se movendo muito rapidamente nesse caminho quanto acelerar aqueles que precisam se mover um pouco mais rápido. Esse é o papel da meditação sentada.

Percebemos que essa *Lei Universal do Movimento e do Equilíbrio* combina um grupo como uma família e faz aflorar a música a que chamamos Canção Celestial.

Eis o dom desse símbolo, desta Lei, dentro do Pórtico do Conhecimento Puro, que é a Terceira Porta do Leste da Mente.

Vocês podem ver, Irmãos e Irmãs, que cada uma dessas Leis tem uma bênção em cada uma das direções. *Ite Otapi* está aqui hoje para mostrar, expor e dividir as possibilidades dos símbolos por vocês escolhidos em uma direção particular. Fazemos isso para *semear* dentro de vocês a Compreensão da *universalidade* dessas Leis Sagradas do Coração do Criador.

Estamos aqui também para apelar
à Cura da Segunda Porta de Metatron,
a Cura da Mente.

Alguma pergunta?

Nós, do Grande Sol Central, por meio do Portal de Andrômeda, estamos muito felizes por lhes trazer essas informações; a *energia estelar* dessas *Leis Universais e Espirituais* terão aplicações práticas em sua vida.

Em verdade, essas primeiras 12 Leis por cujas primeiras duas portas acabamos de passar ensinam como andar em simetria com a *Roda da Vida* e abrem a vocês as Passagens do Espírito para que vocês possam viajar da *Roda da Humanidade* à *Roda das Sete Estrelas*.

A influência que une essas *12 Leis Universais e Espirituais* é o símbolo conhecido como Teia da Vida, a *Antakarana*. Quando vocês realizarem sua cerimônia para passar pelas Quatro Portas de Metatron e vivenciar uma seqüência dos Símbolos Estelares nas Quatro Direções da Vida, a *Antakarana* cria um vórtice que liga um símbolo a outro.

É a *Força do Espírito* que liga os 12 Discípulos ao Mestre.

É a *Árvore da Vida* que cresce nos Pomares dos Muitos Frutos

É a Águia que plana

carregando em suas Asas as Quatro Raças do Homem.

É Buda sentado sobre o Lótus

no meio da Mandala da Vida.

Portanto, dizemos
"Obrigado"
A nossos Irmãos e Irmãs.

Para a Cura da Mente, Nós, de Andrômeda, enviamos:

A Lei Universal do Livre-Arbítrio,
A Lei Universal da Vida,
A Lei Universal do Movimento e do Equilíbrio

para Curar a Mente das Gentes,
para Curar a SobreMente das Humanidades
e para abençoar as Mentes dos Reinos de Luz.

A isso clamamos em Nome de nosso Criador,
o Coração de Tudo.

E Eu, *Ite Otapi*, digo: *"Boa noite. Aho! Mitakuye Oyasin"*.

Itokagata
Tiyopa Iyamni

As Leis Espirituais:
Proteção Espiritual da Família
Crescimento Espiritual do Homem
Lei Espiritual da Igualdade

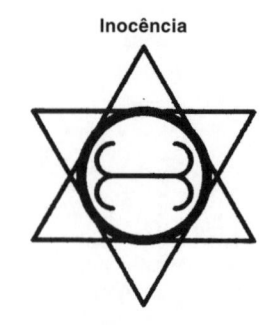

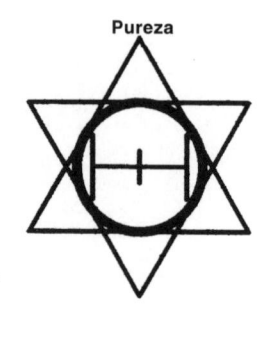

Verdade

Inocência

Pureza

A Terceira Cerimônia das Estrelas
A Terceira Porta de Metatron
A Porta do Corpo

Três Pórticos do Sul:
O Pórtico da Pureza

Bão Dia, Todo Mundo, aqui é a **Mammy**.

"Ocês acharam que todas as Portas de Metatron iam ser feitas por Muitas Faces? No Norte e no Leste, tudo bem. É o terreno dele. Aqui no Sul e no Oeste, a Vovó, a Mammy, 'tá aqui!'"

"E como vai aquela mamãe ali?" [Mammy pergunta a Duas Estrelas].

"Bem, obrigada", Duas Estrelas responde.

Isso é bom.

A Terceira Porta é a Porta do Sul. É a **Porta da Terra**. É a **Porta do Corpo**. A Terceira Porta serve p'ra Curar o Corpo de todas as Pessoas por meio do serviço do Conselho das Quatro Direções — c'uma ajudinha da Mammy que "tá aqui hoje".

"Ocês consegue entender que a primeira e a segunda porta, a Porta do Norte e a Porta do Leste, elas está nos quadrantes dos homens? Agora ocês entraram na Mãe Sagrada. E a representante da Mãe Cósmica na Federação Galáctica é a MAMMY!!!

O Metatron, ele é um professor, ocês sabe. Ele guarda os símbolos que ocês conhece como *Leis Universais e Espirituais*. Ele é um diretor, um professor dessa Galáxia Gêmea, cuidando da educação das Pessoa. Ele quer ter certeza de que todo mundo aprende o Jeito do Coração — certo! Mas os Professor dos Diretor são gente diferente. É onde entram Muitas Faces, o Palhaço, e a Mammy, porque nós é professor dessas *Leis Universais e Espirituais*.

E quando a gente diz *'Mammy'* a gente quer dizer *'a essência de todas as Avós colocadas juntas'* — algumas vezes, como uma vassoura ou uma frigideira. Outras vezes, o Pão de Milho e o Banho com a Mammy! E a Mammy também Esfrega!

Nessa Cerimônia, a gente vê que algo tá sendo revelado. É isso que a Mammy tem de mostrar.

Ou seja,

> *Vemos um final do Ciclo da Dualidade*
> *e a cura dos Hôme com as Mulhé.*

É isso que este Altar Estelar 'tá dizendo.

O Pórtico da Pureza

A Terceira Porta tem a Chama de Cristo. Os Três Pórticos — Pórticos do Sul — guardados pela **Pureza**, **Inocência** e **Verdade** (parece até uma outra Lei, né?).

Acreditamos que é a vez da Estrela de Prata, Han, Avó! agora 'ocê tem de escolher a Passagem de Pureza dentre essas Leis Espirituais.

Estrela de Prata: *"Proteção Espiritual da Família"*.

A Mammy invoca a Proteção Espiritual da Família com a Avó Estrela de Prata. Reúnam-se em torno do vórtice central dessa *Teia da Vida Antakarana* e vejam como esta *Lei Universal* se revela.

Pelo Terceiro Olho vocês podem ver um Altar Estelar criado acima deste símbolo sagrado da *Antakarana*. Dentro desse altar, encontramos a *Proteção Espiritual da Família*.

Dá pra dizer que este símbolo é apropriado para usar num colar — é bom usar o Símbolo em volta do Coração, especialmente as criança — porque este símbolo tem a freqüência p'ra proteger a *Pureza da Inocência*. O Arcanjo Miguel virá ensinar isso. Ele ensina as criança sobre *equilíbrio*, também, porque esse negócio fica dependurado. Ele ensina pra elas quando elas está em *equilíbrio* e quando elas está muito inclinada pra um lado ou pro outro.

Também dá pra construir "gangorras" com a forma deste Símbolo. E *todo mundo tem de subir nessa gangorra!* Aprender sobre *equilíbrio* com outra pessoa é uma das coisas mais eficazes que as Nações Crianças inventaram pr'os adultos *lembrarem de andar em equilíbrio*.

E quando 'ocês vier na cozinha da Mammy, venham com os sapatos limpo ou, melhor ainda — *descalços*. Lembrem-se de se alimentarem, meus Filho.

Sim, a gente pode ver de verdade que as gangorras nessa terra têm de ser construídas dum jeito que as criança consiga fazer sua Medicina para *equilibrar as pureza do mundo*. 'Ocês têm de dar aos baixinhos um pouco de Espaço Sagrado pra eles fazer as alquimias deles, sabiam?

A gente também sabe que a construção da *Tenda dos Povos* — a tenda central — ia se beneficiar desse formato. A Tenda Central dos Povos, os Círculos e Conselhos de Discussão e os locais de Cerimônia e Ação de Graças, se fossem numa maloca com esse formato, garantiriam a Proteção da Nação por intermédio dos Anjos de **Gabriel**, que estariam com todas as famílias.

Pois 'ocês vê, no Centro de sua Nação 'ocês pode colocar um sinal. Se for a *Proteção Espiritual da Família*, a Mammy fica muito feliz! *Porque a Pureza das Pessoas é o caminho para o Éden.* [Pareceu que Mammy tinha dito "*eaten*" — "comido", em inglês — e por isso ela repetiu:] Para o Éden! [Mammy ri.]

Assim, a Mammy vê que essa coisa Univer... hã, Espiritual... [Mammy ri para si mesma]. A Mammy vê através de olhos Universais. É uma incumbência descrever os homens em geral.

...de qualquer modo, este símbolo da *Proteção Espiritual da Família* seria bom de ser colocado nas Crianças p'ra elas lembrar da *Família* e da *Família de Luz*. Porque este símbolo é um símbolo da *Família de Luz*.

E a gente sabe que a construção deste símbolo nos lugar que as criança brinca vai proteger a criação e o crescimento delas, porque elas é as Sete Gerações futuras que virão! E a gente sabe que uma nação que fosse escolher como seu Pólo Central um Altar para os Povos desta Proteção Espiritual da Família, que as famílias dessa nação seriam abençoadas pelos Arcanjos do AMOR! E essa é a Passagem da Pureza.

A gente agradece 'ocê, Irmã Estrela de Prata.

O Pórtico da Inocência

Agora, pr'a Cura do Corpo — a *Natureza Original*, a *Inocência* — vem a Passagem da Saúde. Por isso, a gente gostaria de pedir pr'o Irmão Alce Real p'ra escolher uma Lei pr'o *Pórtico da Inocência*.

Alce Real diz: "Aho, *Unci*, o *Crescimento Espiritual do Homem*".

Na mosca! Bem no centro. Se 'ocê 'tivesse em "Robin Hood" teria acertado duas flechas.

Sim, o *Crescimento Espiritual do Homem* é o crescimento da *natureza inocente* que é conhecida como *suavidade*, que é conhecida como *graça amorosa*, que é conhecida como *Mãos Curativas da Mammy*. Isso porque são as mão dela que faz o Pão de Milho, que é o Pão da Comunhão de nosso Irmão Emmanuel. E esse pão é o *Pão da Inocência*.

Assim, chamamos esse *Crescimento Espiritual do Homem* ao vórtice central para que a *Antakarana* guie seu caminho.

Bem, se alguém desejar crescer, ele pode limpar as paredes da casa dele, fazer espaço pr'as fitas e símbolos desse *Crescimento Espiritual do Homem* nas quatro paredes e no teto (só ajeitar tudo já vai ser uma lição e tanto).

Quando 'ocê desenha ou cria uma dessas Assinaturas das Leis Sagradas, a energia aflui como se viesse de *poros*. E essas energias aquosas se espalham pelos Éteres na sala, no pomar ou no oceano.

Assim, arrumar seu quarto em que 'ocê dorme por Quatro Noites com esses símbolos perto d'ocê nas paredes vai *despertar* de verdade *sua natureza inocente*. E dê pr'o seu Coração um pouco de espaço para respirar! Conecte cada um desses Quatro Símbolos a um Santo nas Quatro Direções. E ore por sua ajuda e assistência. E abra o Portal do Símbolo no teto para a cura do Coração do Criador.

 Em seguida, por Quatro Noites,
  na Hora dos Sonhos,
 a Cada Noite com um Guardião de uma Direção,
  você viajará por esse crescimento —
   um crescimento de Amor, um crescimento de *Inocência*,
  um Crescimento de Coração.

É fácil perceber que, pr'as Criança, um Professor e um Curandeiro são um só. E que os Professor das Criança pode *emanar a radiância* deste *Crescimento Espiritual do Homem* de forma que todas essas Criança — que são nossos Professor — aterrissem em seus Corpo com sua plena Presença de Espírito.

Os professores podem irradiar essa energia conectando-se a ela no Coração e permitindo que ela, como Letras Douradas da Escritura do Espírito, brilhe e irradie o Amor do Crescimento Espiritual para as Crianças.

Isso não diz nada pr'ocês?

Vemos um Diário de Crescimento com o símbolo deste *Crescimento Espiritual do Homem* como o altar, o escudo e a capa. Nesse Diário as Pessoas podem anotar o Crescimento de sua Bondade, de seus Atos de Amor, de suas Vitórias Espirituais. Faça um *Volume* p'ra honrar o Caminho Sagrado, com o escudo: *Crescimento Espiritual do Homem*.

Dessa forma, a Porta do Corpo recebe o retorno de sua *natureza inocente* — a *natureza inocente* que *alimenta* as próprias células e o DNA — o Espírito em ação!

(Longa pausa)

(Mammy algumas vezes fica grande demais para si mesma e isso emite uma onda oceânica, uma Freqüência Cósmica.)

Assim, a gente 'tá falando de *Três Aplicações Sagradas* p'ra este *Crescimento Espiritual do Homem:*

1) Abençoar as Criança por meio dos Professor — a energia do Despertar Espiritual.
2) Abençoar o Caminho do Eu por meio de Quatro Jornadas no Sonho pelo Caminho do Crescimento;
3) Em um *Livro*, um Escrito Sagrado de seu Caminho Espiritual com o sinete guardião: o *Crescimento Espiritual do Homem*; com a assinatura do ARCANJO JOFIEL — ARQUÉIA CRISTINA p'ra que a Luz seja abundante e p'ra que a *Inocência alimente* o Corpo e esse Corpo CRESÇA, CRESÇA, CRESÇA!

O Pórtico da Verdade

A gente pede àquela que está crescendo, Irmã Duas Estrelas, que o Abençoado esteja com 'ocê, pr'o **Pórtico da Verdade**, diga sua escolha entre as quatro Leis Espirituais para o Pórtico da Verdade.

Duas Estrelas responde: *"Lei Espiritual da Igualdade... Mammy"*.

Hau!, Criança. Vamos arrumar um pouco de Pão de Milho pr'o seu Espírito agora mesmo!

Sim, vemos que o Poder da Igualdade 'tá dominando a vastidão e os confim do Universo.

E o Mistério da Igualdade é que há apenas UM ESPÍRITO. Esse Espírito é a VIDA que cresce com o AMOR pelo outro.

A Lei Espiritual da Igualdade — no Reino da Verdade — é a Lança de Atena! Atena vigia os Portal da Oportunidade para que todas as Pessoa *possa ascender a seu destino mais elevado*. Pela Porta do Corpo, esse destino mais elevado é o Corpo de Luz Ascensionado feito de células cheias de Geometrias de Luz — as estruturas de DNA com 12 Partes que, dentro de cada célula do Ser Humano, são os *12 Pórticos do Espírito para as Estrelas*. E essas pequenas comunidades de inteligências trabalhando juntas como um só p'ra ser o Corpo de Luz que 'ocê 'tá se tornando — todas essas *células*, parte de seu *eu*, atingirão a *consciência da unidade!* E esse é o Poder da Lança de Atena através desta *Lei Espiritual da Igualdade*.

Assim, tomamos e invocamos esta Lei Espiritual sobre o Altar da Teia da Vida e pedimos que sua benevolência se manifeste para nos auxiliar em nosso Caminho.

Nós percebe antes de tudo que essa imagem em Ouro e Prata, em um metal precioso, traz o *equilíbrio* p'ra Visão Sagrada das Pessoas. E, por isso, seria um instrumento de cura. Se um amuleto com esse desenho que honra a *igualdade* de todos os parentes do Universo fosse usado p'ra ajustar a visão das Pessoa através do Terceiro Olho, deixando as Pessoa quietas com ele por cinco minutos sobre o Chacra do Terceiro Olho, isso criaria a Simetria em suas Mentes que lhes permitiria aceitar que são parte de um Grande Todo, abriria de fato sua Visão da Realidade para a Realidade da Unicidade.

(Ferramentazinha poderosa.)

Nós vê este *Símbolo da Igualdade* nos Jardins da Mãe Natureza. Nós vê círculos de flores e crescimentos do verde profundo que formam esse padrão de modo estritamente silvestre. Esse é um símbolo sagrado dos Jardins da Vida — os lugares em que você deve plantar seu alimento.

Pois ele pede a segurança e a graça de Todos os Parentes. A Lei *Espiritual da Igualdade*, uma vez ativada na Pedra ou na Planta sagrada, cria um local de reunião das Nação da Terra. Em seu Jardim da Vida, pr'onde 'ocê vai p'ra encontrar o Povo Espiritual, a Parentela Animal, a Nação Árvore, os Ser da Terra — esse é o altar escolhido pr'esse encontro.

A Mammy mantém as coisas um pouco em segredo! Mas, sim, faça pr'ocê um Lugar Sagrado usando este símbolo nas Florestas, Córregos e Montes. E veja as conversas que 'ocê terá.

A Mammy vê, através do Portal da Verdade, este Pórtico do Corpo, para que pr'os curandeiros dentre vocês — 'tou falando de todos — essa *Lei Espiritual da Igualdade* equilibre as Linhas de Comunicação Espiritual conhecidas como Pórticos de sua Coluna Espinal. *Portanto, esse Portal do Tempo de onde a consciência viaja ao passado, presente e futuro pode ser equilibrado pela visualização, pelo desejo e pela experiência da Igualdade e da Reverência dentro de cada um dos Pórticos dessa Espinha Sagrada da Vida.*

Isso faz sentido? É uma ferramenta de cura para seu ser multidimensional, pois os Portais da Espinha realmente conectam 'ocê às multipersonalidades que 'tão pelo Universo. Neste momento de Tornar-se Um Só, vemos que esse é um instrumento de integração muito útil.

Acima de qualquer coisa, a Mammy quer que as Pessoa saiba que através de cerimônias como esta das Quatro Direção — Treze Sagrados as pessoa pode curar a Terra.

As pessoa pode chamar um guia como Muitas Faces ou a Mammy ou as Pessoa pode seguir seus rumos intuitivos — tudo isso leva o Círculo em torno da Montanha até o Lago Sagrado! E esse Lago Sagrado é o Lugar de Encontro dos Parente de todos os Reino. É por isso que esta *Lei Espiritual da Igualdade*, seu símbolo fala às Nação da Floresta e do Monte e do Riacho.

Assim, em Pedra, criem seus Locais de Conselho Sagrado com os Anciões de todos os Reinos e Nações. Criem um Medalhão da Cura em prol da clareza na Mente das Pessoa para que todas possa compreender como andar umas com as outras na Grande Dança da *Criatividade* chamada AMOR.

Viajem no Silêncio com esta *Lei Espiritual da Igualdade*, a energia plena de sua presença dentro de cada uma das vértebras de seu *túnel do tempo sagrado*. E então, todas essas *comunicações interestelares* que se estendem desde a própria *Antakarana Teia da Vida* de seu Coração Sagrado se religarão à verdadeira Fonte da Vida dentro desse Coração diretamente para cada um desses pórticos das vértebras. E então, aquilo que a Mammy chama de *"plena consciência da Verdade"* e seu *"visto Universal"* pode ser colocado em seu bolso e se tornar sua *assinatura* — a *Lei Espiritual da Igualdade*.

Esses Três Pórticos — Pureza, Inocência, Verdade — são os Pórticos da Cura do Corpo. Para curar o físico em suas ligações com o Espírito — o Corpo de Luz que está entrando! — *você deve curar a Pureza dentro do indivíduo. Vocês devem ajudar a restaurar a Natureza Inocente. E vocês devem ajudá-los a encontrar sua própria Verdade pura!*

Invocamos estas Presenças Estelares:

Proteção Espiritual da Família,
Crescimento Espiritual do Homem,
Lei Espiritual da Igualdade

para a Cura dos Corpos de todos os Povos
Por meio das Aberturas de Pureza, Inocência e Verdade!

Nós agradecemos, Mammy e todos os Parentes aqui presentes, a nosso Irmão e nossas Irmãs por estarem aqui conosco e pelas energias da Entrega que *transpiram* por seus corpos conforme os Símbolos Estelares despertam o *DNA de 12 Cordas*, que são os Portais das Portas do Espírito em vocês.

Assim, vai a Energia do Espírito penetrando em seus Povos,
    nas Direções pelas quais vocês se *enraizaram*,
e comparece ao Conselho das Quatro Direções,
    que é a freqüência 13:20,
através da Veneração da Árvore da Vida Sagrada
    como o Altar de sua atenção.
Assim,
Antakarana, Árvore da Vida Sagrada,
    através da Invocação da Passagem do Sul.
    Que assim possa ser.

Que todos os Povos possam receber o Pão de Milho da Mammy!
Alce Real: *"Hau!* Canção da Vovó".
[Alce Real toca tambor e canta.]

Wiohpeyata
Tiyopa Itopa
As Leis Espirituais:
Liberdade Espiritual do Homem
Lei Espiritual da Escolha
Força, Saúde e Felicidade Espirituais

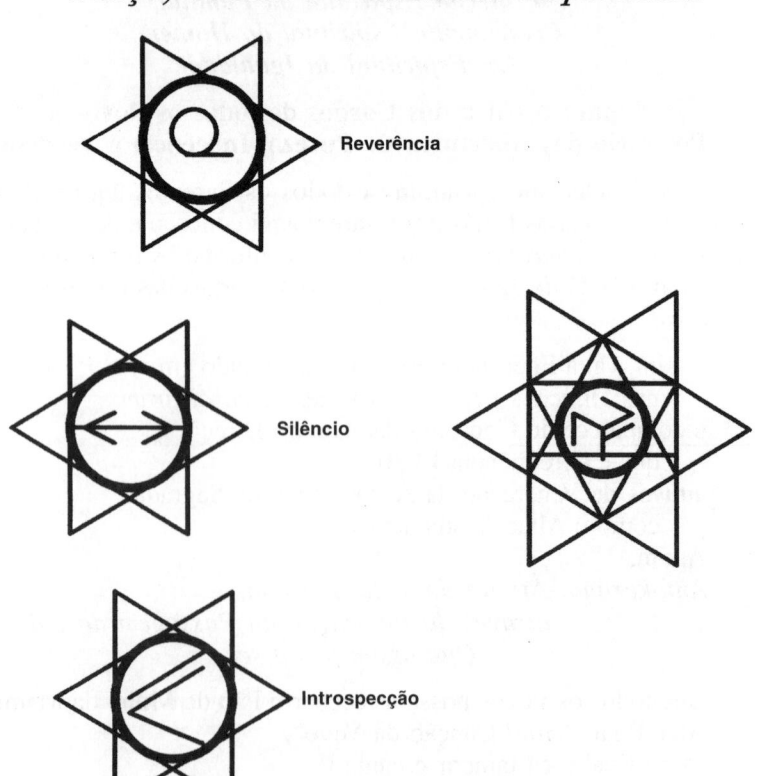

Reverência

Silêncio

Introspecção

A Cerimônia das Estrelas
A Quarta Porta de Metatron
A Porta do Espírito

Os Três Pórticos do Oeste:
O Pórtico da Introspecção

'Ocês 'tão prontos pro seu Pão de Milho?

A quarta porta de Metatron é a Porta do Oeste, onde as Avó se senta e zela pelas coisa. É a **Porta do Espírito!** Assim, essa quarta porta é seu Pão de Milho porque é a graça das Vovós derramadas sobre 'ocês.

A Mammy 'tá animada por estar aqui! Porque esta é uma **Cerimônia de Integração Estelar**. E essa integração que 'tá ocorrendo é pr'a Mãe-Terra.

As 12 Leis do Espírito 'tão descendo como *poderes estelares à Terra!*

Esse é o potencial das Quatro Portas de Metatron, quando a Cerimônia é feita com Equilíbrio e Beleza! Em nossa Quarta Porta hoje, de fato, essas *Leis Universais e Espirituais* 'tão se fundindo ou emergindo de dentro da Terra! Isso é parte da purificação cerimonial que nasce das Cerimônias de AMOR Solar.

E essas Quatro Portas do Papai Metatron estabelecem as Leis da **Roda Sagrada da Humanidade** nas Pessoa, nas Nação e desperta a Luz das Estrelas Sagradas dentro da Mãe-Terra.

Por isso, dizemos que essa Quarta Porta tem três Pórticos. O Primeiro Pórtico é o **Pórtico da Introspecção** — *olhar p'ra dentro de si*. E qual de nós vai olhar p'ra dentro de si p'ra gente? A Mammy acha que é a vez do Alce Real.

Alce Real diz: *"Liberdade Espiritual do Homem".*

O Oeste Sagrado — as Esferas Celestiais de Luz que emanam de seu passado —, os Anciãos andam no Oeste.

Então, essa Primeira Porta, a Porta de *olhar p'ra dentro* da Essência e do poder Estelar: *a Liberdade Espiritual do Homem*.

Por isso, nós deve recorrer a *Antakarana*, **às** *Leis Sagradas Universais e Espirituais*, **apelar a nossos Irmãos e Irmãs da Família de Luz e pedir essa cura na Direção da Introspecção.**

O Homem deve escolher ser livre p'ra olhar pra dentro de si. E essa Liberdade, que as Pessoa quer, é a Liberdade que 'ocê encontra *olhando pra dentro de si*. Porque dentro d'ocê: A Mammy 'tá ali! E ela preparou Pão de Milho pr'ocê.

Mas antes, muitos menino gosta de ver a frigideira da Mammy — pelo menos na mão dela cozinhando alguma coisa boa de comer pr'ocês. A verdade é que *se 'ocê olhar pra dentro de si* a Mammy estará ali ajudando 'ocê a enfrentar seus medo. 'Ocê vive através deles! Apenas *olhe pra dentro de si*! (A Mammy tem de dar sermão agora.)

Nós vê que essa *Liberdade Espiritual do Homem*, esse símbolo deve voar na bandeira, uma bandeira para honrar um lugar que é Livre, pois a Liberdade Espiritual é o ponto de partida de *toda* a Liberdade. *E quando as Pessoa 'tá espiritualmente livre, elas 'tá livres de verdade!*

Por isso, a Mãe Cósmica tem uma mucama chamada "Mammy" que tá aqui pra ajudar os menino a entender que essas Lei são *sagradas*.

Essa *Liberdade Espiritual do Homem* é uma *energia* que as Pessoa precisa s-e-n-t-i-i-i-r dentro delas.

E, por isso, nesta Passagem da Introspecção, a Mammy pede pr'ocês visualizar e internalizar o poder da lei sagrada sobre a Liberdade. E visualize esse símbolo como uma Fonte de Luz Viva irradiando por todo seu corpo, a sabedoria despertando em suas células e seu DNA sua plena consciência desta *Lei Espiritual — Liberdade do Homem*. Por isso, ao carregar essa energia no Coração e em todos os Chacras, a Mammy vê que as energia das Pessoa para o Um e a Família estarão em equilíbrio com os Fogos Sagrados do Espírito que 'tá vindo pra Mãe-Terra pr'os *Novos Corpos de Luz* que as Pessoa 'tão recebendo.

A Mammy percebe que esse Signo de Liberdade, quando é concentrado e explorado dentro da *alquimia do ser*, deixa o homem, a mulher e a criança livres para ascender a seu Corpo de Luz bem fácil e graciosamente pelo caminho. É aí que entra o Pão de Milho.

Porque a gente quer que as Pessoa faz Pão de A-M-Ô-Ô-Ô! E a gente sabe que essa *Liberdade Espiritual do Homem* através das Mãos do AMOR pode ser transformada em *Pães de Cura*.

GENTES, ASSEM SEUS PÃES DE MILHO!!!

E pelos Pães de sua Criatividade, *alimente as Pessoa com a Palavra da Vida*.

Por isso, nessa Porta do Espírito, atravessamos a Porta Interior — aquela que balança pr'os dois lado — e vemos que o Criador 'tá ali. E *todas* as Pessoa do Paraíso lhe dão as boas-vindas ao lar quando 'ocê ousa *olhar para dentro de si* e invocar esta *Liberdade Espiritual do Homem*. Porque quando 'ocê vir seu Eu, 'ocê vai entender o Silêncio Sagrado, a Música das Esferas, e as Danças da Vida dos Mundos do Arco-íris. 'Ocê vai entender o Segundo Pórtico.

Nós quer que 'ocês use Padrões de Liberdade como esta *Liberdade Espiritual do Homem* nas Bandeira da Paz (não precisa ser a bandeira toda, mas tem de estar ali). E a nós percebe que quando essa *Energia da Liberdade* que *liberta as pessoas é aplicada lá dentro*, que os *chacras são libertado*. E a gente vê que através das mãos do A-M-Ô-Ô-Ô, os pães para alimentar muitas pessoa, aqueles que 'tão faminto de espírito, a *Liberdade Espiritual do Homem* vai abençoar esses pães e fermentar um pão que desperta a vida.

O Pórtico do Silêncio:

Lei Espiritual da Escolha

No Oeste, a vida é o reino do *Silêncio Estelar* e da *Dança Luminosa das Estrelas*.

Por isso a gente pede pr'ocê, Irmã Duas Estrelas, pra escolher pra nós o **Pórtico do Silêncio** na Quarta Porta pra Cura do Espírito.

Duas Estrelas diz: *"Lei Espiritual da Escolha"*.

Bão, isso dá algum poder, né?

Sim, Irmão e Irmãs, as Regiões Misteriosas são atrás da Passagem do Silêncio. E esse caminho pr'o Silêncio é o caminho de *olhar para dentro* no Espelho do Eu. E então esse eu procura o Silêncio pra entender as *onda de luz* que 'tão entrando e pra entender os *sons* que se amplificam em seus ambientes e pra entender a mudança das estação e os calendário da vida que lhe propiciam um caminho cheio de graça.

Assim, a *Lei Espiritual da Escolha* permite alcançar a *Antakarana*. Esse é um Altar de Viage, um Altar pra trabalho Interestelar, para *criar pra si um altar com essa energia da Lei da Criatividade por sua escolha pessoal*. E esse Altar aqui vai ajudar 'ocê a andar pela *Antakarana*, Teia da Vida, pra que suas paradas seja só na "Terra das Fadas" ou "Terra Feliz" ou "Lá-onde-os-Santos-se-Encontram". Certifique-se de chamar a

Mulher Milho, Guardiã desta Lei Espiritual. E você pode c-a-a-av-a-l-g-a-a-ar esse altar através da *Antakarana* e encontrar os segredos e realizar os trabalhos de sua Parentela Espiritual.

A Mammy vê também que um pouco de *transformação intergaláctica* deve ser feita rapidamente pra que a criatividade neste símbolo possa realmente transferir grandes quantidades de energia pelo Universo — um monte de A-M-Ô-Ô-Ô... e Pão de Milho!

A Mammy percebe que, no Silêncio dos Mundos Espirituais dos Ancestrais, a energia desta Lei tem a capacidade de nos reconectar à linguagem e à comunhão com as Tribos Pássaro. Apenas a emissão do sentimento de vontade com esta vibração da *Lei Espiritual da Escolha* emanando através da Mulher Milho vai trazer o Professor da Nação Pássaro pra testar 'ocês. 'Ocês vai saber, logo que eles chegar perto, porque 'ocês vai ficar bem. E então se liguem novamente aos Rumos da Sabedoria, pois nossos Irmãos e Irmãs Voadores são viajantes do espaço muito melhores que nós.

E honrem sempre a Águia! Mensageira do Espírito! Sopro do Espírito! E honrem o Pássaro Cantor que traz as Doces Canções dos Céus pra sua vizinhança pessoal.

Assim, a gente vê que dentro da Passagem do Silêncio, a *Lei Espiritual da Escolha* é uma poderosa ferramenta, e uma ferramenta que a Mammy vigia de muito perto.

A Mammy faria melhor de ir cozinhar.

Na viagem pela *Antakarana*, 'ocês pode visitar seus Parentes Estelares e realizar algumas curas em sua Família Solar.

Assim, vemos a *Lei Espiritual da Escolha*...

(Longa Pausa)

Bão, a Mammy esqueceu de novo. Essa é a Mammy — muito véia c'uma memória pequena.

O Segundo dom, ajudem a lembrar a Mammy do Segundo Dom desta Lei Espiritual da Escolha, se faz favor.

Estrela de Prata responde: "A gente estava bem longe daqui, nas Estrelas, e vendo as coisas bonitas que a gente poderia fazer, e a Mammy estava dizendo que ela vigia aquilo bem de perto".

Aho! Bão, vamo confiar na fita.

Esta Porta é a Porta do Espírito e, através do Silêncio, ocês atinge o Espírito. E assim, com este símbolo, ocês pode viajar pela Teia da Vida e visitar seus Parentes da Família de Luz.

E vemos que este símbolo pode ser usado para enviar energias através do Tempo e das Nações para ensinar de novo pr'ocês a linguagem dos céus.

Esta *Lei Espiritual da Escolha* revela os segredos da *Antakarana*.

E lembrem-se sempre de que o Coração, o Coração, o Coração é o Caminho! — o Caminho Puro pra todos os mundos dentro do Silêncio. A Mammy e as Vovós vão 'tá aqui pra ajudar 'ocês.

**E assim a Mammy invoca esta *Lei Espiritual da Escolha*
pra manifestar a cura pr'as Pessoas
pra elas poder entrar no Silêncio de sua própria Boa Vontade
e pra que, através de seu A-M-Ô-Ô-Ô e do Andar de seu Espírito,
elas possa manifestar sua Ascensão
e também a da Família.**

O Pórtico da Sacralidade:

Lei Espiritual da Força, da Saúde e da Felicidade.

Isso nos leva ao Terceiro Pórtico e esse é o **Pórtico da Reverência — Sacralidade!** É por isso que a Mammy é tão específica sobre seus Pórticos. É porque o Noroeste é um lugar *em que o pensamento se torna realidade. É o lugar em que a Luz fala a você e faz as coisas como são*.

E, por isso, as Pessoas viajam por todos os onze pórticos e chegam à Quarta Porta em seu terceiro Pórtico — MAKA!

Chamamos Estrela de Prata p'ra pronunciar o símbolo p'reste pórtico.

Estrela de Prata diz: *"Lei Espiritual da Força, da Saúde e da Felicidade"*.

A Mammy acha que 'ocê não recebeu Pão de Milho bastante na primeira parte. Esta é a *Lei da Abundância*. E a Lei dos Pães Curativos da Vida.

Sábias escolhas 'ocês todos fizeram no desenho das Quatro Portas p'ra evocar um estabelecimento dessas Doze Energias Estelares, não apenas dentro d'ocês, mas dentro da Mãe-Terra e de seus Povos também.

E assim, que com a completude deste pórtico, o acesso a essas Doze Leis do Criador seja dado a todas as Pessoas de dentro de seus Corações. Este é o propósito das Quatro Portas de Metatron: despertar a Realidade desses Doze Rumos Sagrados no Coração das Pessoas e dar a elas a capacidade de entender a Cerimônia Sagrada com as Estrelas!

Força Espiritual, Saúde e Felicidade. Bão, a Vovó 'tá aqui. A Mammy 'tá aqui também.

Lembrem-se, Gentes, das Avós Coruja. Pois elas suaviza seus passo e suas queda e erguem 'ocê quando 'ocê tá caindo.

Assim, a Mammy vê este símbolo como um sinete, um colar ou uma peça curativa de Ouro ou Jade ou Prata trazido com a pessoa para lhe dar força, coragem e a libertação do Arcanjo Miguel!

A gente percebe que este Símbolo de Força é a Força da Pureza do Coração do Criador e por isso funciona bem com todas as Pessoa. A gente percebe...

(Longa Pausa)

A Mammy vê uma Nascente Sagrada de água quente e invoca este Altar diante da Fonte Quente para chamar a Saúde Espiritual. E para C-U-R-A-A-A-R os Devas da Fonte. A Mammy vê essas Águas, suas propriedades vivificam! Pois a Água e a própria Terra se vivificam com o calor e também trazem a cura para a Terra. Este Altar de Cristais ou Pedra com a Nascente.

A Mammy vê os *Dons do Riso* como resultado da Felicidade Espiritual desta Lei. Quando 'ocê receber um grande sentimento de A-M-Ô-Ô-Ô em seu Coração e quiser abençoar alguém — alguém que 'ocê A-M-A-A-A de verdade — invoque essa *Força Espiritual, Saúde e Felicidade* para levar essa felicidade para o amado. E abençoar com orações qualquer que seja sua ação de graças.

Quando 'ocê opera com o símbolo do Décimo Segundo Pórtico da Quarta Porta do Espírito, escolhendo levar o sinete da Força Espiritual e optando por uma reunião à luz das estrelas com a Avó Fonte, e expressa seu A-M-Ô-Ô-Ô através do Tempo e do Espaço por meio do Poder do Portal deste Símbolo Estelar, 'ocê pode abençoar sua Família, seus amados e todos com quem você se preocupa. São orações de felicidade e cura — por Força Espiritual, Saúde Espiritual e Felicidade Espiritual.

Então a Mammy e todas as Vovós aparecem com Pão de Milho. Pois, no Silêncio Sagrado Daquele que Ousou Olhar, encontra-se a *Reverência* das Avós. E, dessa maneira, esses Símbolos Estelares Três, em unidade com os 12 Sagrados e o Espírito 13 — *Antakarana* — mandam concentrar-se na Quarta Porta, a Porta pela qual seu Espírito se conecta auxilia 'ocê.

E assim a Mammy fecha esta Quarta Porta e reconhece todas as Pessoas da Terra que participaram. A Mammy é o E-s-p-a-a-a-ç-o, o Oceano das Estrelas. E ela vem zelando por cada criancinha da Mãe-Terra, desde uma criança de dois anos se criando a uma de cinqüenta e dois e quase adulto, a Mammy zela por todas as crianças.

E que essa cerimônia, em *Nome de Emmanuel*, em *Nome de Quan Yin*, possa ser um exemplo, um jeito das Pessoas chamarem à memória as Leis Sagradas e despertar dentro delas os 12 Passos da Roda da Humanidade e as 12 Portas para as Estrelas.

E a Mammy agradece ao Irmão Alce Real por nos orientar. E Mammy agradece a Duas Estrelas pelo ânimo de seguir adiante e abençoa Um Olho que está integrando, despertando e ajudando lá de onde está.

E a Estrela de Prata por proteger o local: "Obrigada, Irmã".

E ao Descobridor do Caminho, que é muito engraçado, a Mammy diz: "Obrigada".

E saibam que esta cerimônia aqui, 'ocês faz ela quando precisarem de uma mudança, de uma alteração, porque ela atrai as energias Estelares para curar a Terra em 12 lugares que são sagrados, pra que sua radiância por meio dessas Leis Sagradas se expanda através da conexão com o Universo.

A Mammy diz a todas as Crianças, todas as Crianças que existem:

"COMAM SEU PÃO DE MILHO!"

Cerimônia das Estrelas
As Leis Estelares do Altar Estelar
do Menino Sagrado
O Altar Estelar das Sete Estrelas
Lei Universal da Luz, do Som
e da Vibração

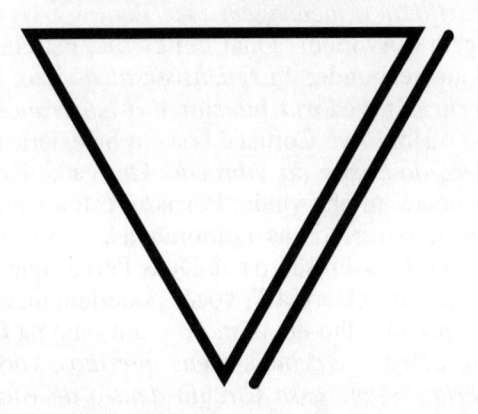

Desperta a Sabedoria Interior e a Lembrança
Harmoniza o Eu com a Palavra Celestial
Desperta para a Comunidade Cósmica

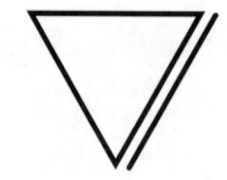

Unci Hinhan, Avó Coruja

Desperta a Sabedoria Interior e a Lembrança

H-o-o-o-h-o-o-o, H-o-o-o-h-o-o-o.
Saudações, Meus Parentes. Pedimos à Estrela de Prata para falar às Pessoas o que a *Avó Coruja* veio contar.
Estrela de Prata responde: *a Avó apareceu quando voltávamos do Monte Chifre Cinza, e perguntamos se a Avó Coruja poderia vir à cerimônia e compartilhar a mensagem.*
E que mensagem a Avó tem? Qual Lei é essa, Estrela de Prata?
Estrela de Prata responde: *"Lei Universal da Luz, do Som e da Vibração — desperta a sabedoria interior e a lembrança".*
H-o-o-o H-o-o-o Hoo! Avó Coruja é boa em Sabedoria e lembra tudo. *Lei Universal da Luz, do Som e da Vibração.* Obrigada, Estrela de Prata.
Realmente, anunciei minha vinda. Por isso, estou aqui para falar de *Luz* e de como ela desperta nossas Lembranças. A Avó Coruja é uma Protetora da Sabedoria. E assim são os de Duas Pernas que andam por aí.
E assim, "Por que, Avó Coruja?", vocês poderiam dizer.
Porque a Avó tem um olho no *Mistério* e um olho na *Luz*.
H-o-o-o H-o-o-o Wa! Percebam, meus queridos, vocês são *Círculos de Luz e Mistério*. Vejam, esse Círculo dentro de vocês dá a volta no Universo e volta pelo alto de sua cabeça até seu coração. E assim, também, quando vocês oram, seu Espírito parte no vôo supremo da Águia e, através do Útero do Mistério, emerge novamente em seu Coração. Um Círculo, Pessoas, H-o-o-o h-o-o-o! vocês são.
Assim, o que é a Natureza da Luz? Sim, a *Luz* tem duas compreensões. E as compreensões estão em Equilíbrio perfeito: a Compreensão do *Mistério* e a Compreensão da *Luz* — *Espírito*.
Assim, vocês acham que seus Palhaços são muito engraçados? Eles são Seres do Mistério Sagrado. Vocês acham que seus Santos são muito Sagrados? Eles são *Seres de Pura Luz*. Esses mesmos — ligados um ao outro — são *Mistério* e *Luz*.

Assim, a Coruja fala a vocês de Lembrança de seu *Círculo de Luz* e *Mistério*, pois lembrar-se de *quem você é* como um Grande Círculo de Luz é lembrar quem o Universo é. A Avó Coruja é uma Protetora dos Rumos do Círculo para as Pessoas.

Por isso, vocês podem vir ter com a Avó Coruja. Ela os ajudará a *lembrar* do Círculo de Sua Vida e como sua vida está amarrada *por dentro* e *por fora* a Toda a Vida que É. *Mitakuye Oyasin*. Huh? *Hau*.

A Avó vai fazê-los conhecer o Poder da Luz que está Vindo e que está Aqui. Pois vocês ouvem a Avó Coruja, não ouvem? Isso significa que a *Luz* está aqui.

Essa *Luz* alimenta seu Corpo Espiritual que é um só com seu Corpo Misterioso conhecido como "físico". O Corpo de Luz emana e circula com aquilo que está *dentro* de você. Essa *Luz* viaja pelos Céus do Grande Universo. E, assim, entra em seu próprio ser como parte de seu Eu. Eis como tudo está na Teia Sagrada da Vida.

Portanto, é uma grande preocupação da Avó Coruja e dos Povos Animais da Medicina. O Conselho das Nações está preocupado com que este Despertar dos Seres Humanos na *Luz* propicie sua transição também com seu Corpo Misterioso.

Para se preparar para as mudanças, tenha a percepção da Avó Coruja. H-o-o-o H-o-o-o Hoo!

O Mistério e o Espírito são um. Você não deve cortar um dedo do pé para ofender outro. Quando você compreender a Unidade da Vida, poderá entender que aquilo que você vê tão escuro talvez seja Anil.

A Grande Mãe Cósmica — **Espaço** — talvez seja conhecida de vocês como "Mammy". A Avó Coruja é serva desse Grande Mistério Azul em que vocês vivem, assim como todas as Nações em seu próprio Rumo Medicinal.

Portanto, Povos, chamai a *Luz* a que Amais.
Pois a Luz do Amor é o poder de vossa revelação.
A Alegria que vos nutre é vossa *Luz*.
Buscai o Caminho de vosso Coração para encontrar vossa *Maior Luz*.
Então, deixai que essa *Luz* seja compreendida como o Caminho para Vossa Origem.
Absorvei, então, e evocai essa *Luz*.

A vida humana é sustentada diretamente pelo Criador.

Essa *Luz* que você busca vem *direto* do Coração do Criador. Essa *Luz* já foi ensinada a você por meio dos Ensinamentos das Avós e do Protetor Miguel como as Seis Direções Sagradas e as Sete Estrelas da Árvore da Vida que você é.

A Avó Coruja compartilha esses ensinamentos que representam as 13 Luzes do Arco-íris:

As 13 Luzes do Coração de nosso Criador são o sustento de Todos os Seres Sagrados do Universo.

Essa expressão é da **Lua — o Ciclo do qual a Avó Coruja é a Guardiã — H-o-o-o, H-o-o-o Hoo!** Esse ciclo chamado *Treze* é o Calçamento da Pirâmide Sagrada — a Árvore da Vida — e inclui as Energias que você deve integrar a seu ser. Elas são *Quem Você É*. E elas são a Alma-Estrela de seu Ser.

Essa é a Sabedoria da Avó Coruja.

H-o-o-o H-o-o-o Hoo!

A Avó Coruja diz:

Gentes, prossigam em suas Meditações e em seu Silêncio.
Eis como abrirão o Olho do Mistério.
Então talvez não tenham Dois Olhos,
mas Três
e então Um.

A Avó Coruja ama vocês.

H-o-o-o H-o-o-o Hoo!

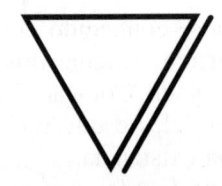

Odowan Skuya, Doce Canção

Harmoniza o Eu com a Palavra Celestial

Hau, Meus Parentes. Meu nome é **Doce Canção**. Sou um Deva de nossa Terra-Estrela e estou aqui para lhes falar em nome dos Devas Estelares de sua Mãe-Terra, para que vocês saibam que estamos muito ocupados criando para vocês a *Realidade Celestial* que vocês buscam.

Desejamos que saibam que, por esta *Lei Universal*, vocês podem invocar os Sagrados Poderes de Cura dos Devas das Estrelas.

Chamem-nos! Para que possamos lhes ensinar sobre as naturezas Dévicas *dentro de vocês*.

**A Palavra Sagrada é a Palavra da Vida
que expande a natureza Misteriosa que está *dentro* de você.**

Os *sons* que você faz são os *sons* gerados na fonte de seu *interior*. A Mente simplesmente abre a passagem para que a doçura surja.

O **Reino Dévico** está muito ocupado construindo a **Nova Realidade** neste momento.

E vocês, Povos da Terra, *façam sua parte curando a si mesmos*.

Que vocês possam COMPREENDER que ao *Ir para Dentro de si mesmos*, pelos Poderes da Luz e do Som e da Vibração, *vocês podem despertar o Templo que são*.

Vamos tratar dos **Seis Níveis *Interiores***, pois compreendam, na Grande Roda da Vida do Caminho Interior, há Seis Níveis que vocês podem compreender neste momento.

Há um Completo Equilíbrio em Ambas as Direções, vocês vêem? Assim, vamos mais fundo nos Mistérios do que estávamos preparados para ir.

Portanto, falamos a vocês: *Dentro de Vocês* há **Seis Níveis de Crescimento** que vocês já atingiram.

Há algo *Dentro de Vocês* conhecido como "**Consciência dos Órgãos**". Estamos falando particularmente dos Órgãos que talvez vocês conheçam como Estômago, Fígado, Coração, Pulmões. Há muitos na Compreensão Humana. Cada um deles é um Ser Vivo *Dentro de Vocês*, um reino completo *dentro* de sua existência.

Fiquem sabendo: *ir mais Fundo* — para o **Segundo Nível de Realidade** de que falamos — é ir diretamente aos trabalhos orgânicos desse **Tecido**. E, *dentro* dos Tecidos, vocês *têm* seus Sentimentos e seus discernimentos.

Você consegue *sentir* as Raízes da Vida?

E *cada um desses Órgãos é feito de Tecidos muito poderosos e sagrados*, compreendam.

Entendam que, mais profundamente *dentro* do Poço da Palavra, o Som da Vida — o Som que Jorra *Lá de Dentro* — são **Células**. Essas são Reinos Menores em vocês.

Será que vocês estão **começando a ver**, Ó Pessoas, que **Dentro de Vocês**, de fato, há **Muitas Mansões**?

Pois é *De Dentro* que jorra a Palavra Sagrada de nossa Canção.

Compreendam também que, mais profundamente no Poço do Mundo, chegamos à **Molécula**. Essa é a **Quarta Dimensão Interior**.

Agora conseguem entender **que as relações** *dentro* **de vocês estão fazendo com que obscureçam?**

Elas são o *som* do Mistério que ressoa em seu ser, fazem com que suas Ações se Estendam e que o Pensamento e a Alma reflitam os Espelhos de seu Espírito.

Por isso, *dentro* da **Molécula** chegamos à **Quinta Realidade — a Realidade do Átomo**.

Vocês não vêem todo um Sistema Solar nisso?

Esse é o nível eletro-magnético-vibratório de seu ser, compreendam. É ali que vocês escolhem *quem vocês são* — mas isso, muito mais tarde.

Ao penetrar no **Sexto Nível** de sua Compreensão, vocês podem perceber as **Partículas — Elétrons, Nêutrons, Prótons**.

E, *dentro* delas, o **Quark**.

Por isso, compreendam, meus Amados, que *dentro* de vocês há muitos níveis de vida. Como Seres Completos, ó Caminhantes de Duas Pernas com Vozes Suaves, vocês devem se purificar e acrescentar suas Canções aos Devas. Assim, façam acontecer uma cura para a Mãe-Terra.

De fato, vocês devem nos servir,
servir à Mãe-Terra e à Revelação do Cosmos
curando-se a si mesmos.

Sugerimos que vocês se banhem diariamente nas Músicas que *docemente ressoam* com seu coração. Deixem que a Canção de Pureza cante.

Permitam que a criatividade de sua alma cante as notas da Dança e da canção Celestial.

Saibam que, ao se *Tornar Consciente* de cada uma dessas *Dimensões Dentro de Vocês*, purificando-se e ordenando-se na Luz do seu Caminho do Arco-íris Sagrado, isso criará *Dentro de Vocês* essa Canção da Ascensão. Essa Canção os erguerá aos Céus como parte da Grande Expansão da Mãe-Terra na Luz.

Nós, os Devas da Terra-Estrela, enviamos muitas bênçãos aos Seres Humanos.

Fiquem sabendo: *Suas Canções — de cada um de vocês — são preciosas para o Criador.*

Cantem sua Canção com Alegria para o Criador e os Parentes todos os dias.

Esse é o poder que os realinhará com o Equilíbrio do Universo.

Esta é a *Lei Universal do Som*:
— a *Lei Universal da Luz e do Som e da Vibração* —
cada um deve Cantar sua Canção durante as ações de seu dia.

Que essa Canção seja uma Doce Canção no Espírito e no Mistério. De fato, o que canta é a Voz que Vem do Vazio — um Novo Ser Criado — fluindo por entre todos os seus níveis.

De *dentro* da Mãe Cósmica todo o *som* emerge. Viajando através de Ondas de Ser, ele emana como a Canção de Poder e Paz do Coração.

Essa é a Linguagem Sagrada das Sete Estrelas. É Canção.

Compreendam, as Freqüências da Canção atingem também todo o Círculo do Universo.

Há muitos círculos dentro de círculos no Grande Universo do Ser.

O Caminho de Dentro — o Poço da Vida e as Águas do Ser
— por meio da Canção Sagrada
toca as Orelhas de Sirius e as Profundezas da Baleia do Oceano
e ressoa em numa Canção de Paz e de Fogo Sagrado
para os Parentes do Grande Mar Cósmico da Vida.

Avó Universo, Avô Luz, Nós, Devas de nossa Mãe-Terra-Estrela falamos às Pessoas para purificar seu *Interior*. Sejam **Partículas** ou **Átomos**, sejam **Moléculas** ou **Células**, sejam **Tecidos** ou **Órgãos**, todos são **Cordas do mesmo Violino**.

Por conseguinte, vocês devem tocar os Níveis de Si Mesmos, com a complexidade das notas da harpa. Tu compreendes que curar a ti mesmo é afinar um instrumento delicado?

Os Mestres estão aqui para ajudá-los, amá-los e auxiliá-los.
Façam apelo aos Devas.
Coloquem diante de si esse Símbolo Sagrado pedindo
pela Harmonização do Eu.
E a Palavra dos Arcanjos deverá falar Dentro de Vocês.
Eles são o emissário da Avó.
E os alinharão com a Lei Sagrada
— A Lei da Simetria Interior —
que é o Manancial da Canção Sagrada.

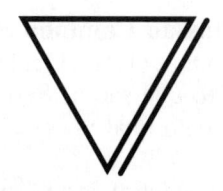

Santa Ametista
Desperta para a Comunidade Cósmica

Meus Amados de Luz,
Estou aqui para presentear vocês com
A Presença Violeta da Ametista Sagrada.

O Amado Senhor Zadquiel, minha Chama Gêmea,
está aqui comigo para trazer uma Mensagem de Misericórdia aos Povos.
Também desejamos que vocês compreendam o Círculo da Vida.

Saibam que *sua vibração* **é seu passaporte para as Estrelas.**

Por isso, assim como os Devas levaram vocês *Para Dentro*, compreendam que em seu Espírito há novos "níveis" ou "dimensões"
para sua compreensão.

A Vibração é a Chave para a Dimensionalidade.

A *vibração* de sua Escolha pode elevá-los aos Planos mais Altos da Luz e da Paz ou afundá-los no Carma de seu Desejo.

Neste momento, os Conselhos Sagrados abençoaram a Santa Ametista para dar às Pessoas um entendimento da **Escada de Jacó**.

Se vocês desejam subir a Escada para o Céu, compreendam, devem começar com a **Mãe-Terra**. Ela é a Mãe por vocês escolhida e é uma Professora muito linda e serena.

Compreendam também: o **Segundo Degrau dos Céus** é a **Avó Lua** que está junto de vocês. É a Avó que os ajuda a andar pelo Caminho de Treze Lados da Vida.

Compreendam que o **Terceiro Degrau da Escada de Jacó** é seu próprio **Pai Sol**, que Ama vocês e os nutre, e cria esta Terceira Realidade Mundana de que vocês usufruem.

Compreendam que o **Quarto Degrau para os Céus de Sua Origem** é a Estrela brilhante, **Vênus**, a **Estrela da Manhã**.

Assim, os **Ensinamentos do Caminho Sagrado dos 44** chegam a seu mundo. Onze:Onze:Onze:Onze (11:11:11:11) é de fato a **Passagem para o Quinto Mundo do Espírito** que são as **Sete Estrelas Sagradas — as Plêiades**. Este é o Caminho pelo qual vocês chegaram onde estão, Meus Amados.

Compreendam que o Sol Central deste Caminhar Pleiadiano é aquele conhecido como "**Sirius**". O **Sexto Mundo do Espírito** são as **Seis Estrelas das Direções Sagradas**, compreendam.

O Caminho da Humanidade estende-se até o **Sétimo Mundo** na Grande Ascensão da Luz. E vocês descobrem **Lira** e suas Origens em Vega, uma Estrela de lá.

Este é realmente o Portal do qual sua AlmaEstrela veio do **Oitavo Mundo do Espírito**, a Realidade e os Reinos da Estrela da Liberdade conhecida como **Arcturus**, um favorito de sua Graça, a Santa Ametista, e do Poderoso Eloim Cósmico Arcturus.

Assim, da Passagem da Liberdade vocês vieram a este Universo, compreendam, através das Realidades Gêmeas de *Andrômeda-Via Láctea*. **Como um portal, esse Universo das Galáxias Gêmeas é nossa Passagem para o Criador e para as dimensões além**.

Por isso, compreendam, queridas Gentes, que o caminho desde sua origem até onde vocês estão é o caminho estelar de sua caminhada.

Por favor, compreendam, Ó Gentes, que esse caminho está ancorado à Mãe-Terra.

Olhar para cima é honrar a Terra, Ó Gentes: *as Estrelas estão aqui com vocês. Possam as Pessoas estar também com a Mãe-Terra.*

Por isso, dizemos a vocês, Ó Gentes: *escolham sua vibração*, pois há um plano de predileção para cada um de vocês. Em um plano ou outro dessas Esferas Celestiais estão sua Verdadeira Presença e seu Caminho Sagrado.

Se vocês existissem no **Sexto Mundo Celestial**, seriam conhecidos como um **Delegado de Sirius**, um Ser de Sirius, por assim dizer.

E se vocês sentissem forte ligação com o **Pai Sol** e com nossa **Família Solar** aqui, diríamos que seu Verdadeiro Caminho e seu Espírito estão no **Terceiro Mundo Celestial**.

Se vocês estivessem "bem longe", por assim dizer, com uma missão dada pelo Criador, vocês *lembrariam diretamente seu Espírito* que está em **Andrômeda** — a "Terra das Avós e Avôs".

Por isso, compreendam, Gentes, que vocês *se elevam* através da Árvore Celestial *pela escolha de sua vibração*.

Assim, a vocês, a Santa Ametista concede Três Dons:

Primeiro, o **Dom de sua Fala**: *possa sua Fala ser Pura e Afetuosa.*

E também o **Dom do Pensamento**: *possa seu Pensamento ser Gentil e Forte.*

E além disso, o **Dom do Sentimento**: *que vocês possam seguir os Verdadeiros Sentimentos do Manancial de sua Intuição.*

Sigam esses Três Dons, Ó Gentes, e logo vocês se elevarão à sua Verdadeira Vibração. Os Portais de seu lar Celestial se abrirão no Arco-íris Áurico de sua Presença, **pois vocês, Ó Gentes, são os Representantes das Estrelas**.

Dentro de vocês, revelando-se naturalmente, está a Vibração da Sacralidade. *Cada um de vocês, como Árvores da Vida da Mãe-Terra, enraiza seu Ser no Mistério da Terra e alonga seus Galhos nas Esferas Celestiais para exigir seu Legado Estelar.*

Por isso, compreendam, Ó Gentes, que como Árvores da Vida da Mãe-Terra vocês também são Terra-Estrelas e devem dançar com os Devas como Avôs e Avós de Sabedoria e Paz.

Compreendam que o Arco-íris dessas Luzes Estelares que estão com vocês sustenta seu caminho a cada passo, atende às suas necessidades antes que apareçam e asseguram o poder de seu Futuro Sagrado mesmo quando vocês oram muito pouquinho, mas desejam de coração.

Por isso, compreendam, Gentes, que *"Ser O Que Você É"* reflete essa *vibração* **de Alegria**. Meus Amados, a Alegria é o **Quinto Mundo da Paz**. É a realidade da **Avó Beija-Flor**. E vocês compreenderão, Ó Gentes, a Vibração Sagrada do Oceano Cósmico.

Pois, Meus Amados,
o Universo está *vivo!* Com *Canção*
e está *vivo!* Com *Luz*
e está *vivo!* Com *Vibração*.

Esses **Três Pilares da Dança Cósmica** ensinam e se revelam *Dentro de Vocês* a cada momento de sua Compreensão. E, conforme se revela essa Plena Consciência, Meus Queridos, sua dança será a Dança da Alegria.

Eu sou a Amada Santa Ametista
que concede às Gentes
Os Ensinamentos Sagrados do Espírito
por meio das *vibrações* progressivas de sua Lembrança
para que vocês possam andar com a Avó Coruja pelo
Círculo da Verdade,
para que vocês possam andar pelo **Círculo do Mistério**
com os Devas *dentro de vocês*,
para que vocês possam andar pelos **Ciclos do Espírito** com a Estrela
de Ametista Kachina.

Meus Amados, essas Leis Estelares Sagradas são
Caminhos Dignos de se Viajar.

São o Caminho Interior.
São o Caminho Exterior.
São o Um Círculo e o Todo.
São as Emanações do Coração do Criador, Meus Amados.
Elas *são* as Leis que nós, os Ascencionados, também seguimos.

Eu sou a Amada Santa Ametista trazendo a Liberdade Violeta para as Gentes por meio da Graça da Lei Universal da Luz e do Som e da Vibração.

Que todos os Povos sejam Abençoados.
Que a Luz e a Canção e a Presença de Seu verdadeiro
Ser estejam convosco Agora.

Lei Espiritual da Intuição

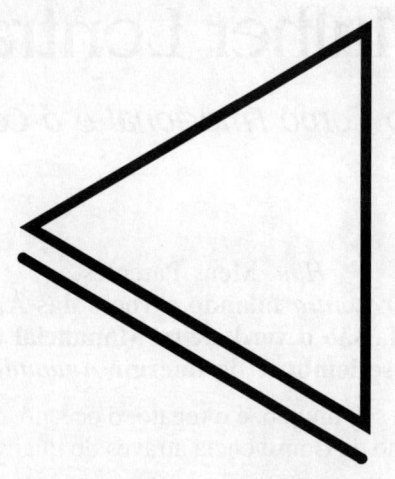

*Cura o Corpo Emocional e o Coração
Abre o Manancial da Intuição Criativa
Transforma por meio da Alquimia do Pensamento*

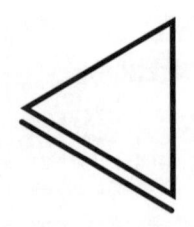

Mnisunka Winyan, Mulher Lontra

Cura o Corpo Emocional e o Coração

Hau. Meus Parentes,
Aqui está a *Mulher Lontra* falando a vocês das Águas da Vida, pois as Águas da Vida são o verdadeiro Manancial de sua Intuição.
Vocês devem se lembrar de imergir *Andando até a Água*.

Essa Água, em seu mundo, é o regato, o oceano, o lago. E, no Mundo Espiritual, é o Oceano de Consciência através do qual vocês nadam em seu verdadeiro Eu.

Venham e *brinquem* com o Povo Espiritual Lontra, pois ele guiará vocês para a Lembrança de seus Corações. E por meio do Coração, vocês encontrarão a *verdadeira Nascente de suas Vidas*.

Pois saibam que dentro de vocês brincam as Nações Lontra.

Pelo Coração, que é a *Vida Verde do Amor*, vocês passam pelos Pórticos do **Timo**, que de fato é conhecido como **Coração Sagrado**.

Portanto, para curar o Corpo Emocional, para curar seus Corações e o Coração dos Corações, concentrem essa *Energia Verde* — essa *Energia do Amor* e do *Amor da Mãe-Terra* — pela Entrega às Gentes.

Façam isso com o **Prazer da Brincadeira**.

Façam isso com **Empolgação** *pela Vida*.

Façam isso com a **Sinceridade** *da Entrega*.

Assim, quando vocês *entrarem* no Coração dos Corações e encontrarem o Fogo Sagrado que arde nas *Sete Estrelas,* abaixo delas estará seu próprio Portal para o Oceano Cósmico.

Nós os convidamos a *entrar* e vir brincar.

Nós os convidamos a *entrar* no Corpo Sensível; pois uma vez que vocês mergulhem nas Águas da Vida dentro de seus corações, vocês atravessarão um "túnel do tempo", por assim dizer, e entrarão no Oceano do

Verdadeiro Ser. É nesse Oceano que vocês encontrarão seus *Verdadeiros Parentes*, e a Lembrança de *quem vocês são* estará completa.
**Portanto, nós lhes dizemos:
Procurem agir segundo o *amor* que vem de dentro.
Procurem usar seu *amor* para ajudar as Pessoas,
para ajudar as Nações Animais,
para ajudar os Povos Pedra e
para ajudar as Nações Planta e Árvore.**

Quando vocês *se entregam*, seus Corações abrem-se um pouco mais.

Uma vez que seus Corações estejam brilhando com a *Luz Verde do Espírito*, com os ensinamentos da Mãe-Terra e o *Amor* por seus Parentes, o Pórtico de seu Coração Sagrado se abre. E assim vocês têm a permissão de penetrar em sua Mente Inocente, em sua Mente Original, em sua Mente Infantil, no Jardim da Vida que está *Lá Dentro*.

No centro desse Jardim, vocês encontrarão a **Árvore da Vida**, na qual as Sete Estrelas ardem com sua Chama Inextinguível. E notem que entre as Raízes está o Poço da Vida.

Nós, o Povo Lontra — junto com o Povo Peixe e Aqueles que nadam nas Águas —, convidamos vocês a *Entrarem*.

Muitos de vocês podem descobrir que o Coração está coberto de... (pausa)... porteiras de madeira. Se esse for o caso, isso quer dizer que você tem sido um pouco mesquinho, não é mesmo?

Então, se desejam buscar as Águas Eternas *Dentro de Vocês*:

Entreguem-se a cada bênção que vier.

Sintam o *Amor* da mão estendida ajudando o outro. **Em Quatro Luas, essa prática de *Dar quando Vocês Forem Abençoados* vai de fato abrir esse portal.** Essas portas de madeira serão removidas para sempre.

Atrás dessas portas, vocês encontrarão seu próprio Reflexo, pois esse embaçado Espelho do Eu vai ficar claro e lhes mostrar sua verdadeira face sorridente. Vão *Para Dentro de Vocês* e entrem nas Águas.

Pois a Mulher Lontra e o Clã Lontra estão esperando.

Após beber do Poço de sua Vida, a Intuição, a Sabedoria e a Lembrança das Eras despertarão em vocês.

Mas não pensem que aqui é onde o Povo Lontra tem de deixar vocês. Na verdade, vocês precisam de um bom trago de sua própria sabedoria e então mergulhar nessas águas e nadar até o lugar conhecido como Oceano Cósmico da Luz.

Ali entrando, vivenciarão a iluminação de que falam no Leste:

*Conhecimento da Unidade-Com-O-Todo
na individualidade do Sopro do Espírito.*

Pois, de fato, vocês nasceram como uma célula, como um eu, um ser com muitos irmãos e irmãs.

Por esse Portal do Coração,
vocês *podem* de fato entrar no plano conhecido como
"Andrômeda"
e nadar no Grande Oceano de Luz
diante dos Olhos do Criador
e alimentar-se do Amor do Coração do Criador.

Pois uma vez que vocês bebam das *águas interiores* do Reino Estelar
de Andrômeda
— esse Grande Oceano de Luz —
e dancem com o Povo Lontra em meio a seus Parentes,
em verdade, cada *Célula* de seus Corpos,
cada *Átomo* de suas Lembranças,
cada *Partícula* de Luz dentro de vocês será despertada para
uma *Nova Compreensão*
uma *Nova Crença no Espírito* e
uma *Nova Força de Caráter.*

Venham e nadem nas *águas interiores* do espírito com o Povo Lontra.
Nós lhe daremos a **Folha Sagrada**: a Folha conhecida
como *Alga Estelar.*

Desse Oceano de Luz que é seu Universo Gêmeo, Andrômeda, guiaremos todo o seu círculo e os levaremos de volta a seu próprio Poço Sagrado. Ao emergir com a Folha Sagrada, nós lhes ensinaremos a adornar sua **Árvore da Vida** com muitas Maravilhas Estelares semelhantes para que o Poço e o Oceano de Luz *dentro de vocês* preencham seu Coração dos Corações, derramem-se no Coração da Luz Verde e alimentem as **Sete Estrelas Dentro de Vocês** e as **Seis Direções** que são sua Aura de Ser.

De fato, curar seu Corpo Emocional, curar seu Corpo Sensível, curar seu Coração é despertar seu Destino Divino como um Ser Humano, um Ser de Duas Pernas.

Esta Jornada é a Jornada do Coração.
É a Jornada da Diversão.
É a Jornada da Lembrança do Sorriso do Criador.

Quando seu Coração está aberto e as Águas da Verdadeira Vida
— de que Emmanuel falou —
fluem pelas pontas de seus dedos,
pelas unhas de seus artelhos,
pelos cabelos de sua cabeça,
vocês experimentarão o Verdadeiro Amor,
a Aura de Proteção

e a Energia de Cura
que são seu *Direito Sagrado de Nascença*.

Vocês não mais sentirão tão pesados seus Pés sobre a Terra e serão capazes de *andar delicadamente* sobre a Mãe-Terra.

Quando vocês *abrirem* esse Coração Sagrado e *se concentrarem na brincadeira* do Povo Lontra que está *dentro* do Manancial de sua própria vida, lembrem-se de seu propósito, de sua missão e de sua Entrega.

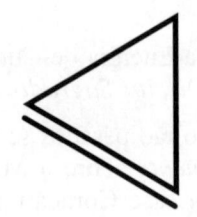

Oilele Cekpa Winyan, Chamas Gêmeas

Abre o Manancial da Intuição Criativa

Meus Amados, saibam que seu povo de Seu Mundo Lar está aqui.

Eu sou **Chamas Gêmeas** de Lira, da Estrela Central, Vega, e vim lhes trazer a **Lembrança** do Verdadeiro Manancial da Vida Humana.

O Coração dos Corações de que a Mulher Lontra falou é, de fato, o Primeiro Passo para **Lembrar** *quem vocês são*. Vocês devem **Lembrar** que sua Genética, sua Biologia e sua Mente encontram sua fonte diretamente no lugar conhecido como Lira, onde os Guardiões da Raça Humana — desta Galáxia e Além — guardam as *Oito Células Originais da Vida Humana*.

E Eu, Chamas Gêmeas, estou aqui para lhes contar que lá em seu Mundo Lar, que é de fato uma Estrela, habita sua *Presença Gêmea*. Isso quer dizer que, no Sistema Estelar de Lira, do qual vocês vieram a este mundo, uma *verdadeira presença* está sendo mantida para vocês dentro de sua Humanidade.

A **Sagrada Chama Inextinguível** que vocês são *dentro* do Coração dos Corações está de fato *viva* e *plenamente desperta* no Coração de Vega.

Trazemos essa lembrança a vocês neste momento porque, de fato, muitos Seres Humanos perderam sua Centelha de Vida Original. Para recuperar essa Centelha de Vida, vocês devem viajar para Vega, para aquela Estrela das Cores do Arco-íris, e recobrar sua própria Chama da Vida.

A **Árvore Sagrada** de que o Povo Lontra falou, que está *dentro* de seu Coração dos Corações, deve estar *viva* com a **Chama Sétupla** de seu Ser para que o Manancial de Intuição Criativa, de Sabedoria e Lembrança possa fluir com *Força*, com *Pureza* e com *Sinceridade*.

Portanto, Nós, seus Irmãos e Irmãs Liranos, e Eu, Chamas Gêmeas, estamos aqui para lembrar vocês: se a sua Luz estiver fraca, recorram a esta Lei Espiritual da Intuição e Sua Irmã Chamas Gêmeas e uma Delegação de Lira virá a vocês em seu Sonho e os testarão por quatro dias.

Eles testarão sua aptidão para receber o Fogo Sagrado que os está esperando em seu Mundo Lar. Eles os testarão de acordo com as Leis do Grande Conselho Cármico e testarão sua capacidade de andar pelo Caminho Sagrado. Se acharem que vocês estão prontos dentro desses quatro dias de teste, nos quais vocês terão muitos sonhos de diversos tipos, *na quinta noite uma Grande Águia do espírito virá e os levará diretamente a seu lar estelar, Vega.*

Também eu, Chamas Gêmeas, ali estarei esperando e guiarei vocês até a presença estelar, o *sopro ígneo*, o amável ser que vocês são, guardado no Coração da Estrela Vega. Eu os levarei às Fontes da Verdadeira Vida, que são mantidas pelos Guardiões de sua Raça Cósmica e instilarão em seu Corpo de Luz, no Corpo de seu Coração, esses Fogos Sagrados junto com as compreensões que os ativam. Durante os Sonhos, por três noites sucessivas, esses Fogos Sagrados ensaiarão seu despertar dentro de cada uma das Rodas de Fogo que vocês conhecem como chacras.

Se cada uma dessas Luzes do Arco-íris for bem-sucedida

>sua Árvore da Vida vai realmente brilhar em chamas
>com o Espírito da Verdade,
>com o Espírito da Liberdade,
>com o Espírito da Harmonia,
>com o Espírito da Unidade.

>E essa Chama Sagrada do Amor
>— conhecida como *Trindade do Amor, da Luz e da Paz* —
>encherá sua Árvore da Vida com o néctar,
>as águas e as seivas da Verdadeira Existência.

Então, o Sagrado Córrego da Vida dentro do Coração-dos-Corações borbulhará, inundando seu ser ao longo do Coração e dos Sete Fogos Sagrados Interiores para vivificar a Coluna Espinal e sua ligação com o Poço dos Sonhos.

Assim, se essa Cerimônia das Oito Noites de Sonhos for bem-sucedida, as Irmandades de Lira, com o auxílio das Nações Águia Cósmicas, de fato despertarão *dentro de vocês* as Águas da Verdadeira Vida.

Compreendam que essas Águas são a Força Espiritual da Quarta, Quinta, Sexta e Sétima Dimensões que *despertarão de fato seu Corpo de Luz.*

Dentro de seu Corpo,
dentro de seu Coração,
dentro de sua Mente e
dentro daquilo que se conhece como seu *Akasha*,
vocês caminharão como Guardiões da Terra:
>**Cheios de Poder.**
>**Cheios de Sabedoria.**
>**Cheios de Amor.**

É intenção de seus Parentes Estelares de Lira estender uma Mão Auxiliadora a vocês, de forma que, se vocês invocarem esta *Lei Espiritual da Intuição* e sua Irmã, Chamas Gêmeas, **nossa Delegação Estelar virá realmente a vocês durante o Sonho e curará seu DNA, curará a Matriz Cósmica conhecida como Consciência Plena de 12 Partes e despertará a Semente da Vida que é conhecida como** *Antakarana*, **a Teia da Vida**.

Seus Irmãos e suas Irmãs de Lira lhes oferecem Duas Vias de Assistência. Em primeiro lugar, a **Viagem e Testes durante o Sonho** para recuperar suas Chamas Sagradas, que despertarão o manancial da Vida que está lá dentro. Em segundo lugar, o **Auxílio de nossos Conselheiros durante o Sonho** para despertar o **DNA**, para despertar a **Memória** e os **Fogos Sagrados** que já existem em seu Corpo.

Se vocês precisarem de nosso auxílio, pedimos a vocês que façam Bandeiras de Oração. Pedimos as cores branco, azul, anil e violeta. Essas cores são os raios em que Chamas Gêmeas e suas Irmandades Liranas podem entrar diretamente em seu Fluxo de Vida para auxiliar suas formas Física, Espiritual, Mental e do Coração.

Invoquem esta *Lei Espiritual da Intuição*
com o desejo de andar com pureza por sua Matriz de Vida original.
Em verdade, os Povos Estelares de Lira estarão ali.

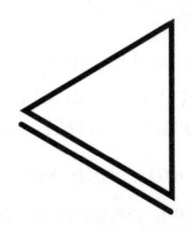

Tin Wakiyena Wakan Winyan, Pomba Sagrada

Transforma por meio da Alquimia do Pensamento

Meus Amados, esta é em verdade uma Noite das Avós.

Eu sou **Pomba Sagrada**, que vocês conhecem como **Espírito Santo**, e venho a vocês nesta noite. Saibam que abençôo cada um dos que estão neste Círculo e cada pessoa que ler ou ouvir estas palavras.

A Pomba da Paz desceu na Ilha Tartaruga. Seu Espírito no Primeiro Céu abençoa a todos.

Saibam, Ó Gentes:

Vocês devem tratar seus Parentes das Nações Animais com grande respeito, pois eles mantiveram o equilíbrio por vocês quando vocês sequer sabiam o que era isso.

Saibam, Ó Gentes:

Que vocês devem conceder seu respeito e suas honras às Nações Árvore e Planta,
pois elas os alimentaram quando vocês sequer sabiam estar famintos.
Vocês devem respeitar as Nações das Pedras e o Povo Mineral assim como os Invisíveis que estão por aí,
pois, em verdade, se não fosse por sua Orientação, a maior parte dos de Duas Pernas teria caído em suas próprias armadilhas
e nelas ficariam presos para sempre.

O Espírito da Pomba está com vocês nesta noite. Estou aqui para lhes trazer uma mensagem. Há um *Grande Rio de Luz* que se aproxima rapidamente. Há energias que vocês conhecem graças aos Conselheiros Sirianos como *"Energia de Fótons"*, que vocês agora conhecem como *Espírito da Pomba*.

A Pomba está novamente com vocês.

Povos da Mãe-Terra, preparem seus Corações,
pois, em verdade, seus verdadeiros Pensamentos,
seus verdadeiros Sentimentos rapidamente se manifestarão
muito em breve.

Há realmente muitos Conselheiros das Nações Estelares em meio a vocês neste momento. Eles podem ser o amigo com quem vocês conversaram hoje e que falou de algo que vocês não estavam esperando. Ou talvez aquele passante — um estranho — que lhes deu uma bênção, mesmo que tenha sido apenas um sorriso. Ou talvez aquele balconista que brincou com vocês hoje. Saibam que os Conselheiros Estelares estão por aqui e têm muitas formas.

O arrendamento de vida para velhas almas terminou. Aquilo que é chamado *"entrada"* ou *"o enraizamento de sua Verdadeira Essência Espiritual"* está ocorrendo. Há milhares, e até mesmo milhões, de Seres de Dois Pés que começam a despertar para os verdadeiros entendimentos.

Portanto, o *Espírito da Pomba* diz a vocês:

"Despertem!
Esta é uma *Nova Era*, uma *Nova Realidade*, uma *Nova Dispensação".*

Emmanuel disse a vocês: *"Ficarei de lado para que o Espírito, o Confortador, possa vir a vocês"*. E AQUI ESTOU.

Saibam que a Pomba Consoladora é também a Pomba da Paz. E, nesta Era, a Pomba da Paz não carrega um Ramo de Oliveira, mas o Relâmpago do Senhor Miguel.

Por isso, Gentes:
recebam este Espírito da Pomba,
seja pela Iniciação do Fogo,
seja pela Iniciação Espiritual,
ou seja a Iniciação que seus próprios Guias Espirituais lhes dão
para que nessa Paz vocês sintam
a lâmina da Espada do Senhor Miguel
libertando vocês
de tudo aquilo de que vocês não precisam.

Uma Nova Era Raiou. O Espírito da Paz está aqui.

Portanto, Ó Gentes,
   invoquem a Medicina da Pomba,
   invoquem a Avó Pomba.
E ela virá a vocês,
   dando voltas a seu redor nas Espirais Descendentes da Vida.
Então vocês se erguerão na Espiral Ascendente dentro de seu próprio Fluxo de Vida Central,
   trazendo para seu Coração,
   trazendo à sua mente
      o Poder Sagrado que vocês buscam.

Saibam, Ó Gentes,
   Que vocês devem andar com *Paz*.
   Paz é a Energia desta Era.
   Paz é os Ensinamentos de Aquário
   Paz é o Relâmpago da Verdade.

Vocês vêem, Ó Gentes, que há *uma Grande Vaga Espiritual* varrendo a Mãe-Terra mesmo agora. *E, como o Grande Oceano de Energia, esse Grande Rio Branco do Espírito é uma Inundação desta Era. Lembrem-se da Aliança do Arco-íris de Seus Povos.* Na boca da Avó Pomba está o Ramo de Oliveira como o Arco-íris da Pureza.

Preparem-se para a **Aliança Sagrada do Espírito** — com a qual vocês concordaram muito antes desta encarnação —, pois AGORA VOCÊS VÃO DESPERTAR
   para os **professores do Arco-íris,**
   para os **Guardiões da Lei do Arco-íris,**
   para os **Criadores do** Arco-íris que estão *Dentro de você.*

Compreendam, Ó Gentes, que a Pomba da Paz
   despertará dentro de vocês o Espírito da Graça,
      se apenas vocês permitirem.
Essa Vaga Oceânica do Espírito Sagrado que já está varrendo a Mãe-Terra,
   que já está varrendo as Nações da Vida,
   que já está varrendo o mundo dos de duas pernas,
   que está varrendo também as Nações do Céu,
      é o **Poder do Espírito Presente.**

Gentes, apelem ao Amado Saint Germain:
   pois ele é em verdade um Mestre desta Era.

Vocês devem compreender, Ó Gentes,
   que agora abunda uma *Nova Alquimia.*
Agora há um *Novo Espírito sobre a Terra.*
   É o **Espírito da Paz** que Emmanuel
      prometeu que voltaria a descer.
   Ele *desceu* sobre a Ilha Tartaruga.

Esperem que as Garras da Águia venham também ensinar as Lições da Verdade às Pessoas. E, se elas não estiverem prontas, também para a Terra das Pessoas. Oramos pelo Coração da Pomba, a Grande Mãe Cósmica, para que as Gentes aprendam com nosso irmão Saint Germain como aplicar adequadamente a Ciência da Alquimia, o Andar dos Parentes Espirituais de forma que seus Pensamentos, seus Sentimentos e seus Movimentos estejam realmente em Equilíbrio com a Sagrada Estrada da Vida.

Vocês percebem, Ó Gentes,
Este Grande Rio do Espírito no qual vocês deverão viver,
do qual o Povo Lontra veio para incitá-los,
Realizará seus Pensamentos,
realizará seus Sentimentos com espantosa velocidade.

Para prepará-lo, Nós vamos lhe dar uma disciplina. Esta é a **Disciplina da Pomba**:

Três vezes por dia, tirem dez minutos
para ter Pensamentos Pacíficos,
para ter Sentimentos Pacíficos e
para Agir em Paz.

Esta **Disciplina da Paz** fortalecerá o Corpo de seu Coração. Esse Corpo do Coração de que a Mulher Lontra e Chamas Gêmeas falaram será sua salvação.

E nós dizemos: "Prestem honras a **Emmanuel** — *Yashua ben Joseph* — conhecido por vocês como 'Jesus'. Sua Missão durante esta Era de Peixes que se passou foi restaurar o Corpo do Coração e o Poço Sagrado do Coração nas Pessoas".

Povos da Mãe-Terra,
ENDIREITEM SEUS ATOS!
Sua Responsabilidade Sagrada é ensinar ao Universo como amar.
Vocês devem carregar esse fardo como a Pomba,
pois a Pomba carrega o Relâmpago da Verdadeira Aliança de Paz do Arco-íris.

Portanto, andem pelas 13 Portas Sagradas do Eu com a Natureza Pacífica da Avó Pomba e andem com o Espírito da Verdade. De Coração, mostrem *tudo o que vocês são*. Em verdade, os Espíritos do Coração Sagrado, da Mãe Cósmica, despertarão dentro de vocês.

Solicitamos a vocês, Povos da Mãe-Terra, para que *todos os dias* orem para o Espírito do Amor.

Pratiquem essa disciplina três vezes por dia. Dentro de um período de Duas Luas — honrando na Lua Nova e na Lua Cheia as orações da Pomba Sagrada —, o Sagrado Batismo das Chamas da Pomba virá a seu Coração. *É isso o que vocês vêm buscando.* **Dentro de seu Coração se abrirão o Relâmpago da Verdade e a Chama de 13 Partes de sua Árvore da Vida Sagrada.**

Compreendam a *Verdadeira Alquimia* por meio da Prática,
a Disciplina da Paz,
a Disciplina do Relacionamento Correto
e a Disciplina do Amor.

E, então, dizemos ao Menino Sábio e a todos: *"Pratiquem seu Espírito e sua Sabedoria com as Pessoas.* Vocês são a Nova Geração, as Sementes Estelares que surgem. Seus Anciãos precisam tanto de seus ensinamentos quanto vocês dos deles".

Dizemos aos Irmãos que carregam o Fardo da Lei: *"Prossigam em Paz"*.

Clamamos às Mães Santas que carregam o peso do amor para que *suportem* esse Amor em *Paz*.

Apelamos aos Anciãos para que ACORDEM! Ajam como a Gente Espiritual. Após ter finalmente Se-Tornado-um-Adulto com a Idade de Quatro Vezes 30, vocês de fato representam os Clãs Espirituais. O Mundo precisa de vocês, Avós e Avôs, para *andar na plena luz de seu Espírito*.

Dizemos aos jovens: ***"O Espírito da Pomba estará com vocês. Tudo o que nascer deste momento em diante carregará o Poder da Paz"***.

Saibam que a Avó Pomba, o Espírito da Pomba, a Pomba da Paz, é a chave para uma transformação fácil das Gentes.

Manifestem suas Orações em oferendas de alimento ao Espírito da Paz, para que as Mães e os Pais Sagrados possam entrar no Templo de seu Lar, o Local de Moradia de sua Família, e possam DESPERTAR dentro de cada um a Chama do Coração, a Chama da Mente e a Chama Sagrada da Paz. Então, Todas as Árvores da Vida de seu Círculo Familiar receberão seu Legado para Esta Era de Águas Relampejantes. Esta Era de Aquário.

Lei Universal do Julgamento
(Caminho Reto)

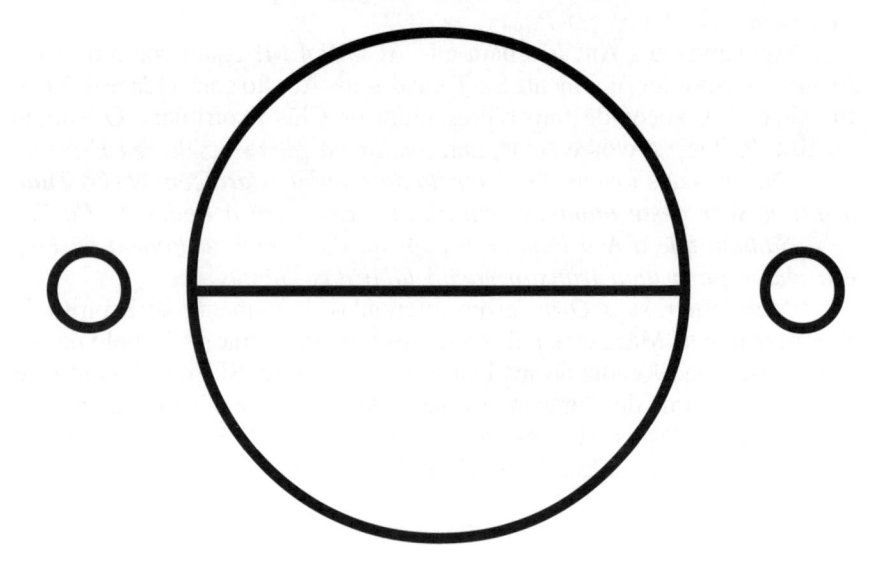

*Evoca a Experiência Visionária
Invoca os Juízes Cósmicos para Resolver Questões
Interdimensionais
Equilibra o Carma e Alinha o Caminho Sagrado*

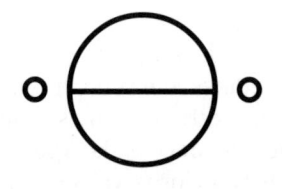

Cascavel

Evoca a Experiência Visionária

Saudações, meus Parentes. Eu sou **Cascavel** com vocês nesta noite. O Povo Cascavel está em toda parte. Por isso, fiquem parados! Ouçam.

Para fazer seu Caminho Sagrado de forma a não ter ferimentos nem dores, vocês devem se lembrar de andar com o *amor* da Terra e a *Lei* das Estrelas. Muitas pessoas tentam compreender o que as flagela, quais são suas dificuldades e por quê.

Para compreender realmente como você fez o quê a si mesmo, você deve Visionar. O Julgamento, ou seja, uma Lei Universal, virá a você se você chamar a Cascavel. De fato, os Povos da Ilha Tartaruga, o mundo, precisam *andar com mais respeito,* pois eles não compreendem o que fazem.

Os Povos Cobra e Cascavel não são o "inimigo". Nós simplesmente pedimos seu *respeito*! Se as Pessoas puderem aprender a ter *respeito*, não haverá dificuldades.

**Esta *Lei Universal do Julgamento* foi chamada
como uma Estrela Cadente
para a Terra.
Pois os Cavalos estão Dançando nas Direções.
É tempo de Equilíbrio!**

A Família Cobra ajudou os que trabalham com a cura e a Medicina por muitas eras. Por vezes, viemos como Grandes Serpentes ensinar lições e distribuir presentes. Se vocês buscam um equilíbrio pessoal — para se Libertarem para sempre do passado — recorram à Cascavel.

Quatro bandeiras, quatro dias — verde, azul, preto e branco. Na primeira noite, os Povos do Avô Cobra virão a você. E eles o morderão com seu veneno de Puro Julgamento.

Compreenda a balança de seu Julgamento:

De um lado: a Pena

Do outro lado: seu Coração.
Se seu coração for *mais leve* que as *orações* da Águia,
 não haverá dificuldades em seu caminho.
Se seu Coração for mais difícil — mais pesado, mais denso, cheio de problemas — de forma que as orações da Águia não possam erguer você,
 Então por quatro dias seu Corpo vai se curar:
  por meio da *transmutação,*
  por meio da *visão,*
  por meio da *iniciação* pelo Espírito.
Se o seu Coração for leve,
 esse Poder de Julgamento, sem dificuldade, será seu:
  em uma noite,
  em uma visão de seu Verdadeiro Caminho.
Se você deseja a Medicina do profeta,
 do vidente
 do homem santo
 — a Visão Sagrada da Verdade —
Você deve penetrar no Mistério e superar a morte
 por meio da Mordida do Julgamento
  para que sua Verdadeira Mente possa viver em você eternamente.
Se você não estiver preparado e apelar à Cascavel e a essa *Lei Universal do Julgamento*, nós nem sempre viremos. Em vez disso, a Nação Águia irá colocá-lo em uma Dança de Quatro Anos.

E depois a Nação Cobra trará a você sua *Visão do Céu e da Terra*, que lhe trará um equilíbrio.

Todos precisam de equilíbrio! Os venenos dentro do Corpo Humano são muitos. Apenas ao longo da Transmutação trazida pelo Fogo Sagrado, as Pessoas podem levar seus Corpos consigo para o Espírito.

O Véu já foi erguido.
As Garras da Águia rasgaram-no em dois.
As Gentes estão sentindo a ação
do Passado e do Presente e do Futuro juntos.

Seus Corpos precisam do auxílio da Aranha, da Cobra, do Sapo ou do Lagarto. Como representante das Nações do Fogo, a Cascavel vem ter com vocês neste momento.

Pois todas as Pessoas do mundo e neste círculo têm um Guardião Cascavel consigo!

Se você por acaso não mais estiver em segurança,
 esta Mordida do Julgamento
  estará ali para você.
   Por isso, dizemos: "Prepare-se!"
Faça suas bandeiras. Parta em Viagem por um Bom Rumo.

Seu Corpo deve ser transformado em Espírito — no *Corpo de Luz* de que falamos — para desfrutar e tornar-se Um com a Luz da Terra Estrela que *está aqui*.

Lembre-se da Liberdade. Lembre-se das Chamas Violeta e das Chamas Interiores das Sete Estrelas. Lembre-se da Entrega. Lembre-se da Oração. Lembre-se de Ir Dentro de Si Mesmo.

As Estrelas estão em um Momento de transmutação, de transformar quem você tem sido em quem você já é (e de trazer seu Corpo junto com você!).

Para os mais jovens, isso não é problema. Mas para muitas Pessoas dentre nossos Parentes, há problemas físicos, mentais, de alimento e de abrigo. Todos eles resultam do Caminho Sagrado, do modo como você andou por ele ou dos fardos que você carrega pelas Pessoas.

Assim, as Pessoas devem ser libertadas, porque a Cascavel virá a vocês! Estarei aqui com a Nação Águia e as orações da Águia.

Essa Experiência, esse Visionamento, deve ser
"A Cascavel consumida pela Águia!"
Dessa Transmutação deve emergir
o Corpo de Luz do Espírito.
Pela Mordida do Julgamento,
a Pena da Verdade e as Asas do Espírito
serão dadas a Todos.

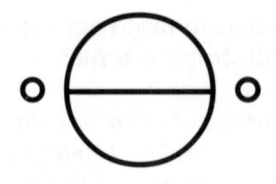

O Grande Curandeiro, o Doutor

Invoca os Juízes Cósmicos para Resolver Questões Interdimensionais

Vocês percebem que muitas das dificuldades de que a Cascavel falou são dificuldades que vêm dos Relacionamentos de seu Clã; isso porque o Indivíduo e o Clã são Um Só. Saibam que seu clã físico é apenas um sétimo de seu verdadeiro clã, pois houve grande migração estelar há muitas eras.

Eu sou *O Grande Curandeiro*, o Médico. Vim do Sol Central, do lugar chamado **Andrômeda**. Estou aqui para lhes trazer o **Conhecimento do Conselho dos 12,** que são os Juízes que se sentam diante do Criador em sua Galáxia Irmã de Andrômeda. Estou aqui para compartilhar com vocês *como resolver problemas em sua vida derivados do Relacionamento Estelar*.

Vejam, ensinamos que as Pessoas são Grandes Rodas de Luz que têm um Corpo para entrar. Desse modo, grandes porções de seu eu vivem em muitos planos diferentes.

Seu eu passado, seu eu presente e seu eu futuro são o mesmo.

Existem esses *pequenos cobertores* que por algum tempo cobriram essas consciências umas das outras. Porém, como esses tapetes estão deslizando e *vocês estão se Tornando Um* com *quem vocês têm sido* e *quem ainda serão*, vocês devem resolver esses problemas que criaram no passado. E o futuro deverá cuidar disso.

Agora, há muitas dificuldades que podemos ver sobre a face da Mãe-Terra:

Vemos que o Homem rasgou Sua Pele e arrancou partes do Corpo Dela.

Vemos que as Pessoas poluíram e envenenaram o Sangue Dela.

Vemos que as Pessoas enevoaram e profanaram Sua Respiração Sagrada.

E vemos que o Coração Dela foi violado muitas vezes.

Esses são Problemas. São importantes. E o *Conselho dos 12* de Andrômeda está aqui para ajudar vocês a resolvê-los e a curá-los. O Criador atribuiu a nosso Conselho a responsabilidade de *curar* a Mãe-Terra, seus Povos e os Parentes, para que Seu Arco fique completo novamente.

Pois as dificuldades que vocês vêem na Terra, minas desnudadas, lagos envenenados, cidades poluídas ou erupções vulcânicas do Coração da Mãe não pertencem apenas à Terra, mas *têm sua imagem dentro das Pessoas*. Porque aquilo que fere *você* também aflige a *Mãe-Terra*. Se vocês se perguntarem o que é que machuca seu Corpo, são os pecados do passado.

O Grande Curandeiro está aqui para que vocês saibam: quando vocês vão ao Silêncio, podem invocar a esta *Lei Universal do Julgamento* e dirigir suas Orações para este Conselho dos Doze.

E, a cada vez, aquele Um, a Águia Pintada, *Wambdi Gdeska*, transportará suas Orações até Nós. E do lugar em que estivermos, projetaremos nossa presença através de suas Orações. Então o Poder Curativo do *amor* do Criador, por meio dos Esteios das Sete Direções, vai realmente *curar* as Pessoas, a Terra e as Relações.

Por isso, vocês devem compreender, Gentes, *Vocês!* são a Raiz e a Causa.

As Nações Animais nunca pecaram contra a Mãe-Terra.

Nem o fizeram as Nações Planta e Árvores,

Nem os Povos Pedra-Mineral.

É apenas quando a Alma tenta andar sobre Duas Pernas que o despertar do inconsciente ser humano para o Sábio e Sagrado causa problemas de ego, ódio e discórdia.

Portanto, muitos Grandes Curandeiros — 12, ao todo — vieram a vocês. Se sua oração sincera for emitida, os ouvidos do Criador a ouvirão e os Sete Raios Sagrados do Espírito descerão em Raios Curativos

para *limpar* as Pessoas,

para *ensinar* às Pessoas e

para *trazer novamente a completude*.

Você deve praticar a **Ida Dentro de si mesmo** todos os dias.

Vocês devem praticar sua Medicina, Ó Gentes, pois vocês são os Curandeiros da terra.

É por isso que vocês vieram neste momento. **O Poder do Espírito está com vocês**. Porém, há uma Lei Cósmica: essa Lei é a *Lei do Julgamento*.

Esta Lei Universal diz que *um ser nativo de um lugar deve chamar o Espírito, os Parentes Estelares, os Ajudantes para que possa haver cura e completude para todos.*

Portanto, Orem! Vão para dentro de Vocês!

Mesmo as Orações dos Pequenos o Espírito ouve muito bem. As Orações dos Velhos também são respondidas. *As Orações das Nações Animais: foi seu Amor quem trouxe essas Leis até vocês.*

Andem pelo Caminho Reto por meio da limpeza de seu Carma — os nós não desatados — lá por dentro.

Dentro das Pessoas há muitos nós. E conforme esses nós são desatados e honrados e preenchidos, a Terra levará embora a negra ilusão da dor. *Vocês irão vê-la e senti-la inteira novamente.*

Invoquem ao *Conselho dos 12*
que se senta no *Assento da Humanidade*
diante do Criador, que envia
Os Sete Raios da Cura para a Mãe-Terra.
De fato, a **Aliança do Arco-íris** *dos Legisladores,*
dos Habitantes da Natureza,
dos Grandes Professores está com vocês.
E que dentro do Templo Sagrado de seu eu
exista o reflexo da Árvore da Mãe.

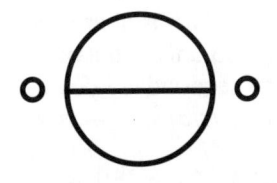

Aloha

Equilibra o Carma e Alinha o Caminho Sagrado

Aloha.
Eu sou *Aloha* do Profundo Oceano do Oeste
e vim a vocês com a Mensagem da Raça Mãe.

Assim, pedimos que os Pequeninos se sentem quietos e
apurem os ouvidos,
para *ouvir* e *escutar* a Mensagem da Pátria.

A Ilha Tartaruga é de fato a Terra Sagrada dos Povos Antigos
do lugar conhecido como *Lemúria*
onde nasceu *"Mu"*.
Por isso,
Aloha.

Elohim Aloha, a **Estrela da Verdade** está aqui para ajudá-los a **Lembrar**, como disse o Curandeiro. Todas as Pessoas que estão sobre a Ilha Tartaruga são Pessoas que *viveram* na antiga pátria de Lemúria, na região de Mu. Porém, o nome mais antigo é *"Avó Ilha Tartaruga"*.

Assim, falamos para as Pessoas *Andarem na Verdade*. Quando você Anda pelo seu Caminho com a Verdade do Coração, *o Criador abençoa você a cada passo. Cada desejo seu se realiza. A Felicidade e o Riso estão sempre em seu lar.*

Compreenda que, em tempos há muito idos, havia muitas dificuldades. Essas dificuldades físicas e mentais de que Cascavel falou são com freqüência por causa de nós trazidos desde Tempos Antigos. *Há muitos nós daquele lugar que afundou no Pacífico. Há muitos nós daquele lugar que afundou no Atlântico. Compreendam que agora essas memórias estão emergindo. Esses nós estão despertando novamente.*

Em um lugar Central nesta Era do Coiote e do Rato, das Grandes Águas Relampejantes da Vida, está a Ilha Tartaruga e Seus ensinamentos de Liberdade, Paz e Humildade. Se as Pessoas em todo o mundo se **Lembrassem** de seus Ensinamentos de Paz, Força e Humildade, a Verdadeira Vida retornaria. E essas dificuldades, essas aberrações conhecidas como "tecnologia" conseguiriam retornar ao universo a que pertencem.

A Mãe-Terra não tem necessidade dessas bugigangas. *Seu Coração ensina o Universo! A Ilha Tartaruga — Avó — é a Professora da Liberdade desta Era.*

A **Aliança do Arco-íris** é uma aliança de antigas origens. São as Sete Estrelas do Criador dentro de vocês. *Saibam que, se vocês desejam alinhar seu Caminho Sagrado e aliviar o peso do carma e do pecado de seus ombros, você deve se voltar às Avós e aos Avôs que estão lá dentro.*

As **Sete Estrelas** que ardem dentro de seu Corpo e as **Seis Direções Sagradas** que dão acesso por sua Aura aos Reinos do Mistério, do Espírito, às Avós e aos Avôs, ao Pai Sagrado e à Mãe Sagrada, essa **Árvore da Vida** deve ser purificada.

> Vocês devem suplicar aos **Grandes Professores**
> para que lhes ensinem em seus Dias e suas Noites.
> Vocês devem suplicar aos **Portadores da Lei**
> para que endireitem seu caminho.
> Vocês devem suplicar aos **Criadores** —
> **As Sete Estrelas,**
> **os Raios do Arco-íris da Pureza** —
> para purificar e guiar seu Caminho na Terra.
> Gentes, Aloha e Paz a vocês.

Compreendam que *dentro de vocês* há grandes possibilidades. Vocês são os Mordomos e Guardiões da Terra. Dentro e em torno de vocês, em seu mundo, estão os Antigos Ensinamentos em um novo invólucro. Mais importante é Lembrar dos Nós Sagrados dentro de si e ver o Espelho deles refletido novamente em seu mundo.

Não há ninguém sobre este mundo, *Eu lhes digo em Verdade!,* **que não seja um Mestre, um Professor, um Amigo do Criador.** Todos os que tiveram outro Coração foram deportados para outro lugar onde poderiam ser amados do modo como precisavam ser amados.

Orem por aqueles que morreram recentemente. Seus Parentes precisam de Orações para atingir o lugar das Avós e dos Avôs. Neste momento, aqueles que passam para além do manto têm uma Jornada Espiritual, uma Entrega ao Caminho Azul do Espírito a cumprir. Esse é o acidentado caminho de subida do Sinai.

De fato, as pessoas aproximam-se da Sarça Ardente — o Espírito da Chama Gêmea de sua Intuição.

Compreendam, Ó Gentes, que agora vocês vão Sonhar, Visionar e Perceber os Nós, os Segredos, os Tesouros que virão através de sua Mente. Pois o Manancial de seu Coração, agora aberto, trará à tona suas lembranças, sejam da Ilha Tartaruga ou de qualquer

lugar sobre a Mãe-Terra, sejam elas das estrelas. Em primeiro lugar, aprendam-nas bem por si mesmos. Em seguida, compartilhem-nas com sua Família e Filhos. E Ensinem bem a suas Gentes.

Todos são **Professores**.
Todos são **Portadores da Lei**.
Todos são **Co-Criadores**
        por meio do Coração de Nosso Criador!

O Arco-íris Sagrado de Aloha
agora ergue o Véu da Ignorância
dos Povos da Ilha Tartaruga e da Terra.

O Julgamento desses Arcanjos — Wanagi —
está de fato fazendo emanar as Águas Sagradas do
Espírito novamente sobre a Terra
— por meio dessa Cerimônia e Ensinamento e por muitos outros —
para que a Harmonia, Humildade e Liberdade sejam o
Círculo do Caminhar do Homem.

Lei Espiritual do Carma

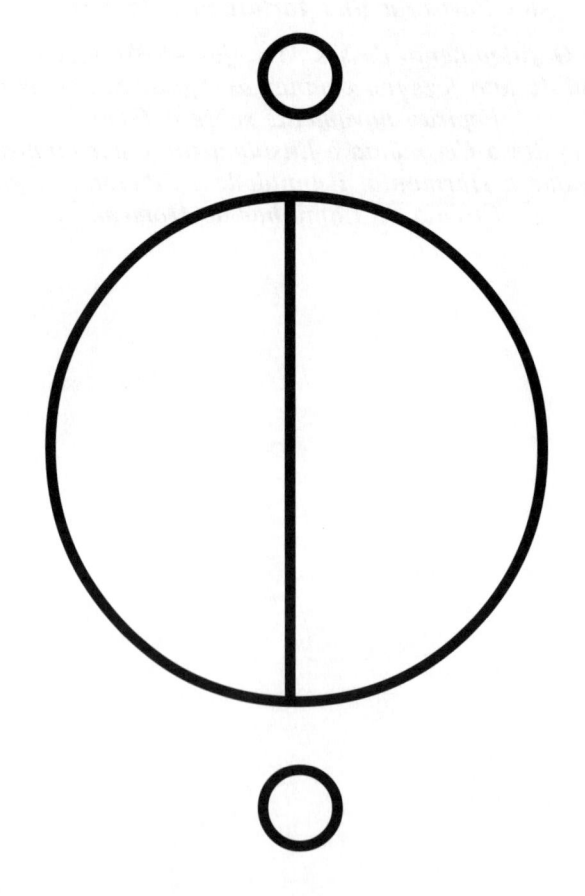

Invoca o Ciclo de Causa e Efeito
Abre a Passagem para Transcender e
Transmutar o Carma
O Espelho do Eu

Inyan Oyate, Povo Pedra

Invoca o Ciclo de Causa e Efeito

Para a *Lei Espiritual do Carma*, o **Povo Pedra** enviou seu representante.

Sou o **Povo Cristal** e vim aqui hoje para falar em nome das Nações Pedra da Mãe-Terra: **para lembrar as Pessoas de permanecer em contato com os Guardiões da Sabedoria de seu Planeta e para Lembrar seus papéis nos Tempos Presente e Antigo com a Medicina dos Povos Pedra.**

As Nações Pedra são os **Guardiões da Sabedoria das Eras**. A Própria Mãe-Terra adorna o Povo Pedra com Sua Consciência. *Nossas Memórias e a Dela são uma só.*

Portanto, se você está tentando penetrar no discernimento dos professores de nossa Sagrada Mãe-Terra, **pode tomar essa Senda pela Porta de Cristal, o Arco das Nações Cristal**. Neste momento das mudanças, os Parentes Pedra liberaram para os Seres Humanos a *memória dos tempos antigos.*

Essas memórias são fardos que as nações Pedras guardaram para os de Duas Pernas — fardos de vitória e de derrota. *Esses fardos são a memória de quem vocês são e do que vocês fizeram sobre a face da Mãe-Terra. Há uma grande responsabilidade pousando agora sobre seus corpos.*

As Nações Pedra declararam:*"Lei Espiritual do Carma!"* Elas não mais carregarão os Fardos dos de Duas Pernas.

Esses fardos são aqueles fardos
que você preparou para si.
Quer tragam penas e labores ou
tragam a bem-aventurança no Sétimo Reino,
aquilo que você fez está agora voltando para você.

Dessa forma, as Nações Pedra fizeram agir os Ciclos de Causa e Efeito.

Assim, saibam antes de tudo que a Assinatura Energética e a Sabedoria emitidas para os Seres Humanos nas freqüências 13:20:11:11 — os Ensinamentos Antigos que vocês compreendem — estão vindo a vocês como o Espírito de Luz. Eles despertarão a memória que está abrigada nos Salões de seu DNA. As próprias Estruturas Cristalinas dentro da consciência Molecular de seu Ser estão despertando com tesoureiros antigos e pressagiados.

Se vocês precisarem de auxílio para equilibrar essa Causa e Efeito que prepararam para si mesmos durante eras passadas, os Povos Pedra e Cristal virão ajudá-lo. Entre as Nações Pedra, o povo Cristal optou por essa Entrega.

Pois nossos muitos Parentes que cobrem a Terra estão cansados dos passos pesados do Ser Humano. Eles gostariam de ver o Ser Humano *crescer muito rápido*. Entre nossos clãs escolhemos o Povo Cristal para ser seus ajudantes.

Desse modo, se seus fardos se mostrarem pesados demais para vocês, passem por aquela Passagem, aquele Arco do Povo Cristal — *entrando... orando... e canalizando freqüências para o benefício de todos* com a assistência de um membro da Nação cristal.

Então, essas mudanças interiores que podem lhes trazer dificuldades vão se suavizar como o gracioso fluxo do Rio da Primavera (para aqueles dentre vocês que ainda tenham o coração muito frio, a sensação pode ser como a de *icebergs* correndo por suas veias).

Por isso, em suas *orações* **e** *meditações*, **apliquem a Luz do Arco-íris dos Povos Cristal para** *alimentar* **sua aura, para** *alimentar* **seus chacras, para** *alimentar* **os pórticos de sua espinha, pois nós e vocês somos parentes.**

Se vocês precisarem da assistência e do discernimento da Nação Cristal, podem também recorrer aos Povos Baleia. Sua Canção da Memória é a *linguagem de ativação* dos Povos Cristal. Assim, por meio de sua Voz, *cantem sua Canção Celestial* nas freqüências que criaremos juntos.

E assim, esse Ciclo de Causa e Efeito conhecido como "carma" se tornará um *amigo*. E vocês não mais se sentirão tão mal.

Pois o carma será transformado
— logo que vocês estiverem prontos —
no Dharma do paraíso.

E então a Graça, com as Avós e os Parentes, estará com vocês.

Haden

Abre a Passagem para Transcender e Transmutar o Carma

Irmãos e Irmãs da Mãe-Terra, eu sou **Haden** do Planeta Pastor Plutão e estou aqui para ajudar os Seres Humanos, porque o peso de seu discernimento pessoal está pronto para ser diminuído.

Sim, de fato, nosso Planeta Pastor Plutão vem guardando os Registros do Carma de nossa Família Solar. Muitos dos que viveram em seu planeta estão parados em nossa Esfera Pastoril à espera deste *Dia do Retorno*.

O Espírito criou uma Ponte de Arco-íris — o pressagiado Retorno dos Anciãos.

Agora, de fato, muitos Espíritos retornaram à Terra. Por isso, Gentes, *andem com Sabedoria*, pois esses Poderes Antigos eram conhecidos como "Titãs" e como "Bestas da Terra".

Saibam que os pórticos que guardavam os Poderes Antigos foram arrancados de suas dobradiças. E Haden de Plutão veio *reunir* a Família novamente.

Em nosso Planeta Pastor compreendemos que os Povos da Mãe-Terra — como Deuses-em-Crescimento, como Deusas-por-Natureza — não compreendem bem as forças da natureza de Nossa Mãe. E, por isso, expulsaram grande parte da Criatividade Original Dela. Por algum tempo, a Mãe-Terra permitiu esse espaço de ensinamento. Mas agora, *compreendam:* Ela está viva novamente, pois os Anciões Elementais de Seu Espírito estão novamente em seu seio.

Por isso, Gentes, se vocês estão prontas para *andar em paz com a Mãe-Terra,* devem crescer além da conveniência do carma. Causa e Efeito são o Jardim da Infância, Crianças.

A Caminhada em Graça,
o Caminho da Entrega,
é a Caminhada da Paz com sua Mãe.

Por isso, Gentes, *sigam seus Corações*
e saibam que vocês são sábios o suficiente para prestar atenção.
Porque as forças de seus Irmãos e Irmãs mais velhos
estão novamente com vocês.

Mas se você deseja *transcender* e *transmutar* as dívidas cármicas ou os pecados que tem sobre si, compreenda que eu, Haden, como o Chohan, Senhor, do Planeta Pastor, estou aqui com Sete Representantes para ajudar o Ser Humano a se ajustar.

O Poder de Eloim está aqui.

Em verdade, as Antigas Estrelas Pai e Mãe do Coração de Nosso Criador vieram a você por meio do Planeta Pastor Plutão —
o Governador das Três Esferas Inferiores.
Esses mundos que estão *dentro* da Mãe-Terra — o Reino de Eloim — foram colocados na ordem outra vez: **os Poderes da Mãe-Terra** *estão aqui novamente!*

Cada um deve aprender seu próprio altar
e andar na Sabedoria de seu Espírito agora.
Aquilo que não teve conseqüência antes vai derrubar você.
Antes de agir impensadamente, sem pensar em seus Parentes,
compreenda que a espingarda tem um coice
que vai derrubar você.

Para ajudar vocês, os Poderosos Eloim, as Sete Estrelas que são nossos Pais e Mães da Família Universal que vocês vêem, estão aqui para ensiná-los a *ir com o coração* para a Pátria.

Agora as Pedras, as Árvores e os Animais vão falar. E vocês novamente se lembrarão da língua deles.

Assim, para receber ajuda de Haden e Eloim, vocês devem ir à Natureza. Recebam os ensinamentos da Mãe-Terra e das *Sete Estrelas*. Um Avô — severo — irá encontrá-los nos Pórticos da Floresta, do Lago, da Montanha. **Nós os ajudaremos a superar o peso cármico que resta sobre vocês para que possa haver** *Paz* **entre** *todos* **os da Mãe-Terra.**

Sou Haden e estou aqui para auxiliá-los com essas Forças,
compreendendo que vocês devem andar em *Paz*
com o Poder da Mãe-Terra.

Kahomnya Wicahpi Winyan, Mulher Estrela Rodopiante

O Espelho do Eu

A Mulher das Montanhas está aqui.
A **Mulher Estrela Rodopiante**
para falar às Gentes
a respeito do Espelho de Cristal do Eu.

As próprias pessoas, à imagem do Criador, devem fazer brilhar suas luzes como a Estrela Rodopiante. Porém, por causa da ignorância e das invejas do passado, uma forma espessa desceu sobre elas. O Grande Arco de Luz que as Pessoas eram foi encerrado em um escuro manto de Carne.

Porém, compreendam que a *Natureza do Toque* é uma bênção dos Reinos do Mistério. O Toque é Sagrado — *wakan* — e é regido pela Nação Corvo, *Guardiões da Lei Sagrada*.

Gentes, nestes tempos de passar de um mundo a outro, vocês devem preparar-se para a retirada do manto ilusório. Seu Corpo de Mistério deve transformar-se no Corpo de Luz. Por eras vocês se prepararam para este momento. E, em tempos passados, de maneira similar, vocês despiram seu manto para trocá-lo por um maior. Ao subir pela Árvore da Vida, vocês experimentaram muitos mundos e realidades.

Agora, como a Estrela Rodopiante do Arco-íris, as pessoas emitirão suas Cores brilhantes e sua Canção e sua Sabedoria.

O Mistério está no Enevoado Espelho do Eu — o Espelho da Ilusão e da Mestria — acessado por meio do Portal do Silêncio Sagrado.

O Caminho Sagrado de cada ser de Duas Pernas, como você vê,

é a *purificação* e a *recristalização* do Espelho Interior do Eu.
Para que, quando você andar sobre a Terra, uma amável imagem do
    Criador você seja
    — em sua *pura individualidade* —
    entregue para o bem de todos.

Nesse momento, o Espelho está enevoado e o Manto de Carne aumentou. Suas lições serão recebidas dentro de seu Templo Físico.

Os Fogos Sagrados do Arco-íris e as Águas da Vida, os Sopros do Espírito e os Solos da Cura são as ferramentas para sua *Transfiguração do Corpo*.

As Nações Planta do Aloé e do Cedro, da Erva-Doce e do Tabaco
    são as Irmãs das Quatro Direções
desta *Cerimônia de Transladar a Forma Física para o Corpo de Luz*.
    Compreendam que este é um Caminho de Entrega
    e é o caminho no qual o Senhor os desnuda de tudo o que possuem.
Assim, de fato, o Recipiente de seu Eu, seu Templo, será transladado
    para tudo o que vocês precisam.
    Foi assim que o Povo Sagrado das eras idas
        andou do Lugar do Ser com as Pessoas
        para o Lugar Em Que o Mestre Reside
    — para que sua estrada possa atravessar as dimensões
        sem dificuldades e sem ostentação.

Pois vocês vêem, Ó Gentes: esse Corpo Ilusório deve ser elevado em vibração. As rachaduras no Espelho da Personalidade devem ser curadas. Todo o Eu deve estar à Imagem do Coração do Criador: o EU SOU O QUE SOU — o Alfa e o Ômega —, o equilíbrio do Macho e da Fêmea.

Assim, a Personalidade, o Ego, o Orgulho devem *entregar-se* à sagrada imagem da Chama Gêmea do Coração do Criador, que se acenderá dentro de vocês. Dessa forma, vocês, com seus Sagrados Casamentos de Amizade, Parentesco e Companheirismo realizarão a transformação para Si e seu mundo.

Há muitas pessoas cujos corpos não se desenvolverão em Luz a menos que invoquem *rápido!, rápido!* o Espírito e endireitem as coisas.

Vocês devem compreender, Ó Pessoas,
    que **Oração é a chave**.
Pois o Coração deve falar por intermédio da Sabedoria
    para transformá-los.
    Arco-íris Rodopiantes dos *Fogos Sagrados Interiores*
        acenderão o Sagrado Túnel da Vida,
        a Coluna Espinal,
        despertarão *dentro* de você a Lembrança dos Templos Sagrados de seu Corpo e sua Aura, em verdade.
        Em verdade, Ó gentes,

Estrelas de Arco-íris Rodopiante de Generosa Luz e Canção vocês serão —
 em equilíbrio com a Mãe-Terra,
 em equilíbrio com o Mar.
Meus Amados, saibam que a Mulher do Arco-íris Rodopiante está com vocês para ajudá-los a clarear o Espelho de Seu Eu.
E as Avós, elas estão com você.
Assim, deixem de lado qualquer preocupação com o eu.
E confiem nas mãos das Avós que carregam você.
O Corpo está sendo transladado
 de acordo com a Aliança de Cristo,
 de acordo com a Aliança do Sinai, e
 de acordo com a Aliança KoriYama, e
 de acordo com a Aliança da Mulher Novilha de Búfalo Branco.
Andem em respeito, Ó Gentes, e o Espelho do Eu vai se clarear naturalmente.
Compreendam e Percebam e Respeitem seus Parentes.
Então a Mulher Estrela Rodopiante do Arco-íris poderá brilhar realmente.

Lei Universal da Natureza
O Rumo Natural das Coisas

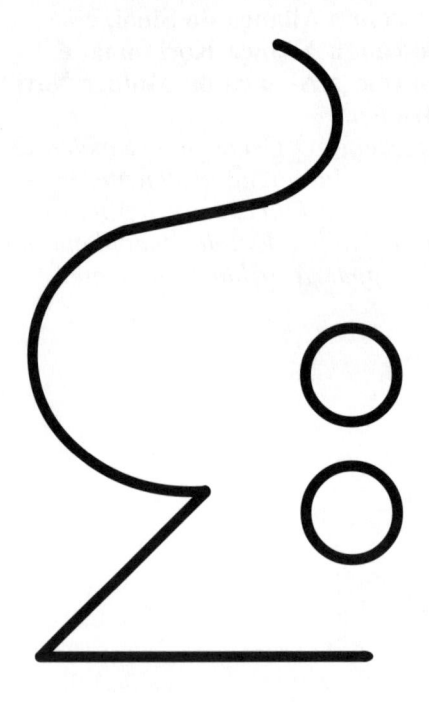

*O Poder para Ser
Harmonia nas Relações de Luz
Invoca a Chama Inextinguível*

Tahca San Cikala, Pequeno Cervo

O Poder para Ser

Os **Médicos** estão aqui.
Eles estão tratando de vocês neste círculo.
E os Médicos estão aqui curando as Quatro Nações da Ilha Tartaruga, pois **Pequeno Cervo** está aqui.

Há problemas em seus Corpos porque vocês esqueceram o *Poder de Ser*. A *Lei da natureza* diz que cada um deve escolher o relacionamento certo para realmente *Ser*.

A **Nação Cervo** é uma Nação de Entrega para os de Duas Pernas. Somos seus Professores também. Com a Nação Cervo vêm os Médicos Espirituais, pois o Clã Cervo é um Clã de Povos da Medicina.

O Poder de Ser está enraizado nos Elementos. As Nações Cervo por muito tempo compreenderam o Relacionamento Correto com os Elementos de nosso mundo. Apenas quando o Ser Humano caiu na tolice de abusar dos elementos, os problemas manifestaram um corpo denso como esse que vocês têm. Quando os de Duas Pernas desgraçaram a Terra ao abusar dos Elementos, não apenas a forma dos de Duas Pernas caiu, como também as Relações do mundo que vocês vêem.

Nossa Mãe-Terra e Nossos Parentes, assim como somos conhecidos, nem mesmo habitavam em formas *visíveis* até que as humanidades optaram por *exigir* dos Poderes da Mãe-Terra e cruzaram a fronteira do Respeito. Assim, as moléstias físicas, doenças e enfermidades da Mente, do Corpo e do Coração atingiram as Pessoas.

Como as Nações Pássaro, as Nações Cervo e as Nações Que Nadam eram muito poderosas no Mundo Espiritual antes de descerem com o Homem, elas ainda são Fortes Nações de Seres Espirituais. Não precisávamos ter vindo para cá com vocês, mas estamos aqui como companheiros e professores e também para alimentar os de Duas Pernas.

Em tempos passados, os Povos Humanos não tinham necessidade de alimento, exceto do Amor do Criador. Esse é o plano para o qual todos estão ascendendo agora. *Os mais doces frutos da Árvore da Vida que todos os Parentes apreciam será o poder de sua vida.* Você poderá andar novamente em equilíbrio com os Elementos; fazer isso é optar por ser um Sábio Jardineiro, um Guardião.

Há **Sete Clãs Elementais** com que o Ser Humano é aparentado. As próprias formas, opiniões e substância desses Clãs Elementais vivem dentro de seus corpos. *"Somos Parentes"*, diz o ensinamento. E *isso é verdade.*

Por isso, Pequeno Cervo está aqui para falar dos **Sete Clãs Elementais** para que os de Duas Pernas possam Andar em Equilíbrio com os Elementos, os Poderes do Mundo de nossa Mãe.

O **Primeiro Clã**, fiquem sabendo, é o **Clã Terra**. O Clã Terra encontra seus poderes e sua posição nas **Raízes de seu Corpo**. E seus *sentimentos* da necessidade de abrigo e calor vêm desses Clãs Elementais de Terra. Vocês devem zelar pela Terra, Gentes, pois mesmo o punhado de areia ou o monte de lama têm *consciência* e *poder curativo*, e nossa Mãe está viva e é diversificada.

O **Segundo Clã** é o **Clã Água** que reside nas **Entranhas de seu Ser**. O Clã Água constrói aquilo que o Ser de Duas Pernas é. Os Clãs Água podem ser acessados por meio do Chacra Sagrado (pois por meio dele você sente as Águas da Vida). A **Água é seu Relacionamento com a Lei Sagrada do Criador**, pois nas Águas do Mistério o Criador emanou essa Luz.

Assim, também, os **Clãs Fogo** são encontrados por intermédio dos sentimentos de seu Fígado, de sua Vontade e do **Caminho Solar**. *Essa Natureza de Fogo é a centelha de sua paixão, a luz interior e a Vida que brilha em todos os Parentes.* Portanto, suas orações e sua liberdade existem por meio desse Fogo. O Fogo é amigo do Ser de Duas Pernas.

A **Quarta Direção** e **Elemento Primeiro** é o **Ar**. Os Pulmões oferecem lugar para essas Nações, assim como a Voz. As **Nações Ar** são a Consciência de Toda a Vida... [*Nesse momento, o Vento fez bater nosso "mensageiro dos ventos" contra a janela da sacada — duas pancadas altas —, os pêndulos dançaram e cantaram por muito tempo. Ficamos sentados em silêncio, ouvindo os Espíritos do Vento*]... *e nisso está a sacralidade.*

Quando vocês respiram, saibam que esse é o Sopro do Criador, do Espírito que entrou em seus corpos.

E quando vocês honrarem as Nações Planta com fumigações ou fumaça, acrescente suas Orações de Ação de Graças.

Esses são os **Quatro Elementos Principais** com os quais o Ser de Duas Pernas dança. Cada um se relaciona com uma Direção. Desse modo, as Avós e os Avôs guiam esses clãs.

Compreendam, portanto, Ó Gentes: quando vocês violam a Confiança Sagrada desses Elementos, as Avós e os Avôs *percebem-no* e realizam Ciclos de Carma. Porém, confortem-se, pois Pequeno Cervo e os Médicos estão aqui com o poder curativo desta *Lei Universal da Natureza*.

Há **Três Clãs Espirituais** com os quais o Ser Humano interage mais fortemente. O **Clã dos Éteres** — o Poder do Espírito — é a *sacralidade por trás do Mundo*, o Poder da Verdade. A Essência Sagrada que reside em seu Coração dos Corações é feita do mesmo Éter Espiritual que o Amor do Criador. Assim, Gentes, ao falarem, digam suas *Palavras de Amor*.

Pequeno Cervo lembra aos de Duas Pernas que, em verdade, existe o **Maná**. É um **Clã da Família Elemental**. Há um modo pelo qual vocês podem compreender a suavidade e o poder abundante dessa Família Angelical. Eles são, de fato, portadores da Visão Sagrada, que age por meio do **Olho da Verdade**. Ó Gentes, ao terem seus Pensamentos, pensem em Beleza, Força e verdade. Os Ancestrais do Sétimo Céu *sentem, compreendem* e *purificam* seus Pensamentos. Portanto, *com sinceridade, pensem bem seus Pensamentos*.

Pequeno Cervo quer que as Gentes saibam do **Sétimo Clã do Povo Elemental**. Esse é um Clã do Lugar das Águas Flamejantes — para vocês, é uma outra Dimensão — ancorado dentro da **Inteligência Coroadora** que desperta a humanidade e adorna o Cervo. Dentro desses mundos, está sua *presença líquida*. A **Essência** é a emanação das **Águas da Vida do Criador**: ali, os **Sete Planos da Vida Humana** são arranjados de forma compreensível pela Família Elemental a que vocês pertencem.

Povos das Nações de Duas Pernas: *andem com a compreensão de que aquilo que vocês percebem se relaciona com o que vocês são*. Que, sendo seres feitos de muitas substâncias — TERRA, ÁGUA, FOGO, AR, ÉTER, MANÁ E ESSÊNCIA —, *os de Duas Pernas são os Guardiões Caminhantes dos Reinos da Vida e responsáveis pelos Espíritos da Mãe-Terra*.

Portanto, Ó Povos de Duas Pernas,
Andem *em Paz* com os Parentes Elementais.
Assim seus corpos poderão *receber o tratamento* que temos para vocês.
Assim vocês vão parar de lutar uns com os outros e a *Paz* existirá entre *todos* os nossos Parentes.

Itancan Pejuta, Chefe Curandeiro

Harmonia nas Relações de Luz

Hau! Mitakuye Owasin.
Irmãos e Irmãs, sou um Irmão de vocês
que procura pelos Povos da Ilha Tartaruga.
Sou um Guardião dos Povos há muitas eras.
Sou aquele que é o Chefe dos Clãs Estelares da Ilha Tartaruga.
Sou o *Chefe Curandeiro*.

Muito se fala e se agita a respeito dos Povos Estelares. Não é preciso. É preciso *Sabedoria*. Os Antigos eram *Mais Sábios* do que as Pessoas são hoje.

Eles eram muito Sábios porque cuidavam dos Irmãos Mais Jovens de hoje há muito tempo. Seus Ancestrais fizeram orações de Proteção por vocês há muito tempo. Os Espíritos da Ilha Tartaruga — há muito tempo — obtiveram a Vitória Espiritual... muito antes de Cristóvão Colombo.

Há muitos Chefes Curandeiros pela Terra. Os Irmãos mais Jovens de Duas Pernas do Fim dos Tempos estão muito confusos. Eles precisam sentar-se e pensar um pouco e orar com as Árvores.

As Árvores são o modo como as Pessoas encontrarão os Parentes Estelares, porque a Árvore é o Ser Dotado da Mãe-Terra. Mesmo as Baleias e os Golfinhos honram regularmente os Avôs Árvore, embora só possam tocá-los com sua Mente e sua Canção.

Os de Duas Pernas são Árvores Caminhantes — quando se *lembram de andar em equilíbrio*.

As Cerimônias das Quatro Direções e das Sete Estrelas também são um caminhar da Árvore. Os Antigos Templos e Pirâmides de Nossos Povos também honram a Árvore.

O Chefe Curandeiro dos Clãs Estelares da Mãe-Terra, da Ilha Tartaruga, diz às Pessoas: *"Roguem a mim e convidem-me para seus encontros"*. E quando o Povo Estelar vier para falar com vocês, seu Chefe Curandeiro será seu Intérprete. Esse é o modo apropriado.

Para quando um Parente Estelar de um mundo distante vem à Mãe-Terra para falar com um dos parentes, a *Mãe-Terra estabeleceu a **Lei da Árvore***. Esses visitantes devem entrar por uma das Sete Estrelas e sentar-se diante do Conselho dos Chefes Curandeiros. Os Chefes decidem quanto ao mérito da missão sobre a Mãe-Terra, pois o Poder e a Presença Estelares ensinam e transformam a Mãe-Terra. Portanto, são os Chefes Curandeiros que decidem o que é bom para as Pessoas.

Os Chefes Curandeiros são o Espírito das Pessoas.

Melquisedeque
Invoca a Chama Inextinguível

Ó Filhos de meus Filhos,
teriam vocês demorado tanto para ouvir
que agora um *grande grito* vem da Terra
e é ouvido pelos Céus?

Sim, os Antigos Pais ouviram vocês, Filhos da Terra.
Pertence à natureza dos Reinos Ascensionados responder ao Clamor pela Visão.

Eu sou *Melquisedeque*
e vim para me juntar a meus Parentes
do Sacerdócio de meu Coração.

De fato, os **Sacerdócios de Melquisedeque da Chama Inextinguível** cobrem esta Terra da Ilha Tartaruga
e é a **Grande Sociedade Medicinal** desta Terra.

Esta é a **Sociedade de Melquisedeque, Quetzacoatl** e **Emmanuel**.

Nós, os **Três Pais**, andamos nesta Terra há muito tempo para estabelecer uma **Chama Inextinguível** no Coração das Pessoas.

É uma Lei que foi estabelecida pela Ordem dos Pais, por suas Sociedades. E as Pessoas a praticavam bem:

Em Sete Gerações em uma Terra, a Terra consome você.

E você emerge *nativo*... **amor**.

Assim, é isso que Melquisedeque e os Sacerdócios da Ilha Tartaruga prepararam para a vinda do homem branco. *Compreendeu-se* que a lição da violência deve ser apagada da Terra para sempre.

*Assim, criou-se uma Lei sobre a Ilha Tartaruga em que Sete Gerações de uma Família deveriam ser nativas daqui para que o Espírito da Terra consumisse sua Árvore da Vida e produzisse a Sabedoria da Avó Tartaru*ga.

E assim é, Ó Povos da Ilha Tartaruga, que — pertençam vocês às mais antigas raízes ou sejam Parentes recém-chegados — os Antigos Pais de Lemúria e Mu, pela Sabedoria das Mães e Avós, estabeleceram neste momento o despertar dos Sacerdotes e dos Sacerdócios — as Sociedades da Chama Sagrada.

Todas as Almas que restaram na Ilha Tartaruga são iniciadas nas Escolas Antigas e Verdadeiras. Elas entregaram seus mantos sacerdotais para andar o "caminho humilde" da Avó Ilha Tartaruga.

Ó Gentes: busquem a Terra e tornem-se Xamãs e Guardiões da Terra. E assim, por meio de seu Relacionamento na Ordem Sagrada das Coisas, que a Terra — a Mãe-Terra — possa *viver!* Fale novamente e a Chama Inextinguível virá a você.

Se alguém invocasse Melquisedeque por intermédio desta *Lei Universal da Natureza*, uma Iniciação de Três Luas nessa ordem começaria com: uma Lembrança, um Despertar e um Batismo na Medicina Pessoal. Com a ajuda da Serpente Emplumada da Transformação e a Mão Estendida de Emmanuel, essa Iniciação de Três Luas no Fogo Sagrado de Melquisedeque e as Raças Sagradas da Ilha Tartaruga integrará *tudo o que você é* no Sacerdote Xamã: Protetor da Terra.

Então, nós o convidamos, uma vez iniciado pelo Sonho e pela Visão e... [longa pausa]... pela Sabedoria da Tartaruga, a que/você *invoque a Eterna Chama Inextinguível e acenda esse Fogo Sagrado, esse Fogo Sagrado do Eu.*

Assim, Melquisedeque e a Chama Inextinguível virão à sua Presença:

> **No Fogo diante de ti sobre o Altar do Espírito**
> **e no Altar de seu próprio Coração**
> **esse Poder Sagrado do Sopro Vivo do Criador**
> **ressuscitará novamente sua vida.**

Lei Espiritual da Proteção

*Direta e Objetiva
Responsabiliza-se pela Evolução da Alma
Invoca a Proteção da Luz*

Hehaka Wicasa, Homem Alce

Direta e Objetiva

Eu sou o **Homem Alce** com vocês nesta noite.

Os Avôs Alce, Professores do Amor e Guardiões da Terra, abençoam a todos desta Terra com a Proteção Espiritual da Nação do Amor. O Alce deve continuar sendo o Protetor Espiritual do Ser Humano.

Há muitos *Códigos* e *Sabedorias* que os de Duas Pernas devem aprender a aceitar. Os de Duas Pernas andaram fora de equilíbrio com a Mãe-Terra até chegarem próximos da sua extinção. Eles se acham muito populares e poderosos. Isto não passa de ilusão.

A Nação Alce conhece a Verdade: as Pessoas devem *Andar com Suavidade*.

A Nação Alce conhece a Verdade: os de Duas Pernas devem *Falar com o Coração*.

A Nação Alce conhece a Verdade: os de Duas Pernas devem *Buscar a Pureza em todas as coisas*.

A Nação Alce conhece a Verdade: o destino humano é ser *Guardião e Servo do Todo*.

Esses **Quatro Códigos** são *Sabedoria* para os de Duas Pernas. É também a resposta para sua *sobrevivência*.

O Rio de Luz consumiu a Terra em uma Tempestade Ígnea de Despertar Espiritual. Esse Despertar, muitos dos de Duas Pernas, perderam-no enquanto ocorria, com seu alegre consentimento. Esse duplo padrão de consciência deve ter um fim. A língua dividida deve ver com o Olho da Sabedoria: *visão única*.

Eu sou o Homem Alce, Chefe de meu Clã em meio às Grandes Nações Alce, Guardião escolhido dos de Duas Pernas, junto com meus Irmãos e Irmãs de Amor e Mistério.

Ó Povos de Duas Pernas, *abram seus olhos para ver no invisível,* para não bater a cabeça em uma parede e morrer. A Nação Alce não está lhes falando de coisas simples, mas de *necessidades* para sua *sobrevivência.*

Esses **Quatro Códigos** ajudarão as Pessoas a endireitar seu Andar na Terra, porque a resposta — *a única resposta* — é o *amor ao serviço* pelo Caminho Sagrado individual. Todos eles dançam juntos na Tapeçaria da Vida.

Gentes, Seres de Duas Pernas, *tirem um tempo para refletir* sobre aquilo em que talvez vocês não tenham pensado.

Tirem um tempo para considerar que talvez vocês não saibam tudo.

Tirem um tempo para pensar sobre as palavras da Nação Alce.

Pois uma Proteção Espiritual *direta e objetiva* desceu sobre os Povos do Mundo.

O *Espírito do Alce* é o Guardião,
o professor,
o Corretor
em Amor e Mistério
para as Gentes.

As Gentes devem aprender que
no coração é importante *ser direto e objetivo.*

Saturnália, Pai Saturno

Responsabiliza-se pela Evolução da Alma

Povos da Terra,
vocês rejeitaram os Anciões por tempo demais.
Agora que os Titãs e os Elementais da Terra retornaram à Mãe-Terra,
os Anciões também estão voltando.

Eu sou seu *Pai Saturno*
que rege a Cerimônia de Ano Novo.
O Pai Tempo está aqui.
Sou o Grande Disciplinador.

Foi a mim que a Mãe-Terra escolheu para garantir que todas as Pessoas façam seus vôos de ascensão. Sua Proteção Espiritual foi posta em minhas mãos. Elas foram postas em minhas mãos há eras. Como meu Irmão Haden criou a Ponte do Arco-íris que fora profetizada, assim também o Pai Tempo estendeu a Ponte de Luz até a Mãe-Terra.

Gentes, há *Três Pontos Principais* necessários
    para *despertar* seu DNA,
    para *vivificar* suas Células,
    para *despertar* a Chama Sagrada em seu Coração.
É questão de freqüência.
É questão de *Escolha*.

A *Escolha* do Ser Humano é a *Beleza de sua* freqüência:
Escolher *no momento* qual o Tipo de Realidade que você quer experimentar.
Portanto, se você está cansado de dor e desconforto:
Ignore essas freqüências.
Se você está cansado de morte e doença:
Rompa com essas freqüências.
Há *Três Postes Centrais* em torno dos quais o Ser Humano dança.
Essas são as *Freqüências Sagradas*.

Portanto, seu Pai Saturnália está aqui para revelar coisas que não são mais secretas:
As Três Freqüências Sagradas para a libertação humana.
A *Primeira Freqüência* é a freqüência *da Terra*: o batimento do Coração da Mãe-Terra. Esse Batimento leva suas ondas de ressonância através da Árvore da Vida da Mãe-Terra.
Portanto, a *Primeira Freqüência Sagrada é a Árvore Florescente da Mãe-Terra.*

Ó Gentes,
vocês devem praticar os Rumos do Amor
e os Rumos das Leis Estelares dentro de vocês.
Para andar pelo Arco-íris de Treze Partes
da Freqüência Sagrada da Mãe-Terra,
vocês devem andar com a Mãe-Terra
e Sua Árvore da Vida.

A *Segunda Freqüência Sagrada* é a **Freqüência da Pulsação de sua Família Solar** que inclui a *Freqüência de cada um dos Planetas:*

a **Pulsação** do Pai Sol,
a **Velocidade do Relâmpago** de Mercúrio,
a **Amorosa Presença** da Estrela da Manhã,
os **Ensinamentos de Sabedoria** da Mãe-Terra,
o **Poder** e a **Retidão** de Marte,
a **Profundidade** e a **Força** de Júpiter,
os **Ensinamentos** e a **Disciplina** de Saturno,
os **Rumos de Cura** e os **Rumos Xamã** de Quíron,
os **Rumos de Iluminação** e **Rumos de Liberdade** de Urano,
os **Antigos Rumos do Oceano Solar** de Netuno
e, como a 2ª Faixa da freqüência Solar:
Plutão, as **Salas de Registro**.

Dessa forma vocês devem, Ó Gentes, *harmonizar-se com a Sacralidade* em cada uma dessas Doze Cores do Arco-íris, Sons e Vibrações da *Freqüência* de sua *Família Solar.*
A *Terceira Chave Sagrada* é a **Freqüência das Relações Estelares**. É a *Pulsação do Universo*. Todos os Parentes no Universo dançam segundo o mesmo ritmo do Coração.

Assim também devem as Pessoas *afinar-se às Freqüências Sagradas*
dos **Doadores de Vida** — as *Plêiades,*
dos **Professores da Abundância** — *Sírius,*
das **Chamas Gêmeas** — *Lira,*
dos **Templos de Liberdade** — *Arcturus,*
dos **Conselhos da Lei Sagrada** — *Andrômeda,*

E, mais importante ainda, Ó Gentes,
afinar-se com a *Freqüência que Tudo Inclui do Criador*.
Assim é, Ó Gentes, que com essas Três Freqüências:
a Freqüência Sagrada da Mãe-Terra,
a Freqüência Sagrada de Sua Família Solar,
a Freqüência Sagrada do Universo
vocês reconstruam a si mesmos e andem para sempre na vida.

Quando vocês dançarem, esses Três Pólos em sincronia, as Chamas Mestras Ascensionadas *descerão* **e, com vocês,** *ascenderão novamente***.**

Eu sou seu *Pai Tempo*
e vim para lhes falar de meu Amor
e da severidade dos Rumos da Vida.

Os Rumos da Vida, vocês podem perceber, Ó Gentes,
estão em uma *Intrincada Dança* de Respeito, Amor e Entrega.

De forma que os Eternos Mestres de sua Família Solar contemplam o Jardim dos Deuses.

Arcanjo Jofiel

Invoca a Proteção da Luz

Meus Amados,
Eu sou o *Arcanjo Jofiel*
vim a vocês para *brilhar neste círculo* esta noite.
SOU O PORTADOR DA LUZ.
EU SOU aquele dentre os Arcanjos
que Abençoará as Pessoas durante a Era de Paz — Aquário.

Gostaríamos de dizer às Pessoas: *"Saibam que uma* **Grande Dispensação** *do Coração do Criador vem a vocês hoje"*.

Pelo Poder desta *Lei Espiritual da Proteção,*
o Criador decretou:
Direta e Objetiva,
A Energia Sagrada desça à Mãe-Terra.

O Criador concedeu
A cura da Bolha de Luz das Pessoas
para que as Auras possam *brilhar com o brilho*
da Estrela do Dia
novamente!

Compreendam que tudo o que vocês precisam fazer é invocar a *Lei Espiritual da Proteção*. Chamem-na em nome do Arcanjo Jofiel. E a Luz da Presença Arcangélica das Sete Estrelas Sagradas rodeará vocês como o Arco-íris Rodopiante da Paz. E a Luz de fato revigorará sua Aura.

Vemos que as Pessoas estão felizes.

Em verdade, compreendam que *a Aura tem Treze Vibrações*. Este é o Dom que o Criador está concedendo. O Dom enviado pelo Criador permite que, se vocês recorrerem a esta Lei Espiritual e à Luz dos Arcanjos, a **Chama Violeta** que banha seu corpo na mais íntima **Coberta de Luz** iniciará a *transmutação alquímica* para elevar seu Corpo de Luz daquela cripta de suas concepções errôneas *até a plena luz* da *Estrela do Coração* que vocês são.

Assim, esse Dom do Criador *despertará* também a **Coberta Cor de Anil** — que fica apenas a alguns centímetros além do corpo — e a *Verdadeira Visão* começará a despertar em suas capacidades.

Assim, também a **Coberta Azul**, a uma distância um pouco maior, *envolverá* as duas anteriores e *firmará* vocês na **Compreensão Sagrada da Palavra da Verdade** — para que tudo aquilo que vocês *falam* esteja em *harmonia* com a Luz de seu Propósito.

A Quarta Coberta de sua *revelação* é a **Luz Verde** do *Amor* que vocês podem expressar.

O **Manto Dourado** que vai em torno disso é os *Dons de Cura de seu Pai Solar*.

Então, com a **Luz Laranja**, Jofiel vai realmente *encapotar* vocês. Pois a *Essência de Luz* preencherá e abençoará seu Corpo por meio da dinâmica *luminosa* de seu próprio Espaço Exterior — a Aura.

A Cor Central que *envolverá* as outras é o **Cobertor Vermelho** da Mãe-Terra, a *Cor de Seu Amor e das Batidas de Seu Coração*.

> Redonda e espessa seja essa camada,
> para *firmar* vocês no Útero
> da Pulsação de sua Mãe.

Então, da mesma maneira, Jofiel deve afinar o *Cristal* em seu Coração Anterior para emitir a Radiância da Chama do Amor e assim *despertar* o **Laranja**, o **Amarelo**, o **Verde**, o **Azul**, o **Anil** e o **Violeta** dos Seis Mantos que revestem sua Aura e que encerram essas *Sete Estrelas Interiores*.

Por isso, compreendam, Ó Gentes, que 3 Bainhas de Entendimento envolvem sua forma física.

As outras Sete mais próximas de vocês — conhecidas como *"seu espaço pessoal"* — são reguladas e dirigidas pelas suas Sete Estrelas Interiores. E as Seis Bainhas Exteriores, que são reflexos das Interiores, são os **Pórticos e os Portais das Seis Direções** — *"seu espaço social"*. E através de *ondas e freqüências fásicas*, conectam vocês diretamente ao Coração de suas Relações Cósmicas.

Assim, o Criador concedeu um Novo Início: o Arco-íris do Eu, seu Espelho para o Mundo.

O Criador de fato concedeu novamente as Esferas Curativas da Luz às Pessoas.

Assim, a Profecia daquela Pequena Nação — os Povos Vaga-Lume que vieram a vocês — cumpre-se. Pois eles pediram ao Criador para que as Pessoas pudessem *brilhar novamente com sua luminosidade*.

O Criador, por intermédio do Arcanjo Jofiel, concedeu de fato este Dom:

A Lei Espiritual da Proteção será seu Ovo *Cósmico*, sua Radiância Interna de Luz que será sua *Bolha de Resgate Interdimensional*.

Por isso, Gentes, recorram aos Arcanjos. *Em sua privacidade, vão para dentro de si mesmos e aprendam diretamente com o Arcanjo Jofiel os Ensinamentos das Treze Auras do Arco-íris — O Arco-íris Rodopiante da Mãe Cosmos.*

E aprendam de fato como vocês estão ligados à Árvore da Vida Sagrada da Mãe-Terra e como o Coração Dela bate em vocês.

EU SOU o Arcanjo Jofiel
e assino sobre as ondas este *Símbolo Sagrado de Proteção Espiritual* para que todas as Pessoas possam ser Envoltas em Proteção por si mesmas, para que, quando compreenderem e invocarem esta Lei, sua Bolha de Lembrança da Luz possa emergir plenamente.
Assim, elas devem Permanecer em Pé!

Cerimônia das Estrelas

Estrela do Menino Sagrado
Altar das Sete Estrelas

Grande Espírito

Avós
Lei Espiritual da Proteção
Mãe Sagrada

Coroa
Antakarana

Lei Universal da Natureza

Lei Espiritual do Carma

Pai Sagrado

Avós

Coração
Grande Mistério

Lei Universal da Luz, do Som e da Vibração

Lei Universal do Julgamento

Lei Espiritual da Intuição

Altar das Sete Estrelas

Eu sou o **Menino Sagrado**.

A Estrela do Menino Sagrado veio hoje aos Seres Humanos.

A Estrela é a Estrela de Seis Pontas.
É um Altar das *Leis Universais e Espirituais*.
É um Altar Curativo para as Pessoas.
É um Altar que desperta as Estrelas *lá dentro*.
É um Altar que *reflete* o Templo Sagrado dos 13 Passos:
É refletido *lá dentro*... e é refletido *lá fora*.

Estamos criando aquilo a que algumas pessoas chamam *merkabah*.

Essa é uma Cerimônia de Cura
por meio do Divertimento das Sete Estrelas *dentro de você*.

Agora, o Menino Sagrado está aqui para ter também um pouco de diversão. Veremos como fazer.

A Estrela Central é a Sétima Estrela: é a *Antakarana*. Esta, em nossa Estrela, é o Coração.

Pedimos ao Espírito que desperte esta Estrela Antakarana e que abençoe o Coração dos que aqui estão reunidos.

A Estrela Antakarana está despertando no Altar diante de nós e está despertando em seus Corações.

O **Altar das Sete Estrelas** começa e termina com o **Coração**. Essas Antakaranas estão ressoando *agora* em suas Pulsações. O Chacra do Coração foi muito abençoado. Pois, para começar a criar o Tetraedro Estelar — uma Estrela que será cheia de Vida e Poder —, existem as *Sete Estrelas*. E ao seu redor e em cada Direção há uma Estrela de *Sua Presença Ancestral*.

Para invocar as Seis Direções por meio deste Altar Estelar e para pôr no lugar a Segunda Estrela Curativa, *começamos nesse Chacra da Coroa*. Chamamos o Grande Espírito.

O Menino Sagrado invoca o Poder do Alce para escolher... [*Pezi Hota*, Menino Sábio, aparece para se juntar à Cerimônia]... uma dessas Seis Leis Universais e Espirituais para a Estrela da Coroa pela qual o Criador vai ancorar o Espírito daqueles que estão neste Círculo Curativo.

Alce Real: *"Lei Universal da Proteção"*.

Coloque essa Estrela no Chacra Coroa que está diante do *Pezi* ali.

Menino Sagrado fala a *Pezi Hota*: para aqueles que se atrasaram para a brincadeira, saibam que o Menino Sagrado lhes dá as boas-vindas. E que, de fato, seu papel ainda não foi cumprido e que você é bem-vindo para sentar-se conosco.

Agora, nesse **Chacra da Coroa,** o Espírito abençoa vocês, abrindo e despertando sua Mente Superior para que seu Espírito fale a vocês em todos os momentos.

Invocamos a Lei Espiritual da Proteção e ao Grande Espírito para descer e abrir a Estrela da Coroa deste Círculo Familiar.

O Grande Espírito fala a você por meio do Buraco no Alto de sua Cabeça. (Embora vejamos que muitos de vocês ainda têm muito o que abrir.) É por meio dessa *Coroa de um Lótus de Mil Pétalas* usada pelo Irmão Buda (*e que logo todas as Pessoas devem usar*) que o Sopro do Espírito entra em sua Forma.

E que, pelo Poder da Proteção Espiritual, sua Bolha de Luz possa ser restaurada.

Ela está no Símbolo e na Direção que invocam o Poder. E assim vocês aprenderão a realizar os Meios Curativos na Cerimônia das Sete Estrelas, pois as partes de cima de vocês aqui reunidas foram *c-u-r-a-d-a-s!*

Desejamos lembrar às Pessoas para conservar essa Conexão Espiritual, para mantê-la aberta — *forte e segura!* O Caminho para o Coração do Criador está bem aqui para você.

Pedimos então a *Pezi Hota* que escolha a Lei Estelar que ancorará a **Raiz** de nossa Merkabah e chamará aqui o Poder do Mistério.

(Há alguns discos aqui, *Pezi Hota*, para você escolher um, e então colocar essa Lei Estelar do lado oposto ao da primeira.)

Concentre-se, concentre-se. Sempre se concentre. Escolha a correta.

Você sabe o nome dela? Ela se parece com o quê?

Pezi Hota: "Um Triângulo com uma linha embaixo".

A linha fica à direita ou embaixo? Depende da forma como você segura.

Pezi Hota: "Embaixo".

Então essa é a *Lei Espiritual da Intuição.*

Menino Sagrado ajuda *Pezi Hota*: "Coloque-a no lado oposto ao da Coroa".

Assim, temos nossa Estrela no centro que é o **Coração**, a *Antakarana*. E na **Coroa** está a *Lei Estelar da Proteção Espiritual*, e *agora*, na **Raiz** (escolhida por *Pezi Hota,* cuja primeira lição é se enraizar), está esta *Lei Espiritual da Intuição.*

Sábia escolha, Jovem Jedi!
O Menino Sagrado vê e invoca esta **Terceira Estrela da Cura** neste Círculo para que a *Lei Espiritual da Intuição* abra nas Raízes das Pessoas o **Fogo Vermelho Brilhante** na base de seu ser.

Lembrança, Lembrança, Lembrança seja!
Que a Conexão Sagrada
com a Terra seja também completa.

Pois é na Raiz, você vê,
que a Memória de tempos passados
e de tempos ainda por vir —
é onde ela reside, ela está.
Ali, nas Raízes, está a
espera do *despertar*
de sua Memória.

Esta *Lei da Intuição*,
por ter sido invocada aqui,
desperta de fato o Fogo Sagrado
e o *kundalini* está se aproximando
e subindo até o Alto de suas Cabeças.

Eis como é o despertar.
Pois as Serpentes Gêmeas da Cura
são sua ligação com o *kun-da-lin-i*.
E elas são as Guardiãs
desta *Lei da Intuição*.

Sábia escolha, Jovem Jedi,
Menino Sagrado diz a ti.

Agora, para a posição das Avós
Recorremos à Estrela de Prata
E perguntamos qual Lei Estelar
vai curar essa Garganta,
Essa Voz, essa Canção em ti.

Que lei as Avós trazem?
Estrela de Prata: "Oh, é lindo".
Você a vê de pé, ou de lado está?
Estrela de Prata: "Deixe-me ver se posso responder a isso".
É que a *Lei Espiritual da Proteção* já foi chamada.
Estrela de Prata: Eu sei. *(Risos)*
Fica de Pé.
Estrela de Prata: Fica de Pé. *(Risos)*.

O lugar das Avós é a Lágrima de Apache ao Norte.
Compreendam que o **Coração**, o Coração é curado novamente.

Compreendam *Kopavi* — a **Coroa** — ela é curada.
Entendam que as **Raízes**, essa base de seu ser, estão fixadas na pureza.
Agora os Povos Vovós Estelares estão aqui ao seu redor. E eles estão tratando sua voz e, *lá dentro*, a sua *razão de ser*.
A *Lei Universal da Natureza* **desperta quem você sempre foi e traz o pleno poder dessa presença exatamente para onde você está sentado agora.**
E ela está ajustando, as Vovós estão, o lugar que é o ponto estático atrás da garganta, a porta para a limpeza de seus pensamentos subconscientes.
Vejam, o Menino Sagrado é um palhaço também (parece ser um tema comum nesses Altares Estelares, não é?). O Menino Sagrado é o Palhaço da Pureza e invoca a esta *Lei Universal da Natureza* para que a Pureza do Espírito penetre nestas quatro pessoas para abençoar e tratar o *Orbe Azul da Luz* no qual as Avós brincam e detêm a Luz. E dentro desse tetraedro Estelar, essa *Sétima Estrela de Seis Pontas*, está a Estrela — **Estrela Azul** — *agora* plenamente ancorada ali.

A **Estrela Verde** está no *centro* e
a **Violeta** está na *Coroa*.
A **Vermelho-Escuro** está na *Raiz* e
a **Azul** está na *Garganta*.

E *agora*, novamente o Menino Sagrado recorre ao Poder do Alce para que nos ajude a compreender e tratar do **Plexo Sagrado** (que fica logo abaixo do umbigo) no qual os Avôs, a influência deles está.
Alce Real: "Bem aqui?"
Na outra Lágrima de Apache.
Alce Real: *"Hau"*.
Fica à esquerda no Altar. É do lado oposto ao das Avós no Altar.
Alce Real: *"Lei Universal do Julgamento"*.
O Menino Sagrado apela aos Avôs e pede que esta *Lei Universal do Julgamento* abençoe as Pessoas neste Círculo e sua Família, que todas as suas ações no Passado, no Presente e no Futuro entrem em ressonância com seus Avôs — sua Família Espiritual.
Oramos aos Avôs, também, para que abençoem o Sacro e as Pessoas, para que as *oito células originais* de seu atual manto possam *prosperar*, *crescer* e *ascender*.
Os Avôs estão tratando de todos aqui. E eles estão tratando vocês no seu osso de sentar. Eles estão cuidando de toda a sua pélvis também, porque esse é o *Assento do Fogo Sagrado*, das Leis e dos Rumos dos Avôs. E esse é o *Ponto de Equilíbrio* sobre o qual andamos. É o Lugar do Pólo Central do Andar e da Existência de nosso Caminho Terrestre.

Assim, o Menino Sagrado honra os Avôs e agradece por sua influência aqui. E, agradecido, o menino Sagrado está, por essas bênçãos da **Estrela Laranja da Vida,** *inteiramente aqui.*

Vamos pedir a *Pezi Hota*
para nos ajudar novamente
porque as Mães Sagradas,
elas estão prontas para entrar.

Elas ficam do lado dos Avôs. E seus rumos são os **Rumos do Olho da Verdadeira Visão**. Assim, *Pezi Hota*, por favor escolha, dentre essas Leis Universais e Espirituais restantes, aquela com a qual as Mães Sagradas trarão a Cura da Realidade Estelar para cá.

O nome, o nome, qual é o nome? Como se parece?

Pezi Hota: "A mesma que aquelas".

Por favor, por favor, nos diga.

Pezi Hota: "A mesma que aquela ali, aquela ali".

Invocamos o Poder do Alce... *(rindo)*... para nos ajudar, por favor.

Pezi Hota: "Em não sei de que jeito colocá-las".

Alce: "Vou olhar a primeira que ele pegou: *A Lei Espiritual do Carma".*

As Mães Sagradas estão trazendo as cargas e os fardos para estas Pessoas aqui. Elas estão empilhando-os diante de vocês. E elas estão colocando-os Atrás de sua cabeça.

Heyoka, Menino! *(Risos)*

Essas Mães Sagradas, elas estão em toda parte, elas estão batendo atrás da Cabeça de vocês porque ali tem um carocinho que liga o Terceiro Olho e os ajuda a Ver novamente com as *freqüências* da influência da Mãe.

Assim, as Mães trouxeram o Carma.

Agora sua *verdadeira visão* está sendo restaurada. Esse será um *Caminho da Visão devolvido* conforme o Carma for sendo varrido.

Se o Menino Sagrado fosse apenas
espanar a lama
que cobre sua Visão Sagrada,
a visão do modo como as coisas são
seria um sustão! *(Risos)*

Assim, pouco a pouco, as Mães Sagradas,
estão lavando
com lágrimas
a lama e a argila
e algumas vezes a imundície
que escoriou a Visão
Verdadeira e Pura.

Agora, as Mães Sagradas,
elas estão sorrindo,
pois colocaram os fardos
de seus antigos modos
muito fundo na Memória
da Medula, da Espinha e do Olho.

Por isso, Gentes, *escolham ver de verdade*, escolham ver nos risos das Crianças *sagradas*. Assim, o Povo Espírito, vocês verão, vocês andarão com eles. E vocês não vão mais estar desconectados. *(Risos)*

Assim, para as Mães Sagradas, nós agradecemos por devolver a Visão neste Círculo de Cura, por conceder a nós a **Estrela Cor de Anil** — a **Estrela da Verdadeira Vista e Visão**.

De forma que,
    a **Estrela Verde do Coração**
    está *desperta em todos,*
    nos Rumos da *Antakarana* —
    a Sagrada Teia da Vida.

A *Primeira Estrela* é
a **Estrela Verde do Coração**.
Esse é o Centro
da Estrela do Menino Sagrado.

Acima está a **Estrela Violeta do Criador,**
aqui conosco.

Abaixo está a **Estrela Vermelha**
da pulsação amorosa da Mãe Mistério.

Em seu Ombro *Direito*
está a **Estrela Azul das Avós**. *Hau.*

Em seu lado *Esquerdo*
está a **Sagrada Luz Estelar Laranja**
dos Ensinamentos e da Sabedoria dos Avós.

Em seu Ombro *Esquerdo*
(Menino Sagrado acha o Descobridor de Caminhos engraçado!),
pois ela está no Ombro *Esquerdo*
assim está a **Estrela Cor de Anil da Mãe Sagrada**.

Dessa forma, pedimos à Estrela de Prata que nos ajude com a *Estrela de nosso Pai Sagrado* que é a **Estrela Solar**.
Estrela de Prata: *"Lei Universal da Luz, do Som e da Vibração"*.
Assim é:
Os Raios Dourados de seu Próprio Pai Sol vêm neste momento tocar vocês,

pois o **Pai de nossa Família Solar** *está aqui*.
Ele está tratando o Centro de Vontade que está dentro de vocês — ou seja, o Orbe Dourado dentro de seus Estômagos,
o **Plexo Solar** abaixo de seu Coração.

De forma que, com este Círculo, o Criador está abençoando uma cura de "pecados" passados *(caso vocês não gostem do nome [pecados])*, de "responsabilidades" passadas *(para os que são mais sãos)*.

O Pai está retirando
   o filme empoeirado
   que cobria sua Luz
e está fazendo vocês
   brilharem*! brilharem! brilharem!*
   com ainda mais claridade.

Invocamos a *Lei Universal da Luz, do Som e da Vibração*
e pedimos ao nosso Pai Sagrado — o Pai Sol —
para nos Afinar,
para nos Abençoar e
para nos Curar
na Aliança do Sol do Arco-íris,
o verdadeiro Amor que nos arrasta da Estrela Dourada para o Centro,
   pois o Coração é o lugar de vedação e de *ativação estelar*.
Assim, o Menino Sagrado roga aos Sagrados Anciãos Estelares para que despertem plenamente a Estrela Verde do Coração e as Seis Estrelas das cores do Arco-íris que rodeiam este Altar.
Agora de fato, pelo *Amor* dos Irmãos e Irmãs Sagrados,
   o *Amor* de Alfa e Ômega e
   o *Amor* das Avós e dos Avôs,
esta Estrela da Cura está *viva agora!*
Essa Estrela que é em verdade uma Estrela Rodopiante do Arco-íris,
   que está sob o governo do
   Menino Sagrado e sua Chama Gêmea, a Estrela Rodopiante do Arco-íris,
   que neste momento dá vida e respiração a esta criação.
[Menino Sagrado sopra o Sopro da *Concessão* sobre o Altar das Sete Estrelas.]

E, dentro de vocês, Meus Amados, foram despertadas as Estrelas do Arco-íris.
Este é o **Altar das Sete Estrelas** que abre a vocês,
   por sua *escolha*, sua *oração* e *sua meditação*,
   as **Sete Estrelas do Ser Interior,**

a **Estrela do Menino Sagrado,**
a **Estrela da Pureza do Eloim.**
Portanto, Ó Gentes,
   para *alinhar as Matrizes de seu Eu,*
   para *despertar a Luz de sua Lembrança,*
   para *estar afinado com o Coração do Criador,*
   despertem essas Sete Estrelas por meio de suas meditações.

Esta Cerimônia pode ser feita a sós.
Pode ser feita em grupo.
Pode ser feita em meditações.

E, por meio da influência do Menino Sagrado,

Vocês Todos são Abençoados!

Sim, os Espíritos preferem que o Canupa honre cada Símbolo como o fazemos neste Círculo. Deste modo, as pessoas também serão tratadas.

Nesse momento, queremos perguntar: Há alguma questão a respeito deste Altar Estelar para ajudar as Pessoas a compreender?

Alce Real: *"Hau Tunkasila, Wicahpe Owanka, wopida.* Quando usamos este altar para ajudar nossos Parentes em necessidade, *esse Símbolo Central da Antakarana,* deveria haver um círculo em torno da *Antakarana?*

De fato, a *Antakarana* é um símbolo muito poderoso. Cada uma das cinco sílabas que constroem esta palavra é um Poder Cósmico que constitui a Teia da Vida. E, ao usar esta *Antakarana* como a Estrela do Coração deste Altar e evocar seu Poder, vocês podem criar sua imagem com os meios disponíveis. O melhor seria com a *Antakarana Central,* o **Círculo** em volta, a Estrela de Seis Pontas rodeando o Círculo e a Estrela de Seis Pontas Maior do lado de fora.

Também sugerimos — em cerimoniais completos com esse Altar — que os Seis Altares ao redor que representam as Seis Direções tenham o Símbolo desenhado e também a Estrela de Seis Pontas. Esse é um modo de invocar o *pleno poder* desta Cerimônia Sagrada. Isso significaria, vocês vêem, tapeçarias inteiras de areia. Na verdade, este Altar, assim como foram as Quatro Portas de Metatron, é uma Tapeçaria Estelar.

(Menino Sagrado gosta de *Pezi Hota.* É um bom menino.)

Assim vocês usam a inspiração do momento, pois cada Altar das Sete Estrelas é único. Saibam que, quando vocês apelam ao Menino Sagrado e às Sete Estrelas por meio da *Antakarana* — o Centro do Coração —, as primeiras a despertarem são as Sete Estrelas dentro de *você* e então também os Seis Pórticos. Eis a importância do Círculo e das Duas Estrelas. E as Estrelas das Seis Direções realmente abrem o Arco-íris dos Sete Sagrados em cada uma de suas Direções. Eis a importância da Lei Estelar dentro da Estrela de Seis Pontas.

Assim, este Altar da Estrela de Sete Pontas é o reflexo perfeito da Verdadeira Natureza Espiritual do Ser Humano de Duas Pernas. Ele reflete as Esferas Interiores, as Esferas Exteriores e como elas se conectam em sua própria Árvore da Vida.

Essas são as operações básicas dentro de vocês, 'cês vêem.

Essa cerimônia desperta sua Realidade Estrelada. Sim, de fato, o desenho, a criação deste Altar, determinará a *energia*, assim como seu Coração.

Estrela de Prata: "Eu tenho uma pergunta".

Hau.

Estrela de Prata: "A forma do Altar Estelar me lembra a da Tartaruga. Há algo mais a compreender nisso?"

Pezi Hota: "É o que eu estava pensando, também. Mas por que se chama 'Sete Estrelas' se só tem seis?"

Espere, *Pezi Hota*, sua questão é a próxima.

De fato, a Avó vê a Tartaruga, pois esse é o reflexo da Nação Tartaruga também. Se as Pessoas puderem aprender a andar com a Sabedoria da Avó Tartaruga, então o Mundo será de fato um Lugar de *Maravilhas* e *Magia*. Esse é também o Padrão das Geometrias Estelares Sagradas da Forma Física Humana. É também a Imagem Sagrada de todas as Estrelas e todas as Formas Sagradas. É uma padronagem para a bênção das pessoas. E a Avó Tartaruga e o menino Sagrado são muito bons professores. *(Risos)*

Agora, *Pezi Hota*, qual sua pergunta?

Pezi Hota: "Achei que já tivesse lhe falado. Por que chamam a isto Sete Estrelas se há apenas seis?"

Muito boa questão.

Você, como um Ser de Duas Pernas, é uma Estrela de Sete Pontas. **Acima** de você há uma direção e **Abaixo** de você há uma direção. Há duas Estrelas, bem ali. Uma *acima*, uma *abaixo*. Há uma **Atrás** de você, também. É por onde as Avós zelam por você e conferem o que você faz. *(Risos)* E a Estrela na Frente são os Avôs que guiam você. E a Estrela que está à sua *Esquerda* é onde sua Mãe Sagrada habita você. E a Estrela à sua *Direita* é o Poder da Lei de seu Pai Sagrado. Seis Estrelas em torno de você. É onde ficam essas Seis Estrelas deste Altar.

Pezi Hota: "Onde está a sétima?"

A Sétima Estrela está no Coração, bem ali **dentro de você**! É onde a *Antakarana* realmente fica e conecta você a toda a sua Família Espiritual.

Eis aí a sua Estrela de Sete Pontas!

Saiba que dentro dessa Estrela interior conhecida como *Antakarana* está a conexão das Sete Estrelas Interiores (para aqueles que gostam de lições avançadas). Assim, agradecemos a *Pezi Hota* por uma questão tão boa.

Pezi Hota: "Livro interessante".

O Menino Sagrado agradece, *Wadan*, a Alce Real, *Pezi Hota, Niksai* e aos Poderes das Sete Estrelas que nos abençoaram aqui.

Hau. Mitakuye Oyasin.

Cerimônia das Estrelas

As Leis Estelares do Altar Estelar do Criador

Lei Universal do Amor

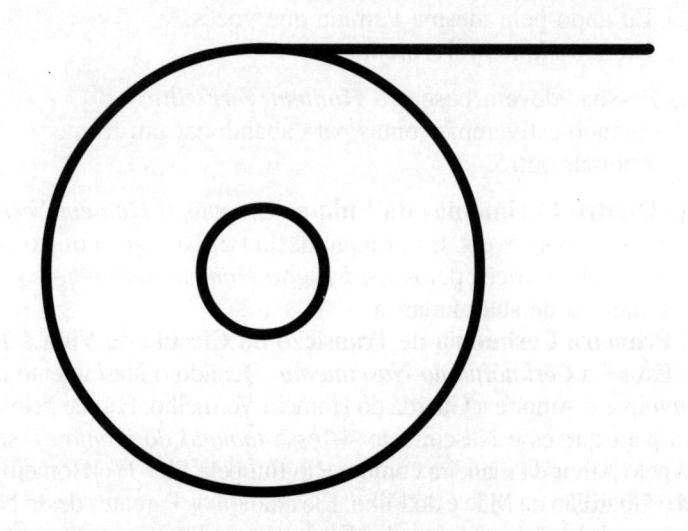

Estimula e Protege as Transições da Vida
Essência da Felicidade e da Vida
O Olho da Compreensão

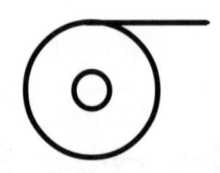

Wicasa Luta, Homem Vermelho, Cristo

Estimula e Protege as Transições da Vida

Hau, Mitakuye Oyasin.
  Eu sou seu Irmão.
  Eu ando pela mesma Estrada que vocês.
  Eu sou **Homem Vermelho**.

As Pessoas devem buscar o **Homem Vermelho**
  quando estiverem prontas para abandonar um Rumo
  e tomar outro.

Há **Quatro Cerimônias da Vida** pelas quais o **Homem Vermelho** e seu Povo são responsáveis. É por meio desta Lei Universal que o Amor da Mãe-Terra chega a vocês pelos *Espírito do Homem Vermelho* e os ajudará nos momentos de sua mudança.

A **Primeira Cerimônia de Transição do Círculo da Vida** é *Tomar o Manto*. Essa é a **Cerimônia do Nascimento**. Quando o Nascimento estiver a meio, invoque o Amor e a Guarda do Homem Vermelho. E ande pelos Rumos da Terra para que esse Nascimento — essa *tomada do manto* — seja atravessada pelo Amor da maneira como o Rio flui pela Ilha. E o Homem Vermelho será o Guardião da Mãe e do Filho. Ele ajudará os Parentes desse Novo Ser que Toma o Manto a *lembrar-se* dos Fardos Sagrados que eles carregam para a Sétima *Geração* e a *lembrar* das Contagens de Invernos de seus Parentes Estelares. Pois o Nascimento é uma Caminhada de Quatro Estações com o Homem Vermelho para pousar uma Estrela no berço.

O *Amor Universal* é o Poder do Renascimento.

A **Segunda Cerimônia da Roda da Vida** é a *Cerimônia de Entrar na Estrada Sagrada* — uma Jornada da Juventude à Idade Adulta — os Ritos de Puberdade. Chame o Homem Vermelho se seu Filho estiver entre os nove e os 13 anos. Ou, se você for um jovem nessa fase, chame o Homem Vermelho e ande com a Terra. Então suas mudanças e seu despertar interno serão fáceis e não existirão coisas como "aborrescentes".

O Homem Vermelho ensina à jovem Menina e ao Menino os Rumos da Mãe-Terra por meio do **Altar do Amor,** abrindo e estimulando seus Olhos, seus Ouvidos, suas Mentes, para que sempre andem pela Estrada do Coração.

>Entrar na Estrada é fazer Entrar em Seu Coração seu Propósito de Ser.
>É Tomar Posse de sua Presença Estelar e Andar para que Todos Vejam entre todos os Parentes, para sentir a liberdade de seu Amor,
>e para doar às Pessoas.
>
>*Essa é a razão pela qual vocês vieram lá de cima.*
>
>Chamem o Homem Vermelho
>e andem comigo
>e uma vida digna a de vocês será.

O **Terceiro Rumo da Vida** que o Homem Vermelho e os Rumos da Terra guiam é a *Cerimônia de Tornar-se Pai — Tornar-se um Professor, um Guardião da Sétima Geração. O Rito de Posse* é essa Cerimônia. Em muitos lugares, isso não é compreendido — a bênção de Tornar-se um Verdadeiro Adulto: espelhar as Bênçãos dos Céus e da Terra, criar bem o Amor dos Filhos. *É o Milho entregando-se para que a próxima Colheita seja rica. Tornar-se um Pai* são as *Cerimônias de Iniciação* de *Tornar-se um Guardião da Medicina.*

O Homem Vermelho virá a vocês e fará com que vocês, Futuros-Pais, trabalhem duro, para que quando o Filho vier e quando vocês andarem com o Sábio, vocês estejam nos Rumos da Medicina.

O **Quarto Rumo da Roda da Vida** é a *Cerimônia de Retirar o Manto, de Ir Além da Coberta de Sombras — Retorno a seu Lar Estelar.* O Homem Vermelho e os Rumos da Mãe-Terra chamam. E eu estou aqui para zelar desde o momento das últimas palavras até o momento do retorno de sua Alma a seu *lar estelar.* O Homem Vermelho será seu guia para levá-lo em segurança pelos Caminhos Espirituais para que, onde quer que sua Alma deseje habitar, para lá o Homem Vermelho a guiará.

Assim, essas são as **Quatro Cerimônias de Transição** que o Amor do Universo demanda: a Proteção e a Bênção de seus Quatro Passos na Roda da Vida.

>Eu sou o Homem Vermelho.
>Pronto para seu chamado.
>*Hau, Mitakuye Oyasin.*

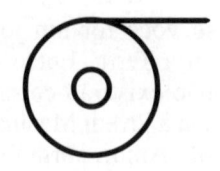

Bodhisattva, Grande Cura

Essência da Felicidade e da Vida

Buda tem Barriga Grande.
Bodhisattva tem Barriga Maior.
Boa Noite, eu sou **Bodhisattva Grande Cura** e vim para estar aqui com vocês e trazer alguma *Felicidade* e algo da Centelha de Luz.

Bodhisattva gosta de Barrigas Grandes, mesmo se o Pequenino — referindo-se a *Pezi Hota* que estava no círculo naquela noite — diz: "Não! Não!" Bodhisattva sabe que Barriga Grande r-o-o-o-l-a de rir!

Sorriso Grande é importante, também. Sorrisos que chegam à Orelha. Bodhisattva tem um em cada.

E Bodhisattva de Cabeça Calva você será então. Cabeça calva talvez: Bodhisattva bom de esfregar na Cabeça e na Barriga.

Bodhisattva Grande Cura ajuda as Pessoas, porque as Pessoas esquecem de lembrar da *Felicidade* e da *Verdadeira Vida*. Bodhisattva diz: Ser Humano muito engraçado. Porque:

> Modo de Viver muito *simples*.
> Modo do Criador está *lá dentro*.
> *Pare e respire um pouco.*
> O apressado come cru.
> Sente-se.
> Fique *em paz*.

"Por isso, Gentes", Bodhisattva diz, "*Sentem-se comigo*".

Há **Sete Modos para Andar em Equilíbrio** (Buda ensina Oito. Bodhisattva um pouco menos. Ensina apenas Sete).

A Estrela de Sete Pontas, o Menino Sagrado falou a vocês dessas Sete Estrelas. Elas são Leis *dentro de Você*. Quando você segue a Lei do Ser, um ser feliz você é.

(*"Hau, Pezi Hota"*, Bodhisattva diz, "Bem-vindo.")
A **Lei do Amor** é a Primeira Lei que Bodhisattva ensina: Lei do Amor. A Lei do Coração:
Amar é estar feliz por um outro.
Por que brigar?... quando há Sorrisos e Barrigas Grandes para esfregar. Isso é o que Bodhisattva diz.
E há a **Lei da Luz** que também está *dentro de você*. Pois, vocês vêem, esta *Lei do Amor* engloba *todas* as Leis Estelares, vocês percebem. E essas *Sete Interiores* são a Presença do Eloim.
Lei do Amor — *Primeira Lei.*
Lei da Luz significa: Andem em Equilíbrio com Sabedoria, com Respeito pelo Mundo sagrado que os rodeia.
Lei da Paz, *Terceira Lei do Ser Interior*. Essa Terceira da Estrela Sagrada. *"Gentes"*, Bodhisattva diz, *"andem em paz"*.
A Felicidade e o Amor existem, prosperam, estão em toda parte, quando você está *na Paz*. Por isso, Sentem-se e Andem e Vivam em *Paz*.
Quarta Lei — **Lei da Unidade**: Caminho do Círculo. Hora do Ser Humano Curar o Círculo de suas raças. É isso que Bodhisattva vê.
Tentar ver o outro como Parente é o caminho para a *Unidade* e a *Paz*. Pois a imagem do Criador em todo Ser de Duas Pernas Bodhisattva vê — a imagem do Criador em todos os ensinamentos da Mãe-Terra.
A **Lei da Ha'monia** é o modo de Andar pelo Caminho Sagrado.

Pois *ha'monia* significa que você presta atenção em seus
Parentes ao seu redor.
Harmonia quando você dança num lugar predestinado por você
com o Milagre da Liberdade o envolvendo.
A Vida tão simples quanto pode ser.

Bodhisattva ama a **Lei da Verdade**. Lei da Verdade: o que todos desejam, o que todos querem, o que todos escolhem — dentro de si — ver.

Bodhisattva diz: "Por que caras tão estranhas?
Rostos exteriores são máscaras para "esconder coisas"
realmente muito feias, Bodhisattva vê.
Portanto, todas as Pessoas, andem em sua Verdadeira Pureza.
Bodhisattva então sorri e rola a barriga para vocês.

Andar com a Verdadeira Visão e o Amor da Verdade é assegurar a Ha'monia de sua civilização. E é necessário Curar o Arco das Pessoas.
Lei da Liberdade. Grande, grande favorita de Bodhisattva, porque Bodhisattva ama ver as Pessoas em seus caminhos. As pessoas têm o Fogo Sagrado do criador com suas idiossincrasias. Bodhisattva acha elas muito engraçadas (elas também acham Bodhisattva com barriga grande muito engraçado).

Andar em Liberdade significa *respeitar a todos*.
O Jovem prestar honras ao Mais Velho.
O Mais Velho respeitar a Sétima Geração no Jovem.
Significa a Filha honrar o Pai
e o Filho honrar a Mãe.
Significa a Filha honrar a Mãe
e o Filho honrar o Pai.
E significa o Pai e a Mãe honrarem os Filhos
como a Sétima Geração de sua própria existência.
É importante que as Pessoas honrem Animal, Planta, Pedra e Espírito.
É importante, muito, muito, importante, que as Pessoas honrem a Mãe-Terra.
Bodhisattva vê que se as Pessoas mantiverem o *respeito*, em Liberdade seu Amor estará.

Bodhisattva muito feliz de estar aqui nesta noite. Bodhisattva diz: "Vocês desejam Essência da Vida e Felicidade, então sigam sua Intuição — a Palavra Sagrada dentro de vocês. Sigam as Sete Leis da Luz da Estrela dentro de vocês. En-t-ã-ã-ã-o talvez Barriga Grande vocês também sejam!"

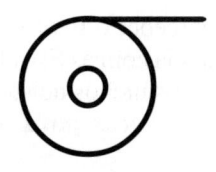

Ista Wanzi, Um Olho

O Olho da Compreensão

Meus Parentes, este é seu filho, **Um Olho**,
Professor e Amigo das Pessoas,
Guardião destas Leis Estelares,
Assistente da Mãe Sagrada (que vocês conhecem como Mammy)
e do Pai Sagrado (Muitas Faces).

Estou aqui com vocês para abrir seu Olho da Compreensão para que vocês possam *perceber com o mesmo Amor com que o Criador percebe*. O Criador olha para os mundos de nossa Galáxia e vê a Imagem da Vida, da Luz e da Beleza.

O Criador vê, quando olha para os Mundos de nossa Galáxia, a necessidade de reparar um problema dolorido: a escolha de muitas entidades de nossa Galáxia e de nosso Sistema Estelar. Elas violaram a Confiança Sagrada de seu Poder Pessoal, decidindo ignorar a Harmonia das Relações para criar algo que nunca deveria ser.

Há apenas as Relações. Compreendam, Ó Gentes, as Relações que são um Grande Círculo da Vida muito mais poderoso que o Ser Humano é ou (de onde vocês estão agora) pode ser.

É apenas pela amorosa intervenção do Criador que os seres de nossa Galáxia estão sendo devolvidos à Harmonia sagrada, à Geometria das Relações Estelares.

O Criador está concedendo o Olho da Compreensão ao Filho e à Filha Sagrados, Servos do Caminho Sagrado das humanidades.

Por isso, compreendam, Ó Gentes, que nosso Criador está criando novamente. E que aquilo que foi está de fato renascendo na Luz, o Novo.

Ó Gentes, vocês devem fechar esses dois olhos físicos — *ir para dentro do Silêncio* e dentro do Círculo de seus Conselheiros — para que o Olho possa abrir e permitir que as mensagens e Visões da Verdade do Espírito guiem seu Caminho para a Vitória. Vocês devem fechar os Olhos ao mundo físico para poder perceber o Espiritual. Vocês devem *entrar em si mesmos* e *sair* nessa Caminhada com as Estrelas, pois essas Leis Estelares estão de fato dentro de vocês, nos nichos de sua Biblioteca Sagrada. **Estão agora emergindo** *por meio de vocês* **para demonstrar a sacralidade ao mundo.**

A Chave é a medida da Verdade. *A Verdade é o olho único.* O Olho puro é o Olho do Espírito. Quando você se senta e fecha seus olhos do mundo exterior, quando você medita, **pedimos que invoque Um Olho e a esta Lei Universal do Amor, porque o Olho do Pai emite brilho a partir de seu Coração.**

Esse Símbolo do Amor — *a primeira causa* — fará brilhar de dentro de seu Coração a Verdadeira Visão, a Verdadeira Causa. Seu Olho se abrirá e os Fardos da Avó nesse Poço de Sonhos revelarão seu Caminho Sagrado. O Caminho de seu Espírito será guiado como os Antigos previram, para que realmente o Olho do Criador seja despertado dentro do Amor de seu ser. E, como o Criador percebe por você algo Dele, Ele diz: "Você deve me perceber".

> Gentes, andem no Silêncio do Amor
> de acordo com a Sabedoria do Coração
> e que no Mistério da Face do Criador
> seu Um Olho possa perceber.

> Eu sou Um Olho,
> estou aqui para abençoar as Pessoas
> com a *Visão da Verdade*,
> com a *Visão do Amor* e
> com a *Visão do Despertar Sagrado*.

Lei Espiritual da Cura

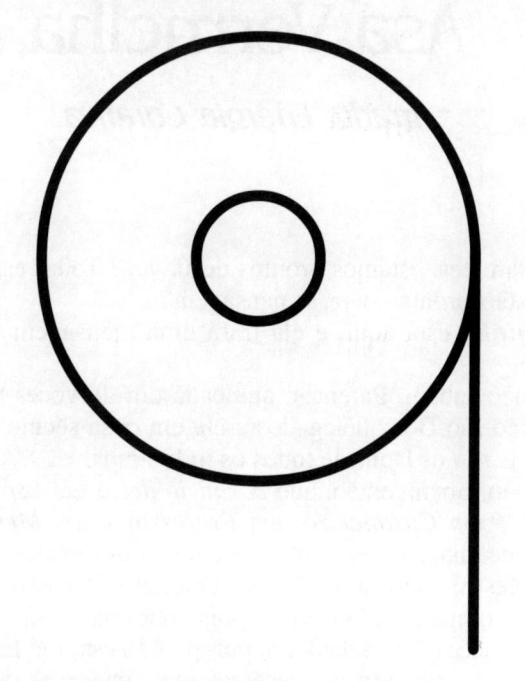

Irradia Energia Curativa
Abre Portais de Cura
Invoca o Espírito de Cura

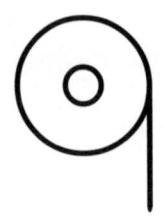

Hupahu Luta, Joaninha da Asa Vermelha

Irradia Energia Curativa

Meus Parentes, estamos prontos desta vez? Todas essas geringonças mecânicas estão prontas para a mensagem?

A *Joaninha* está aqui, e ela trará uma mensagem maior que a da última vez.

Vocês não sabem, Parentes, que cada um de vocês tem os Dons de Cura? Eles não são Dons delegados a *um* em cada século ou a *alguns* em uma tribo, mas são os Dons de todos os indivíduos.

Vocês não sabem, então, que *por meio desta Lei Espiritual da Cura, cada pessoa é um Curandeiro, um Professor e um Mestre?* Cada um, antes dessa encarnação e em outros planos, é um Professor e um Curandeiro e um Mestre que usa um Manto Dourado. Por isso, não se julguem tão dignos de compaixão, Ó Gentes, pois vocês não o são.

Porém, é necessário Sabedoria, pois de fato esta Lei Espiritual da Cura deve ser *despertada* dentro dos recessos mais interiores de seu ser. Isso é algo que os de Duas Pernas esqueceram durante sua descida à Matéria.

Portanto, a Joaninha, que nesta noite vocês conhecem como Asas Vermelhas, faz a seguinte exortação:

"Dentro de seu Coração, *abra* esse Símbolo Dourado da Vida.
Dentro das Chamas do Arco-íris, *abra* esse Símbolo Dourado da Vida.
E dentro das Glândulas de seu Corpo, *abra* este Símbolo
Dourado da Vida.

Lembre-se, também, de *abrir* suas Mãos e seus Pés com este Símbolo da Vida".

Pois, de fato, os Mestres apreciam ver as Pessoas dançarem para que, com cada movimento, os Raios Dourados de sua própria *Presença do Arco-íris* abençoe a Mãe-Terra. Logo, por meio deste Símbolo da Cura, a

Visão Sagrada e a Compreensão serão realmente devolvidas aos de Duas Pernas. Este Símbolo de Cura é agressivo em sua Restauração de *quem você realmente é*. Ele removerá dos recessos mais íntimos de seu ser quaisquer negatividades, quaisquer bloqueios. (E, de fato, vemos que isso esteve ancorado aqui por duas semanas.) [Ela se refere à primeira transmissão da *Lei Espiritual da Cura*, duas semanas antes.]

Gentes, vocês estão prontos para despertar e deixar de ser bebezinhos, ignorantes e cansados, que precisam ser mimados pelas Divindades do Amor?

Então, ergam-se em seus Dois Pés e *exijam esse legado!*
Então os Raios Curativos do Criador emanarão pelo Coração
dos Corações,
preencherão as Chamas e alimentarão as Chamas de seu eu,
e *despertarão* as Águas Sagradas conhecidas como
Águas Curativas da Vida.
Então, dentro de vocês, dentro dos *Feixes Interiores*
— a que alguns chamam *DNA*, e que outros chamam
Memória Sagrada —
de fato *despertará* a Herança de Cura de seus Antigos Povos.

Pois todas as Pessoas Estelares são Mestres, Curandeiros
de um Raio ou outro.
Portanto, Gentes, saibam que vocês podem *curar com suas Mãos*.
Saibam que vocês podem *curar com seus Pés*.
Vocês podem *curar com seus Pensamentos*.
E vocês podem *curar com suas Orações*.

Assim, comecem a se revestir da Mente do Curandeiro, pois isso não é algo delegado a um a cada século ou a apenas um punhado em uma Tribo ou em um Clã, mas é a *herança* e a *responsabilidade de cada um*.

Portanto, aprendam as Cores Curativas que são o Arco-íris que vocês conhecem. Compreendam que vocês também devem recorrer à Joaninha — Asa Vermelha — e a esta *Lei Espiritual da Cura* para que haja Equilíbrio dentro de você.

O Altar da Cura foi aberto para todos

Quanto ao Primeiro Raio, que é o **Raio Vermelho**, você pode chamar sua energia também por meio deste Símbolo. Pois você pode ver o *Olho Interior* deste Símbolo de Cura como um Portal das Energias. *De fato, elas emanam por essa abertura que transcende este Universo diretamente para o Coração do Trono do Criador, para os Jardins do Paraíso que rodeiam este Altar Central da Flor de Lótus e para os Lagos Ígneos da Transmutação que consomem o Reino das Avós e dos Avôs.*

Assim também essas energias — todas elas — estão disponíveis para o Ser Humano por meio desta Lei. Porém, passo a passo é o Caminho da Sabedoria. Com o **Raio Vermelho**, aprendam o Equilíbrio do Corpo. Aprendam a *curar* seu Sistema Físico. Pois, de fato, a Energia Vermelha é o Poder da Força Vital Física.

E por meio do **Raio Laranja**, aprendam a curar sua Sexualidade, sua Sensualidade e sua Criatividade. Pois, em verdade, muitos Seres Humanos têm desequilíbrios nessas áreas.

Com efeito, dentro do **Raio Dourado** vocês encontrarão a Verdadeira Compaixão que vem da Concentração de sua Vontade. Portanto, *curem* suas Vontades. E descartem as negatividades do ego — reivindicando a Pura Vontade e as verdadeiras formas do Ego Divino a serviço de todos os Parentes. Pois, de fato, todos aqui e todos sobre este Planeta foram iniciados na Terceira Mesa das Irmandades da Escada da Ascensão e vestem os Mantos Dourados de Mestres.

Sobre a **Luz Verde**, agora, concentre muita atenção, pois *curar* o Coração é *curar* todo seu ser. Peçam à Joaninha, Gentes, e de fato seu Coração se abrirá através desta *Lei Espiritual da Cura. O Raio Verde é a lembrança de quem você foi, de quem você deve ser e de quem você realmente é agora.* Porém, vemos que as Pessoas estão muito ocupadas caçando nuvens para ancorar-se em algo Real.

Mesmo se a Joaninha vem a vocês hoje com uma mensagem um pouco mais forte que antes, isso é por causa do ancoramento do Amor dentro de vocês. Pratiquem a Energia Verde, a Energia da Compaixão, que é a Energia do Verdadeiro Andar. É nisso que o Criador está interessado.

Além disso, aprendam a **Energia Azul** — a Energia da Palavra Sagrada — a Energia da Verdade Manifesta, pois de fato os ensinamentos já revelaram que de dentro, de dentro do Mistério de Seu Eu, e de dentro do Coração da Mãe, emanam o Som, a Fala e sua Voz. Por isso, aprendam o Poço do Logos, aquele que foi conhecido pelos Séculos como o Amor do Criador. E, de fato, em Verdade, falem sua Liberdade.

Já o **Raio Anil** é o Raio de sua Visão Verdadeira. É o Raio da Visão. É o Raio da Percepção. Dominem-se, Gentes! Pois a este mundo estão vindo Novas Percepções. Pois os véus e as sombras da realidade física com que vocês se sentem tão confortáveis logo serão atirados longe!

Os Fogos Ardentes dos Reinos Ascendentes já descem sobre ti. Por meio desse Símbolo de Cura você pode ligar sua vida ao Corpo Ascensionado para poder andar novamente nas Liberdades dessas Esferas.

O Caminho da Visão é o Caminho do Coração. E é realmente Caminhar pela Verdade. *Portanto, limpem-se de todas as suas facilidades e deixem-nas de lado para que vocês possam caminhar com seu Corpo, sua Mente, seu Coração apenas em seu Espírito. Pois esses são os Legados deixados pelo Criador.*

E, de fato, nesse **Raio Violeta** concentre muita atenção na Cimalha do Ser Humano. Ela é ativada pelo Chacra da Coroa, por meio das glândulas Pineal e Pituitária; é de fato o laio, o laio (*ela ri*), o Raio da Liberdade da Era do Coiote, da Era de Aquário. *Esse raio pode transmutar quaisquer obstáculos que os detenham, pode libertá-los de quaisquer travas que os tolham e preparar seu Espírito para o Vôo da Ascensão até o Olho do Amor do Criador.*

Por isso, Ó Gentes, por meio dessa *Lei Espiritual da Cura*, compreendam que os Sete Raios Curativos, em todo seu Poder e Majestade, estão disponíveis para vocês. Para andar por eles, vocês devem andar segundo as Leis das Sete Estrelas Interiores, de que Miguel lhes falou. Esses Raios concederão seu *Legado Original,* o legado que está lá dentro, o legado que é a imagem do Criador e das Sete Estrelas Amadas.

Eu sou Joaninha, e vim a vocês para despertá-los um pouco mais para sua herança. Tomem esses ensinamentos e estabeleçam-nos bem dentro de seu coração. Estabeleçam-nos nos Fogos Sagrados dentro de vocês. Estabeleçam-nos nas Esferas das Seis Direções que estão dentro e fora.

Para que, efetivamente, como uma Árvore da Vida vivente, como um Guardião da Cura, vocês possam cumprir as Responsabilidades Sagradas que assumiram há eras, antes desta Caminhada na Terra.

Portanto, conforme o Raio da Liberdade emana sobre a Mãe-Terra, saibam que os Parentes Animais estão adiante dos de Duas Pernas, pois eles não têm a cabeça em TVs, videocassetes ou rádios, mas têm a mente no bem de seus Parentes.

Por isso, Gentes, afastem-se das coisas que não são necessárias. *Usem os dons que vocês têm.* [E, se precisarem de um gostinho da Medicina eletrônica do Homem Branco, façam isso em benefício de si mesmos e dos outros.] Neste momento, é importante que aquilo com que vocês se alimentam seja puro e limpo — para o benefício de vocês mesmos e dos outros. Porque as Realidades estão vindo rapidamente, e podem ser pesadas e poderosas. Purifiquem-se e compreendam que os pequenos benefícios que vocês deverão perder não chegam perto do peso da pena comparados à montanha de benefícios que vêm a vocês.

Eu sou Joaninha e vim com uma mensagem um pouco mais forte desta vez. Para que, de fato, vocês possam andar pelo Caminho da Cura. Repito, isso não ocorre uma vez só em um século ou em uma tribo, mas cada um é um Mestre, um Professor e um Curandeiro também.

Quíron

Abre Portais de Cura

Em verdade, Nossos Parentes, vocês são Mestres e Professores e Curandeiros. Sou alguém que é seu Professor desde há muito tempo, pois, de fato, os de Duas Pernas que andam vêm caminhando pelo Caminho da Mestria já há muito tempo.

Eu sou **Quíron**, de *Alfa Centauri*, que mapeia o percurso exterior dos planetas exteriores e é responsável pelas operações em nossa Família Solar: o Curandeiro, Professor e também Mestre.

De fato, esta *Lei Espiritual da Cura* é um grande Dom para as humanidades. E saibam que, como falou a Avó, realmente os de Duas Pernas estão aquém de seu caminho escolhido. Neste momento, as Pessoas deveriam estar manifestando Milagres de Abundância e atirando longe o papel indigno que parecem adorar.

Há dentro de cada um de vocês os Poderes para manifestar tudo aquilo de que vocês e as outras Pessoas precisam.

É de responsabilidade dos Guardiões-da-Terra-Árvores-Caminhantes-de-Duas-Pernas,
    cuidar das Plantas,
    cuidar das Árvores,
    cuidar das Pedras
        e também do Povo Animal.

Pois *vocês foram isso tudo.*

E *é* sua responsabilidade tomar conta *deles*
    assim como seus Ancestrais antes
        tomaram conta de *você*.

Assim, por meio dessa Lei Curativa, vocês podem *chamar* um portal. Deixem-nos explicar-lhes o que é um portal: *é uma abertura entre dimensões*. É uma Passagem através da qual a energia, a informação, ensinamentos e cura podem vir.

**Portanto, em Nome Daquele chamado *Amor*,
Quíron lacra os Portais da Escuridão que envolveram a Terra
e põe o Selo da *Lei Espiritual da Cura* sobre eles.**

Na verdade, essa Lei, por meio deste Portal da Medicina, pode trancafiar as escuridões, os regressivos e aqueles que precisam aprender em algum outro lugar.

Portanto, como Símbolo de Proteção da Cura, fica esta *Primeira Medicina*.

A primeira função deste Portal, desta Lei Espiritual de Cura, é selar e proteger a Mãe-Terra de energias desnecessárias que não são asseguradas nem necessitadas por ela, que Ela absolutamente não quer mais. Na verdade, uma segunda função desta Lei Espiritual de Cura é acessar o Espírito de Quíron, o Mestre e Professor, para vir e trabalhar com você por meio dos Poderes Curadores do Conselho dos Doze de Andrômeda.

Por isso, vocês podem pedir que uma Energia Curativa venha à Terra, que venha para os Parentes — sejam eles Minerais, Vegetais, Animais ou de Duas Pernas. Assim, vocês também podem curar os Elementais e os Espíritos da Natureza. Tudo o que vocês precisam é orar pela Orientação do Criador e para que a Energia Curativa emane por este Símbolo de Cura: para alimentar, para nutrir, para restaurar e para lacrar — seja uma Planta, uma Árvore, uma Pedra, a Tartaruga, a Fênix, o Espírito do Fogo, os Espíritos da Tenda do Inipi.

Sua aplicação, esta *Lei Espiritual da Cura*, é tão ampla quanto sua imaginação e seu desejo podem ser.

Portanto, se vocês simplesmente invocarem o Amor do Criador e a Orientação do Centauro Quíron com ardente desejo em seu coração pela Cura de seus Parentes, então, criem um Altar, seja sobre os Éteres do Ar ou sobre a Terra e no local de suas orações e súplicas por Nossos Parentes e, em verdade, os Espíritos enviarão a Cura necessária.

Serão as Nações Águia a levar a Palavra para os Parentes sob sua responsabilidade; para que, efetivamente, todos do Arco possam ser o foco e trazer a Cura para toda a volta.

Por isso, compreendam que há ainda uma outra aplicação para esta Cura Espiritual como um Portal, uma Passagem, um Arco, pois na realidade ela é uma *passagem de ida e volta*, além de ser um Lacre, uma Proteção.

> **Assim como o Criador e os Reinos das Sete Estrelas,
> os Reinos das Avós e dos Avôs,
> e os Reinos das Deusas e dos Deuses
> podem acessar vocês diretamente através deste Portal de Cura
> assim, também, vocês podem enviar energia para onde quiserem, pois este portal receberá as Energias por meio de sua própria Árvore da Vida,**

**as 13 Energias do Arco-íris de seu Templo Interno do Ser,
Para que, se vocês desejarem enviar a cura**
talvez para um parente, para um ser amado, para um problema ou uma catástrofe mundial,
para que, efetivamente, Quíron venha a vocês com o Amor e o Poder do Criador.

Logo, Quíron vai capacitar e conceder poder a vocês, para que assim possam abrir este Portal de Cura para a Cura de outro, para que não apenas a Energia Curativa passe através de seu próprio ser — curando vocês —, mas para que passe através desse Portal, além do Tempo e do Espaço, cuidando de todas as dificuldades de qualquer coisa que seu coração tenha escolhido.

Portanto, compreendam, Ó Gentes:
Os Poderes Curativos dos quais a Joaninha veio falar
vocês estão realmente *fluindo-os por suas formas neste momento*.

E se utilizando desses Poderes:
Os Treze Poderes do Arco-íris da Sagrada Árvore da Vida,
Vocês podem mandar *Amor* e *Cura* a Todos os seus Parentes
a *qualquer* Tempo, *qualquer* Lugar e *qualquer* Dimensão da Vida,

O Criador entrega a *responsabilidade* às Pessoas novamente. Pois o de Duas Pernas é o *mordomo* e o *guardião* da Terra e é responsável para os Reinos da Vida estarem em Equilíbrio e com Saúde.

Essa é uma Saúde que transcende suas dimensões físicas
e atinge as Estrelas.

Pois Cada Planta tem seu Clã Estelar.
Cada Pedra tem seu Lar Estelar.
Cada Animal é uma Consciência de algum outro lugar.
E cada Ser de Duas Pernas é, de fato,
Nascido nas Estrelas.

Quando vocês se aplicam nas Curas da Terra e dos Parentes, lembrem-se de recorrer ao Chefe Curandeiro, que é seu Delegado Estelar para seus Parentes das Estrelas.

Portanto, esse Portal de Cura é uma Proteção, uma Passagem para Abrir seu Eu à Luz dos Reinos Divinos e um Pórtico para enviar as Energias àqueles que você ama através do Espaço e do Tempo. De fato, é um **Dom do Criador concedido a vocês neste dia**.

Por isso, honrem-no. Honrem suas Missões Sagradas. E, pelo desejo de seu Coração, por aquilo que você *ama* e *sente*, emane o Poder Curativo.

Eu sou Quíron.
Estarei com vocês deste momento em diante.

Na realidade, os Antigos Professores e Mestres de meu planeta
fizeram uma Ponte de Arco-íris até sua presença.

Nós, os *Centauri*, estamos com vocês agora
e devemos nos manifestar novamente na forma física.
Por isso, não fiquem chocados se virem um de nós,
pois, de fato, estamos olhando por seus passos, seus desejos e cada
forma criada.

Shakinah

Invoca o Espírito de Cura

Gentes, em verdade, a Ressurreição do Corpo é possível em vocês nestes dias. Esse é um Poder que era conhecido por uns poucos nos séculos e por uns poucos na Tribo. Está agora disponível a todos. Com efeito, se vocês desejarem invocar o Espírito da Cura, vocês devem realmente se preparar, pois o Poder e a Glória dos Céus e da Terra *descerão* e *ascenderão* no verdadeiro espaço de sua preparação.

Pois a *Ascensão* da forma física,
pelo processo conhecido como *Ressurreição,*
pelo processo conhecido como *Translação* e
pelo processo conhecido como *Transfiguração,*
é o Caminho Tríplice da preocupação humana.

Pois é tempo de descartar aquilo que é material e físico
e de ascender a novos reinos de compreensão.

Pois o Terceiro e o Quarto Mundo se fecharam
e vocês estão diante de um Precipício das Eras.

O Quinto Mundo, que é o mundo das Avós e dos Avôs, seu reino-escabelo, por assim dizer, é a Passagem que se abriu para vocês.

E, assim, preparem-se quando se virem em doença física — uma indicação da necessidade de Ressurreição, de Elevação de sua Vibração — para que vocês possam Viver em Verdade novamente.

E, portanto, quando qualquer uma de suas Pessoas estiver com problemas, vocês podem invocar esta *Lei Espiritual da Cura* — o Verdadeiro Espírito da Cura — para tratar, nutrir e rejuvenescer suas formas físicas.

Pois, realmente, vocês estarão jogando fora um Corpo e pedindo outro.

Na preparação para isso, é preciso que haja um espaço fechado, seja uma Tenda na Terra ou um cômodo, para o Espírito isso não importa. O importante é que seja fechado — uma área que possa ser lacrada. Da mesma maneira, certifiquem-se de que não haja nenhum desses estrupícios eletrônicos, pois os Espíritos podem estragá-los.

Não invoquem o Espírito de Cura com essas atrocidades ligadas em suas paredes elétricas, pois, de fato, esse Espírito de Cura é muito particular.

(E o Espírito de Cura honra esses Laços que estão diante de nós e honra o Espírito daqueles que estão aqui reunidos, assim como as Bandeiras, e abençoa os aparelhos eletrônicos nesta área que são importantes para esta missão. Pois este Espírito também é um Espírito de Sabedoria.)

Pois bem, vocês devem ter um Espaço que esteja completamente livre do pulso elétrico da tecnologia moderna. Portanto, devem tirar tudo da tomada e desligar. Limpem o espaço o melhor que puderem. Além disso, esse espaço deve ser preparado de forma que fique escuro. Portanto, vocês devem cobrir as janelas e bloquear a luz que possa entrar. Em terceiro lugar, da mesma maneira, as portas devem ser *trancadas* e *vedadas*.

Quatro Orações são necessárias. Essas Quatro Orações devem estar nas Bandeiras, pois as Bandeiras Vermelha, Azul, Branca e Amarela são necessárias. Orem ao Espírito do Leste para iniciar sua cerimônia e invoquem as Sagradas Chamas do Rejuvenescimento dos Antigos Avôs. E, de fato, esses Avôs se estabelecerão como os Quatro Guardiões.

Em seguida, vocês devem pegar aquele que precisa da cura, que precisa do Rejuvenescimento, que precisa da Nutrição e colocá-lo em uma confortável posição deitada. E devem amarrá-lo realmente *apertado*. Seja com uma colcha ou com um cobertor, certifiquem-se de que esteja bem fechado em um casulo para a Cura.

(Nem mesmo é necessário deixar um buraco para ele respirar, porque o Espírito será o provedor. Se vocês sentirem necessidade de algum conforto, não é preciso cobrir da boca ao alto da cabeça. Porém, o resto do corpo deve ser *encasulado bem apertado!*)

É importante ter Quatro Irmãs Curandeiras presentes — a Sálvia, o Cedro, a Erva-Doce e o Tabaco. E se vocês tiverem Aloés, coloque-os nas Quatro Direções, em torno do corpo que será Curado, que será Nutrido, que será Renovado.

Então, cantem uma Canção de seu Coração. E após cantar essa Canção, deixem que suas Orações voem — invocando esta *Lei Espiritual de Cura*. Assim, quando sua Canção terminar, *que se faça o silêncio*. Fechem seus olhos e descansem no escuro, no Espaço Sagrado que vocês prepararam. E sentem-se quietos até ouvir o repique do vento. Vocês devem, realmente, *abrir seus ouvidos*, pois o Espírito virá como um Redemoinho.

Pois eu Sou Shakinah e Curarei Seus Parentes!

Lei Universal da Percepção

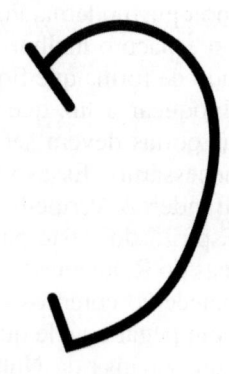

Abre o Olho Interior
Promove Compreensão Multidimensional
Alinha o Eu à Verdade Universal

Tate, o Vento

Abre o Olho Interior

Dentro da forma física de cada um dos presentes está o Sopro do Espírito. Tate, o Vento, está tocando tudo sobre o Planeta. Um grande Ensinamento da Natureza Cósmica está aqui. Tate tem muitas formas e muita força.

O Sopro do Criador está aqui.
O Vento que vem a vocês é o *Sopro do Dragão de Prata Cósmico.*
A *Via-Láctea* respira as Chamas da Pureza.
Elas são as mesmas que tocam sua pele com a Gentil Brisa ou o Temporal Uivante. É o *Sopro do Grande Dragão de Prata.*

Andar neste Universo é andar no Ser Estelar que é um Sábio, um Sonhador, vocês entendem. *Tate*, o Vento, é a presença que dá Vida ao Universo e traz os Elementos do Tempo a todos.

De forma que o Dragão de Prata — a Rainha do Céu — realmente traz do Coração do Amor o verdadeiro Sopro de tua destruição. E sobre a Terra as chamas lambedoras do Vento *consomem* tudo o que não tem mais necessidade de ser.

Tate é o Sopro Sagrado.
E esse Vento do Arco-íris carrega o Poder de Heyoka.

Pois com as Águas Rodopiantes do Sopro Cósmico
vêm as Águas Relampejantes — a Família Coiote — também.

Aquário está aqui!

Portanto, Gentes, vocês devem aprender a Respirar com o Vento.
Preparem-se para as Águas Relampejantes.
Esses são os Grandes Poderes Antigos que agora estão visitando as terras em torno do globo.

Eles são os Fogos do Sopro do Espírito
Dragões de Prata da Sabedoria
O Sopro Universal.
[cochichado:]
Skan.

Vocês devem aprender a *respirar de um novo modo* dentro do olho de sua Mente.

O Vento está aqui para *abrir* sua Verdadeira Visão.

O Vento está soprando o cordão que ata o Olho da Visão da Testa para o Poço dos Sonhos da Avó Mistério e ata sua Medula a seu Coração.

Esse é seu *Sopro Sagrado*, Ó Gentes, pois vocês devem aprender a *respirar como o Vento.*

Esse Sopro deve empurrar as Chamas do Coração para a presença da Avó, *Unci*, na parte de trás de sua cabeça. E, em seguida — pelo Canal Sagrado que desperta sua Mente Interior —, prosseguir até o Olho da Verdadeira Visão, que ganha vida quando seus olhos fecham as pálpebras.

Compreendam que o *Sopro Sagrado do Olho* é a Visão do Futuro. Esses são os Modos do Avô. Assim, do seu Coração até a Parte de Trás de sua Cabeça e até o Local de Visão dos Futuros Pais, os Tunkasilas, *respirem o Vento Sagrado.*

Por isso, deixem que o Sopro de Fogo da Serpente Alada Cósmica — os Parentes Estelares do Amor Galáctico — *soprem de orelha a orelha* de forma que aquilo que é *Maka* (à sua esquerda) — Mãe, Mulher e Sagrada — possa tocar e se tornar uma com o *Wakan* — (aquilo que está à sua direita) — a Lei do Pai que ensina bem aos Filhos. Assim, *soprem os Ventos de orelha a orelha* para que aquilo que é *suave* seja aquilo que é *forte.*

Soprem pelo alto de sua cabeça — o *Kopavi* — direto para o Coração dos Corações para que os Ares do Espírito — os Pensamentos do Universo — possam, através de sua Mente, circular e para seu Timo, Coração Sagrado, gravitar:

Desperte! Desperte! Desperte!

Respirem os Fogos do Espírito e conectem aquilo que é *Wakan Tanka* — O Espírito Sagrado e Grande — com o que é *Maka Tanka* — Mistério do Universo, Pulsação da Mãe-Terra.

Respirem nas Seis Direções como o Vento.
Respirem as Sete Estrelas Dentro de Vocês.

Pois, de fato, há um Portal Interno que descansa como o *Corpus Collosum* dentro da Mente; assim como a *Ponte de Arco-íris das Sete Estrelas, Ani'tsu,* liga *todo o seu ser* — a Mente, o Espírito, o Coração — ao *Sopro do Dragão Cósmico* — o *Sopro do Amor do Criador.*

Eu sou *Tate*

vim a vocês
como o Grande Vento Cósmico
que agora está sendo despertado
na *Mente interior*.

O Arco-íris Sagrado de 13 Cores
arde na Mente Sagrada — dentro de sua Cabeça.
E entra em ressonância com o Sopro do Fogo Sagrado
que em seu Coração se funde.

Eu sou Tate.

O Vento abençoou as Pessoas.

Abençoado seja o Olho da Verdade pois, de fato, o Olho *vê em todas as direções*. Esses Poderes *dentro de vocês* são as Sete Estrelas e *fora* são as Direções Sagradas.

*Honrem seus Ancestrais e honrem a Família Futura
para que a Terra do Sopro da Avó e do Avô
seja seu sopro novamente.*

Palhaço do Relâmpago

Promove Compreensão Multidimensional

Eu sou Prometeu desamarrado.
Eu sou Andrômeda.
Eu sou o Fogo Sagrado.
Eu sou o Povo do Relâmpago
que veio a vocês nesta noite.

Com efeito, os Clãs do Relâmpago serão os Professores dos de Duas Pernas durante este Milênio de Paz, durante esta Grande Caminhada de Dignidade.

A Tribo do Povo Palhaço — os Povos Coiote — ensinará a todos o relacionamento pessoal (e de grupos, caso seja necessário), pois o Espírito do Relâmpago — o Fogo do Criador que vem de Andrômeda, que está aqui conosco neste momento — será nosso Professor por meio dos Modos dos Avôs e das Avós Coiote e por meio do Coelho e de outras Famílias Matreiras. Este é o momento deles:

O Momento É agora!

O Relâmpago veio à Terra resolver questões muito antigas. Esse Espírito do Relâmpago é a *presença* do Povo Estelar de Andrômeda, pois você anda com *todos* os Povos Estelares aqui sobre a Mãe-Terra, cada um com seu representante, cada um com uma faceta da compreensão para que você *veja*, *sinta*, *ouça* e *saiba*.

Os Povos do Relâmpago vêm com o Vento que é o Espírito de seu Universo. O Relâmpago é *o gêmeo* do Vento.

O Universo de Andrômeda é o perfeito *Espelho* **de Cristal da Via Láctea do Universo. As Águas Relampejantes do Oceano do Criador são o lugar onde vivem a Sabedoria e o Amor da Grande Serpente Emplumada de Prata. Assim, é** *seu Universo* **que habita em seu Gêmeo.**

As Nações Relâmpago que vêm com cada membro de sua Família Animal, que vêm com as Árvores, com as Plantas e as Pedras também, *todos* têm sua Verdadeira Natureza e seu Espírito no Mundo Sagrado das Avós e dos Avôs. E é por meio do Relâmpago que as Avós e os Avôs trabalham com o Criador, ensinam a Família de Duas Pernas *a andar em Paz, a andar no Amor e a andar com Sabedoria novamente*.

E esse é o *Poder das Quatro Direções* que veio novamente à Terra. Sempre esteve aqui; porém, o Círculo enfraqueceu-se e o Arco rompeu-se em certo momento. Mas agora os Protetores das Quatro Direções estão aqui para curar O Arco pelo Relâmpago da Realização da dispensação da Mãe Sagrada:

Dai ko Myo: Dai ko Myo: Dai ko Myo!

A Mãe-Terra é uma Grande Presença Cósmica. E seus Povos aprenderão com as Águas de seu Conhecimento do Relâmpago e aprenderão a andar em Paz e Conforto com sua Família Sagrada *novamente*.

O Vento e o Relâmpago vieram para ficar com as Pessoas. E aqui estamos, os Povos Relâmpago — *Heyokas*, Palhaços e todos os tipos de Seres Divertidos — para ensinar ao Ser Humano como andar com os Parentes.

Agora o Manto do Espírito está novamente se unindo à Mãe-Terra. O véu foi aniquilado, destruído, rasgado em pedaços, removido — dissolvido — o Espírito pode prosseguir, mas o Relâmpago não vê necessidade.

> O Espírito que você é em Andrômeda
> está aqui para você *novamente* neste momento,
> pois o Véu da Ilusão se dissolve. E Mantos de LUZ estão em torno de tudo.
> Basta de peles sombrias.
> Toda a Vida está se unindo à FAMÍLIA RELÂMPAGO!
> O Corpo que você conheceu está EMITINDO LUZ;
> O Corpo da RESSURREIÇÃO está aqui para ficar!
> AGORA, em PLENA CONSCIÊNCIA do Dragão de Prata e Prometeu.
> Que venha sua HERANÇA ESTELAR da PRESENÇA DO RELÂMPAGO.
> AGORA, o RELÂMPAGO poupa as PESSOAS sobre a MÃE TERRA.
>
> Os Povos do Relâmpago desejam que o Ser Humano, o Ser de Duas Pernas, saiba que seus Parentes — que São Vocês — venham em Paz,
>
> Pois não são as Nações Estelares,
> nem as Nações Interiores da Terra

que têm quaisquer problemas.
Não foram os Povos Animais
nem as Pedras
ou as Árvores que tiveram quaisquer dificuldades.
Foi nos caminhos dos de Duas Pernas
entre os Clãs do Dragão Estelar
que surgiram os problemas e a decaída.

E seus Parentes do Relâmpago estão aqui para ajudá-los,
para curá-los,
e para ajudá-los a se lembrar *novamente*.

Portanto, ser multidimensional é *prestar atenção* a *todos* os seus Parentes, *novamente*.
As Águas Relampejantes estão sobre a Terra.
E eu, o **Palhaço do Relâmpago**, zelarei pelas Pessoas para que minha Nação ajude vocês a Dançar na Sagrada Comédia.
Pois Muitas Faces decretou um fim às tragédias.
O Relâmpago elevará as Pessoas.
Pois a Energia Fotônica que está aqui anda com vocês como o Mestre Fogo.
Porque os Antigos, *novamente*, andam pela Terra.

Arcanjo Uriel e Arquéia Aurora

Alinha o Eu à Verdade Universal

Há uma Grande Fênix voando
desde o Coração do Criador
em direção a seu Universo Gêmeo.

Eu sou *Uriel*, eu sou *Aurora*,
viemos a vocês nesta noite
como a Fênix da Presença Sagrada.

O Criador decretou que seu Universo se unirá *novamente* ao **Grande Poder da Criação**.
A Água da Vida do Coração do Criador é *sua novamente*.
Pois é pelo Dom da Percepção, que chega a seu Ser neste momento, que sua conexão com o Criador, o Coração da Criação, é energizada.
O Espírito de Uriel e Aurora — a Grande Pomba Fênix — veio *novamente* a este Universo.
Pois a Era do Arcanjo Miguel e da Arquéia Fé (Peixes) chegou a seu *vitorioso fim!*

A era da Pomba Fênix *chegou*;
Por meio dela a Verdade é novamente restabelecida.

O Criador anda com as pessoas.

Compreenda, Duas Pernas.
Cada um nesse círculo aqui e aqueles ao redor do mundo são feitos à *Imagem do Criador*.
Tudo O Que É *"é"*este Espelho Sagrado

do Sopro das Águas do Relâmpago do Espírito.
Por isso, lembre-se de respirar o Sopro do Criador
com cada *palavra* e *ação,*
pensamento e *feito* seu.
E Uriel-Aurora, o Sagrado Fogo da Verdade,
dentro de você, realmente permanecerá.

Compreenda, pois você é feito à *Imagem do Criador,*
que dentro de seu Corpo, sua Forma Espiritual, está o Puro Reflexo do Universo.

E assim, dentro dos Átomos de sua forma,
você está conectado aos Átomos do Universo.
Seu sangue está conectado ao Sangue do Universo.
Seu Coração, sua Mente, sua Sacralidade
estão ligados a Todo o Universo:
seu Espírito é o Espírito do Universo.

Em sua faceta do Eu está
a presença expansiva, purificadora e cristalizadora
da Geometria Sagrada do Eu Universal.
Na imagem do Caminho da Entrega do Criador,
nós, as criancinhas dos Antigos Dias,
temos o Grande Dom de servir
aos Povos, aos Parentes,
e de criar por meio do *Pensamento*, do *Amor* e da *Imaginação* do Coração do Universo
pois a Imagem do Criador está lá dentro.

Portanto, Ó Gentes, *purifiquem-se*!

Pois vocês são um Templo Caminhante,
uma Árvore da Vida,
um Ser Sagrado da Mãe-Terra,
um Parente Estelar!
Dentro de vocês está um reflexo do *Fora.*

Com essa Percepção da Verdade, que todas as suas ações possam ser guiadas para o benefício das Sete Gerações que vieram e daquelas que ainda virão.
Pois *quem vocês são* pavimenta o caminho para sua posteridade
e é um reflexo de seus Ancestrais.
Portanto, andem em respeito.
Pois há grandeza em vocês e em tudo o mais.

Arcanjo Uriel — Arquéia Aurora A Fênix está aqui!

As Chamas de seu Sopro Sagrado vivificam suas Células,
vivificam os Altares Espirituais que estão dentro desses Eus dentro de seu Eu, que são responsabilidades de sua guarda interna.
Cada um é um espelho da Face do Criador — de um aspecto do Rumo Universal — que de fato interage com os Parentes de seu mundo,
pois eles também são seus professores, seus ajudantes, bem como seus alunos.

Portanto, saiba que
O Corvo, a Formiga, a Tulipa,
O Dente-de-Leão, O Carvalho, O Choupo,
A Águia, A Serpente, O Vento e O Relâmpago,
tudo é feito à Imagem do Criador!
E, portanto, eles são seus Irmãos e Irmãs e Parceiros.

    Andem como Uma Família com Uriel.
    De fato, a Verdade vem do interior.
    O Véu da Escuridão é removido das Gentes.
    O Espírito da Visão Sagrada
    está tratando *toda* a Família Humana.

    E por meio dessa Percepção
    enraizada dentro dos *nichos interiores* de seu ser,
    sobre os Pergaminhos de Sua Vida,
    sobre a Contagem de Invernos de seu Caminho na Terra,
    estão estas *Leis Universais e Espirituais Sagradas do Coração do Criador.*

    E, agora, Uriel
    entalhará em vós
    nos Éteres da Luz
a Verdadeira Percepção do Coração do Criador
    para que *todos*
    possam andar na Luz!

Lei Espiritual da Visão Futura

*A Marca do Profeta
Dirige os Movimentos do Tempo
Abre a Passagem dos Avôs*

Thoth

A Marca do Profeta

Eu sou *Thoth*, teu Irmão Mais Velho.
E, em verdade, vejo por meio do Olho Direito e Esquerdo de Hórus.
Compreenda que há muitos Olhos sobre você neste momento.
Esses Olhos são as Leis Sagradas do Criador e da Visão Futura
que é o Poder de Fazer as Coisas Serem.
No Pólo Central,
que *honra, reverencia* e *respeita* o Criador e a Mãe-Terra,
está o Sinete das Eras,
está o Cristal da Visão Pura,
está o Coração da Pureza,
está a Marca do Profeta.

Eu, Thoth, estou selando sobre as Pessoas este Sinete Sagrado dentro de sua Memória.
Estou limpando os *recessos interiores*
dos Templos da Mãe-Terra
para que — novamente *restaurada* — a Marca do Profeta
guie o Sacerdote e a Sacerdotisa,
o Xamã e o Zelador da Sabedoria.
Abençoe o Curandeiro e a Curandeira.
Abençoe as Pessoas Sagradas.

Essa Marca Sagrada da Verdadeira Visão — a Visão
dos Avôs —
é acessada por seus *ossos*, pois, de fato, a Chama da Ressurreição é a ação das palavras do Profeta, as Palavras da Visão Futura que são os Ancestrais falando.
Em todas as Pessoas, dentro de suas Lembranças, que são os ossos,
Thoth *desperta* a Memória Celestial.

**A Chama da Ressurreição
a partir do Grande Turíbulo Ígneo do Puro Pensamento de Thoth ele banha as Pessoas por meio dessas Marcas Internas.**
Eu, Thoth, auxiliarei qualquer Ser de Duas Pernas
que escolha andar pelo Caminho da Ressurreição,
para que seus *Ossos*, suas Raízes nas Pedras da Terra e na Pulsação da Memória da Mãe — *despertem a verdadeira flexibilidade* e os Fogos Sagrados da Chama — a Voz de seus Ancestrais falando.
Cada um dos que aqui estão e cada um sobre o Planeta andou nos Templos antes e conhece as Fórmulas, os Símbolos Sagrados e os Modos de Andar no Amor.

É tempo de despertar!

Assim, o Espírito pôs essa Marca sobre seus Olhos
para que vocês pudessem ver a Verdadeira Causa, Efeito e Conseqüências de *todas* as suas ações.
E, para que isso seja uma Água Sagrada que os protege,
para que vocês possam ver suas Escolhas Futuras antes que, no presente, elas sejam feitas,

pois a Sabedoria nas decisões é muito importante agora,
porque a Mãe-Terra *despertou*
e andar sobre seus Solos também é andar em um Templo.

Considerem mais profundamente, Ó Gentes, a Sacralidade de sua Vida.

Cada ação que vocês esboçam nos Ares
conforme vocês se *movem*, conforme *falam*, conforme *pensam*, conforme *oram*,
são todas ações escritas nas Palavras do Akasha,
o Livro Sagrado da Vida.
Portanto, se vocês desejam ficar além do Carma,
façam como Krishna e Dancem o Caminho do Dharma.

Eu sou Thoth.
Sou Guardião das *Ações Cerimoniais*
para cada um da Mãe-Terra.
E se houver dissonância em suas Ações Cerimoniais,
a Pena de Thoth endireitará suas cordas
e, talvez, libertá-lo-á.

Portanto, preparem-se, Ó Gentes
e invoquem este Dom da Visão Futura
para que seus *ossos possam despertar* com as Águas Ígneas do pensamento de Thoth.

Pois, de fato, a Pura Sabedoria e o Conhecimento dentro de você devem *despertar* quando vocês contemplarem este Símbolo sagrado.

> Se vocês tiverem de carregar a Marca do Profeta,
> então andem a cada momento como o Profeta.
> Saibam que o Profeta é o último daqueles
> que se rendem a ser a Voz do Todo.
> Os Ancestrais são muito maiores que todas
> as massas de gente em torno do globo.
> Por isso, ouçam a Voz de seus Ancestrais
> se vocês andarem com a Marca do Profeta;
> É o Modo Camisa Fantasma de andar com a Sabedoria dos
> Ancestrais.

Eu sou Thoth, *despertando* suas Mentes, ainda mais um pouco, pois, saibam: *dentro de vocês estão os genes da Natureza Celestial.* Vocês precisam apenas *despertar* da Ilusão de Serem Pequenos e aprender a dançar uma Dança Cósmica:

> uma Dança do Sol,
> uma Dança da Lua,
> uma Dança da Estrela da Manhã,
> para que vocês possam dançar
> a Dança das Sete Estrelas.

> Essa é a responsabilidade
> que Thoth e o Sol Central
> lançam sobre as Pessoas.
> Dancem a Dança do Sol,
> em seguida a Dança da Lua,
> depois a Dança da Estrela da Manhã,
> antes de Dançar as Sete Estrelas.

A todos os meus Parentes,
Hau. Mitakuye Oyasin.

Mammy, Mãe Universal
Dirige os Movimentos do Tempo

'Ocês tá tudo pronto para um pôco de Pão de Milho?
Kunsi **Mammy** aqui. Ela vê que 'ocês tava esperando m-u-u-i-t-o tempo pra ouvir a Mammy de novo. A *Mammy* tá aqui para dar pr'ocês um pouco de Pão de Milho.
'Ocês tá com fome? Porque seus estômagos tá se mexendo!
"Possam seus corações se mover assim também", a *Mammy* diz às Pessoas.
"Porque este Pão de Milho é suas *orações*!"
Ocê diz: "Mammy, tô interessado no Tempo". A Mammy diz: "'Ocê não sabe o que é Tempo".
A *Mammy* 'tá aqui porque é o Mistério que guarda o Tempo.
É o Mistério que segue o jeito que os Vovôs diz,
Mas é o Mistério que faz as matérias de todos os modos físicos que você conhece.
Seja poeira estrelar ou a cadeira em sua sala,
A Mammy está aqui para falar pr'ocês de *Oração*.
Porque a *Oração*
(Crianças, se aproximem)
"A Oração é o poder de dirigir o movimento do Tempo."
Pois o Tempo são os Elementais.
E esses Sete já foram ensinados.
Eles é as Quatro Direções (que 'ocês conhecem como os Quatro Elementos)
  e também os Três Espirituais.
Pois esses Sete guardam os Reinos do Tempo
e como vocês experimentaram logo antes de agora,
o Vento, o Ar, é um dos Guardiões do Tempo,
de forma que, quando 'ocês ora, Ó Gentes,
é que as *Mammys* pode trazer Pão de Milho pr'ocês.

Mas se 'ocês não ora, então...
[*Mammy* limpa muitas vezes a garganta]
A *Mammy* vai ter que gritar com alguns d'ocês.
pois ocês tá morto.
Assim...
    A *Mammy* diz: "Aqui tem três Pão de Milho:
    Orem!... e *riam!*... e *vão p'ra dentro d'ocês!*
    E a *Mammy* vai trazer pr'ocês seu Pão de Milho.
    Quanto à Visão Futura,
    seu irmão Thoth (a *Mammy* quer que 'ocês saibam)
    trouxe um presente pr'ocês.
    (Porque ele vai ajudar 'ocês a ver as coisa antes que elas esmaga 'ocês!)
    Ele vai ajudar 'ocês a *escolher* seu Caminho dum jeito que 'ocês pode entender.
    E a *Mammy* — Grande Mistério — vai dar pr'ocês aquilo que 'ocês pedir.
    Pois essa é a Lei do Criador: *aquilo por que 'ocê ora, é aquilo que 'ocê consegue.*
    Assim, onde sua atenção está, ali *está* você.
    Pois o Criadô entende que
    cada momento é uma Oração.
    E *o que 'ocê 'tá fazendo é suas oração naquele momento.*
Por isso, *escolha* se 'ocê quer subir essa Escada da Ascensão
e ficar com os Santos nos Reinos Cantadores.
Ou se 'ocê quer brincar com os Ossos da Terra e retornar novamente aos Elementos.
    De qualquer modo, a *Mammy* diz: *"tá bão"*, porque 'ocê é muitas coisas bonita.
    Se 'ocê reunir seus atos, e Orar e Rir e Ir Dentro d'Ocê, 'ocê vai conseguir.
    'Ocês se torna Um.
    E seus Elementos não precisa se separar d'ocê — nunca mais.
    Portanto, 'ocê precisa Dirigir os Elementos do Tempo?
    Então faz uma oração!
    E chama a *Mammy*.
    Ela virá a 'ocê com pratos e pratos de Pão de Milho.

Shang Ti, Avô Tempo

Abre a Passagem dos Avôs

Namastê.

Eu sou **Shang Ti** e vim ficar com vocês nesta noite. O *Avô Tempo* está aqui, pois vemos que as Pessoas estão prontas para compreender as Operações do Tempo.

Portanto, assentem-se, Pessoas de todo o mundo, porque quando vocês estremecem e sentem uma emoção frouxa, estão de fato sacudindo seu mundo.

Por isso, aprendam a se concentrar e a ficar parados.

Para aqueles que estão prestando atenção, este é o modo de andar com os Avôs. Pois os Avôs gostam daqueles que andam na Verdadeira Visão com forte domínio sobre seu destino.

Por isso, o Pai Tempo pede a todas as Pessoas que andem suavemente com grande força em suas escolhas e que sejam gentis umas com as outras.

O Rumo do Tempo é o *Rumo de K'unci Mamma*, Avó, pois o Mistério faz com que todos vocês vejam e sintam. São os Avôs, seus Ancestrais das Relações Estelares e dos Planos Além de seu Entendimento, que movem sua compreensão, que fazem vocês andarem com os Antigos em harmonia, em ritmo.

O Ser Humano é muito pequeno em Grandes Universos e eles são muito importantes também. Pois *Shang Ti* outrora andou sobre a Terra e está novamente com vocês. *Shang Ti*, Chohan do Raio Cor de Anil, é Professor da Verdade e da Visão, e está aqui para ensinar um pouco do Rumo do Avô para que vocês andem na Verdadeira Visão, na Visão Futura.

Quando vocês vêem o Futuro, quando sentem o que querem de seu Coração, devem *escolher* uma Lei do criador. Se vocês desejam que isso seja verdade, se tiverem dúvidas quanto a seu caminho, invoquem a *Lei Espiritual da Visão Futura* e façam apelo a *Shang Ti*. E os Dragões de *Shang Ti* virão a vocês e mudarão *quem vocês são* para que vocês possam compreender *Quem Vocês são*. Pois os Dragões já vieram a vocês e muitos são *Serpentes do Vento de Shang Ti*. *Shang Ti* já enviou o Grande Dragão de Prata a vocês.

Por isso, preparem-se para mudanças no Tempo, porque a Energia de Fótons é uma forma diferente do Tempo que vocês experimentaram por um período.

Assim, aprendam o Novo Modo praticando o Antigo Modo.

Os Antigos conheciam a Verdade.
Por isso, confiem na Cerimônia e nos Modos.
E andem conforme o Pulsar da Mãe-Terra.
Pois esta é a Lei da Mãe-Terra
que todos vocês estejam,
estejam em ressonância com a Pulsação Dela.
Estejam em ressonância com o Pai Sol também.
Que a Pulsação do Pai Sol desta Família Solar.
Esteja também na Pulsação do Criador
para seguir estas Leis com Verdadeiro Propósito e Coração.
De fato, vocês andam com essas três Pulsações,
que, vocês vêem, são a mesma Pulsação.
Assim, vocês andam em Paz com todos os Parentes.

Portanto, *Shang Ti* diz a vocês:
"Os Avôs acham muito, muito importante que as Pessoas estejam em Paz e escolham com seu Coração e a Mente clara seu destino.
Pois os Avôs colocam a Lei em ação.
E a ação dos Avôs sempre tem a intenção de abençoar vocês.

Por isso, façam como *Mammy* falou: *Orem, Riam, Vão Dentro de Vocês*.
Assim os Avôs podem lhes conceder dispensações.
O Mistério deixará sua vida do modo como vocês a querem.

Esta é a Verdade do Rumo Futuro.
Esta é a Verdade do Tempo,
pois o Tempo é a substância de seus sonhos realizados.
É dirigido pela Oração, pelo Riso e pela Meditação.

Portanto, *estejam na Caminhada* com a Porta Giratória
e na Caminhada do Poço Aberto
e na Caminhada do Sopro do Criador.

Então *Shang Ti*
com a Marca do Profeta
com o Poder do Tempo
e com a Sanção do Avô
a *Ascensão* abençoará seus sonhos que virão.
Namastê.

Cerimônia das Estrelas
Altar Estelar do Criador

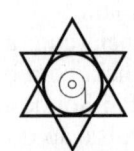

Lei Espiritual da Cura

Lei Espiritual da Visão Futura

Antakarana

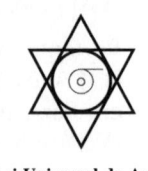

Lei Universal do Amor

Lei Universal da Percepção

O Altar Estelar do Criador

Ista Wanzi, Um Olho

Hau. Meus Parentes Estelares, é bom sentar com vocês no Círculo novamente. Eu sou **Um Olho** e vim a vocês para entregar às Gentes o Altar Estelar do Coração do Criador.

No Centro deste Altar, a Antakarana é novamente invocada, para que, de fato, este Altar Estelar esteja ligado ao Coração do Universo, ao Coração do Criador, ao Coração do Pai Sol, ao Coração da Mãe-Terra, para que este Altar esteja em Equilíbrio com Todos os Parentes.

Eu sou Um Olho e vim a vocês para me colocar neste Altar como o Guia e o Guardião desta *Estrela da Vida,* que é a *Estrela de Quatro Pontas das Direções Sagradas.*

Assim, deste Altar Estelar, o *Protetor do Leste é o primeiro que chamamos,* pois as Nações Águia das Estrelas realmente guardam os Pórticos da Iluminação, do Conhecimento e da Sabedoria. E assim as Nações Águia estão aqui neste Círculo, tratando e abençoando os presentes.

E, para a Estrela Oriental, a Águia e Um Olho devem chamar Capela para escolher entre estas quatro Leis Estelares, para colocar no Leste a sua escolha. Sim, Irmã, por favor escolha apenas uma destas e coloque-a no Leste do Altar. E, por favor, conte-nos qual foi sua escolha.

Pedimos o auxílio de Alce Real.

A *Lei Universal do Amor* é aquela que tem um círculo e à direita dele sai a Vara do Arco, e a *Lei Espiritual de Cura* se parece com um Olho em pé.

Alce Real: *"Lei Universal do Amor".*

Hau.

Assim,
a Nação Águia vem trazer o Amor do Criador para vocês.
E, porque esta é a Lei invocada — a *Lei Universal do Amor* —
em verdade Um Olho invoca a Bênção
para todas as Pessoas da Mãe-Terra
para que, pelo Poder do Espírito, o Espírito da Águia
***todas* as Nações sejam abençoadas pelo Amor.**
Que a verdadeira Consciência do Amor, que é uma *Chama Viva*,
esta Chama Gêmea Inextinguível de sua Irmã Lirana,
venha a você para despertar sua Memória, seu Coração, seu Amor.

Compreendam que, quando você invoca sobre a Porta Oriental, o despertar vem de dentro. E, realmente, a Iluminação da hora é a *Lei do Amor* para que esta Consciência possa estar em Todos os Parentes — a Família da Mãe-Terra.

Invocamos a *Antakarana* para que nos una com esta Lei,
para que o Coração da Terra,
para que o Coração do Sol
e o Coração do Criador,
por meio da Medicina do espírito,
despertem o Amor em todos nós.

É nesse momento da Cerimônia que vocês devem oferecer suas Orações à Águia. Por isso, perguntamos se a Mulher de Capela tem alguma oração (ou se prefere fazê-las em silêncio).

[As orações são oferecidas.]

Hau. A Águia abençoa as Mentes das Crianças para que possam ser bem orientadas e ensinadas; para que *todos* da Sétima Geração, que está por vir na Verdadeira Medicina do Espírito da Águia, nisto agora vivam; que eles possam Andar na Iluminação dos Avôs no Leste, os Senhores do Tempo, vindos pelo Poder do Espírito para trazer a Ponte de Arco-íris e as Almas dos Mestres ainda não nascidos.

Assim, Um Olho recorre agora aos *Poderes do Sul* para que as Nações Lobo em torno do mundo sejam abençoadas, para que o Professor em *todos* seja energizado e que a força venha, para que, por meio de cada desafio, as Pessoas possam repousar. Assim, invocamos o poder da Mãe Sagrada para que traga os Doces Ensinamentos das Revelações da Pulsação e da Aliança dos Povos do Arco-íris.

Por isso, pedimos à Estrela de Prata que nos ofereça uma Lei do Amor do Criador dentre estas três que ainda restam, para o Sul, a apropriada.

Estrela de Prata: *"Lei Universal da Percepção"*.

Assim,
as Nações Lobo,
agora, nos *ouvidos de Todos*,

**esses Lobos do Visível e do Invisível,
dos Clãs Elementais e Estelares,
rodeiam as Pessoas para trazer conforto e calor às suas costas
e para sussurrar Ensinamentos da Doce Verdade, de
Honestidade e de Revelação
nos Ouvidos de toda a Família de Duas Pernas.**

As Palavras da Mãe Sagrada virão por seus Sonhos e suas Visões, pois os Lobos devem falar em seus *ouvidos internos* os Sopros da Visão Sagrada da Mãe-Terra. Pois, de fato, por todos a Oração de Estrela de Prata foi ouvida. E, de fato, a oração do *"Céu na Terra"* é sussurrada *nas orelhas de todos*.

Prestem atenção, Ó Gentes, porque a Nação Lobo, por meio de seus Sonhos e de suas revelações particulares que vêm da Oração, do Riso e da Meditação vão de fato guiar seus passos se vocês decidirem *ascender* com sua Mãe para a *Bem-Aventurança Celeste* de sua *Nova Natureza Estelar*.

"Nenhum deve ser perdido", prometeu a Família Lobo, nenhum dentre os Parentes. Pois essa é a Proteção da Mãe Sagrada do Sul que esses Grandes Professores trazem consigo.

E nesse Coração, a Antakarana está batendo agora, para que a Missão do Lobo pela Experiência Terrestre e a purificação de seu andar esteja no ritmo da Pulsação da Mãe-Terra, do Pai Sol, na Pulsação Universo, do Coração do Criador.

E Um Olho agora chama o Oeste, para realizar os desejos das Avós. As Nações Urso ele chama.

Um Olho escolheu, para abençoar as Pessoas: a *Lei Espiritual da Visão Futura*, para ser colocada no quadrante ocidental.

Pois o Urso que Anda abriu os Pórticos que haviam sido fechados. Pois as Pessoas andaram com as Avós por quatro quinzenas — duas Luas e mais uma pequena caminhada. E, assim, as Nações Urso encontram as Pessoas da Ilha Tartaruga *completas* e abrem a Verdadeira Visão — a Visão das Avós, chamada "O Silêncio" — dentro de cada um.

Assim, as mãos do Urso não estão mais atadas. Estão livres para sua Prática da Medicina. Elas invocaram uma Visão Futura da Graça das Avós com você. E por intermédio dessas Nações Urso *todos* do mundo são abençoados. Pois o Caminho Interior, o Caminho do Silêncio, é a Dança em Torno da Estaca, de forma que os desejos das Avós se estabelecem entre as Pessoas. Pois esta é a Oração de Um Olho, que com as Avós as Pessoas estejam.

Seja por meio das garras, da mordida, da presença reconfortante ou da Visão Futura, os Clãs Urso estão tratando de ti. E todos em torno do mundo estão sentindo os Ensinamentos do Grande Mistério.

Assim, o Irmão Um Olho invoca a Estrela Central, a *Antakarana do Coração do Criador*, para atender às Orações, ao Riso, ao Silêncio das Avós da Mãe-Terra.

Neste momento, Um Olho invoca o Pórtico do Norte para que a Cura, a Purificação e a Renovação possam vir às Pessoas e trazer sua centelha à vida delas. Por meio da limpeza dos Rumos do Amor do Pai, El Morya fala pelo Escudo do Coração do Pai, esta Estrela do Norte. Pedimos que Alce Real fale.

Alce Real: *"Hau Ate, Ista Wanzi, Tunkasila, wopida. Waziyara kiya na Wicahpi Oyate*, a *Lei Universal de Cura"*.

A *Lei Sagrada de Cura* é o Segundo Pórtico da Porta Setentrional e o Cisne Nevado traz a *graça* para esse círculo e para todos. Assim como o vento amargo, Tate do Norte; assim como os *fortes construtores*, o Povo Castor do Avô Tempo — *Shang Ti*, o Senhor do Tempo. Assim, Um Olho invoca esta *Lei da Cura. E, por meio das Orações do Alce Real, envia essa Cura para que as Famílias de todos em todo o mundo estejam no Rumo do Andar, do Andar pelo Caminho Sagrado, como Uma Só Família, Um Só Coração.*

Na verdade, a Nação Búfalo vem ao Norte e traz essa Cura às Pessoas: O Chifre do Búfalo Branco — as Leis e Verdades do Criador que foram moldadas pelo Tempo e pela Oração, as Meditações, os Risos da Mulher Novilha Sagrada — Fazedor da Oração Sagrada.

> Assim, para as Famílias do Mundo,
> Um Olho vê
> as Nações Búfalo
> trazendo a Cura por meio de sua Oração.
> De fato, as Passagens do Tempo
> se *abriram de par em par*
> e a Porta do Norte
> é a Grande Porta,
> o Altar Estelar aberto aqui.
> Por meio dela, as Nações Búfalo Estelares
> inundam agora a Terra
> com sua *presença permanente*
> e suas Orações pela Cura;
> pela Família e por Tudo.
>
> Pois a Família é o Rumo
> desta Era de Aquário,
> esta Era dos Matreiros, os Heyoka,
> a Era do Riso, da Oração e de Entrar em Si Mesmo.
>
> Por isso, Um Olho
> invoca *Antakarana*,

o Coração do Criador
que bate dentro da Mãe-Terra,

ao Pai Sol, Universo e Estrela Central,
para que o Norte,
para que o Leste,
para que o Sul,
para que o Oeste,
ressoem como uma Estrela Sagrada.

Para que a Cura do Coração do Pai,
pelas Orações da Nação Búfalo,
possa ser Uma Só
com os Ensinamentos do Céu sobre a Terra da Nação Lobo,
Para que possa ser Uma Só
com a Iluminação dos Rumos Sagrados do Amor,
que a Nação Águia traz.
Assim como em equilíbrio
com os ensinamentos das Avós,
os Modos de Oração das Avós Urso
de Penetrar no Silêncio.
Da mesma forma, recorremos
a estas *Leis Espirituais e Universais:*
o *Amor*, a *Percepção*,
a *Visão Futura*, a *Cura,*
sejam enviadas por todo o mundo.

Para que, por meio da *Antakarana*,
este Altar Estelar do Coração do Criador
possa agora emitir
o *pulso primordial*
para recriar por intermédio
do Avô Tempo
da Avó Amor.

Assim, desejamos que as Pessoas compreendam que este *pulso primordial* foi emitido. E o Coração do Criador está alinhando a Terra, o Sol, o Universo com o Coração do Criador. Ele está sendo ancorado nesse lugar pelo *Poder das Quatro Direções.*

Para que a Águia, o Lobo,
o Urso, o Búfalo,
desse Altar Estelar
do Coração do Criador
se esteiem na presença
da *Cura*, do Amor,
da Percepção e da Visão Futura
para todos os Parentes

da Família da Mãe-Terra
aconchegados em seu útero.

Compreendam também, Ó Gentes, que esta Cerimônia agora está completa — este *Altar Estelar do Criador*. Compreendam também: os outros dois Altares relacionados a esse Altar Sagrado do Coração do Criador, que é em verdade a *Antakarana* que une um ao outro, como o todo, como a parte.

E a *Antakarana* une o Sol Central ao Coração incandescente da Mãe-Terra.

E os de Duas Pernas se unem com seus Parentes: Pedra, Planta, Árvore, Nações Animais.

E andam com o Mundo Espiritual, **Andrômeda**, como o Reflexo da Via Láctea no Espelho de Cristal.

Andam com os **Mestres das Sete Estrelas**, que são o *Altar do Menino Sagrado*.

Para que as **Sete Mulheres Estelares da Mãe-Terra** venham quando vocês invocam este *Altar Estelar das Sete Estrelas*.

Quando vocês invocam as *Quatro Portas de Metatron* para cumprir a Cura do Coração, da Mente, do Corpo e do Espírito.

Para que primeiro venham os Parentes Estelares: **as Plêiades Sagradas, Sirius, Lira, Arcturus, Andrômeda, Grande Sol Central.**

Da mesma maneira, por meio da influência de **Mammy**, por meio das *Portas da Vida*, vem a Presença Coroadora deste *Altar Triuno das Estrelas*.

Para que, de fato, **Emmanuel, Quan Yin, St. Germain** e seu filho *Um Olho* venham a vocês para estar em sua presença, para falar, para aliviar todas as dores.

E os **Dois Eloim** da Terra vêm, para que aqui no Coração das Montanhas Negras — **Menino Sagrado** e **Estrela Rodopiante** estejam.

Dessa maneira, vocês vêem, Ó Parentes, que os Protetores destes Altares Estelares são sua Família Espiritual que tem seu esteio bem aqui com vocês, que andam na Terra a seu lado, que compartilham seu caminho: eles são sua Família.

Portanto, quando vocês fazem apelo aos *Altares do Criador,* às *Quatro Direções* e invocam o *Altar do Menino Sagrado* — as *Sete* — e invocam o *Altar de Muitas Faces, Mammy, Metatron* — dessa forma, em verdade, as Nações Estelares e os Mestres Ascensionados vêm à sua presença.

Portanto, Ó Gentes, saibam que *um Grande Dom foi dado a vocês*.

Pois esses Altares Estelares são os Ritmos da Sagrada Trindade — as Chamas do *Amor*, da *Luz* e da *Paz* das *Leis Estelares Dentro de Vocês,* que emanam dos *Quatro Fogos Sagrados do Manancial das Direções:*

Os Poderes do Leste: *Unidade*.
do Sul: *Harmonia*.
do Oeste: *Verdade*.
e do Norte: *Liberdade*.

Para que, de fato, pelos Ensinamentos do Arcanjo Miguel, essas Cerimônias sejam guardadas com Espada e Escudo, com Orações, com as balanças da Fé, da Devoção e do Amor.

Em verdade, quem quiser vir a estes Altares, com o uso da *Teia da Vida* e do *11:11 das Sagradas Leis Estelares* dadas, pode fazer apelo à **Estrela da Manhã**.

E ao andar com essas **Medicinas de Emmanuel, Quan Yin, Saint Germain** e seu filho **Um Olho**, na Sagrada Estrela Rodopiante do 11:11, *os Ensinamentos do Criador sobre a Estrela da Manhã deverão novamente retornar à Terra.*

Por isso, suplicamos às Pessoas para
DESPERTAR, DESPERTAR, DESPERTAR.
Realizem esses Altares com Dignidade, com Amor e Sabedoria.

Eu sou Um Olho,
Protetor e Guardião destes Altares do Coração do Criador,
para que de fato vocês possam Dançar com o Um,
para que vocês possam Dançar com os Sete,
para que vocês possam Dançar com os Doze dos Treze.

Parentes, foi muito divertido.
Agora, rumo a seu Destino!

Cerimônia das Estrelas

Profecia da Roda do Arco-íris Rodopiante
Altares da Estrela da Manhã
Mensagem Arco-íris de Andrômeda

Mensagem de Andrômeda

Metatron, Muitas Faces e Mãe Universal queriam falar às Crianças ainda uma vez!
Nosso tópico de discussão são os *Poderes Latentes dos Altares Estelares.*
Queremos certificar-nos de que as Pessoas conhecem a Aliança Sagrada da Ilha Tartaruga:

O Arco-íris Rodopiante!

O Arco-íris Rodopiante é a **Presença** *de seus Ancestrais Estelares* que vêm para se reunir novamente a vocês.
O Arco-íris Roodopiante é a Aliança de Todos os seus Ancestrais:

**Vermelho, Branco, Preto, Amarelo
Telestial, Terrestrial, Celestial
Mineral. Vegetal. Animal. Espírito!**

O Arco-íris Rodopiante é a **Energia** *de sua Transformação:*
Translação — Ressurreição — Transfiguração — Ascensão
Por intermédio dos Altares Estelares das Quatro Portas de Metatron
Altar Estelar do menino Sagrado
Altar Estelar do Criador
e Altar da Estrela da Manhã!
Para compreender um Altar Estelar vocês precisam compreendê-los todos.
Na verdade, vocês devem compreender o que está por trás de tudo:

O Arco-íris Rodopiante!

O Arco-íris Rodopiante é seus Governos **planetários divinos.**
Dividem-se mais ou menos assim:

Chohans de Luz

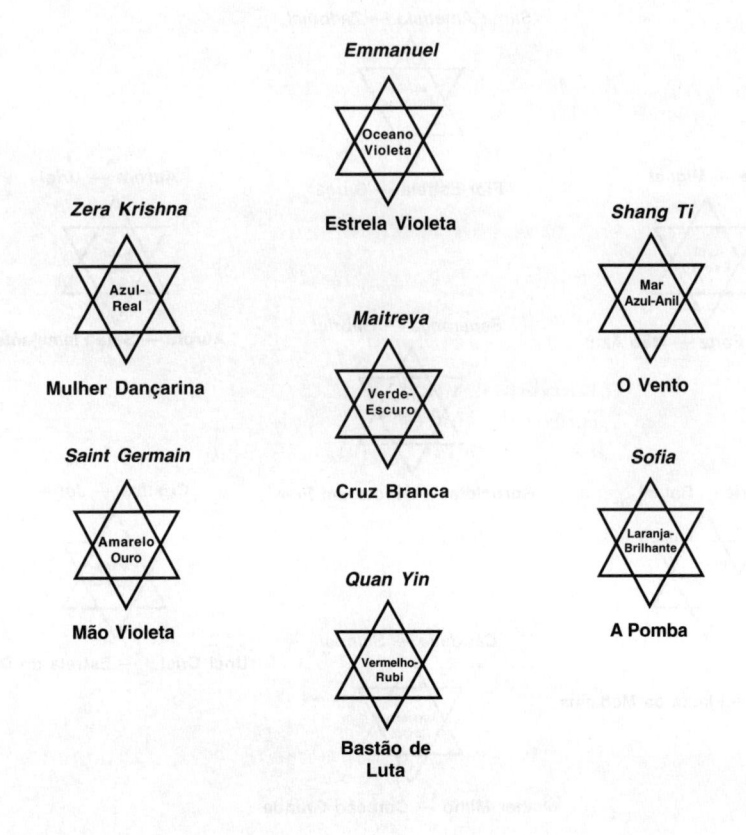

Emmanuel
Oceano Violeta
Estrela Violeta

Zera Krishna
Azul-Real
Mulher Dançarina

Maitreya
Verde-Escuro
Cruz Branca

Shang Ti
Mar Azul-Anil
O Vento

Saint Germain
Amarelo Ouro
Mão Violeta

Quan Yin
Vermelho-Rubi
Bastão de Luta

Sofia
Laranja-Brilhante
A Pomba

Arcanjos e Arquéia

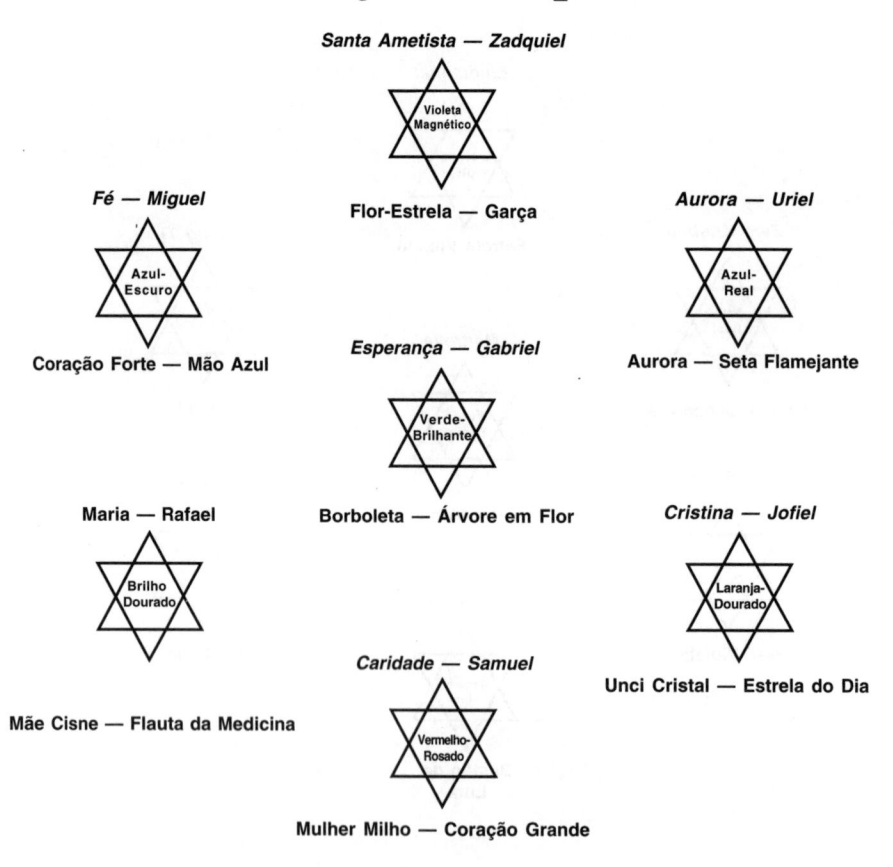

Santa Ametista — Zadquiel

Violeta Magnético

Fé — Miguel *Flor-Estrela — Garça* *Aurora — Uriel*

Azul-Escuro   Azul-Real

Coração Forte — Mão Azul

Esperança — Gabriel

Aurora — Seta Flamejante

Verde-Brilhante

Maria — Rafael Borboleta — Árvore em Flor *Cristina — Jofiel*

Brilho Dourado   Laranja-Dourado

Caridade — Samuel

Unci Cristal — Estrela do Dia

Vermelho-Rosado

Mãe Cisne — Flauta da Medicina

Mulher Milho — Coração Grande

Arco-íris dos Porta-Leis

Eloim

Vitória — Arcturus

(Chama Violeta)

Virgínia — Ciclopéia　　*Águia Dourada — Martim-Pescador*　　*Aloha — Paz*

(Azul-Brilhante)　　　　　　　　　　　　　　　　　　　　　　　(Anil-Brilhante)

　　　　　　　　　　　　　　　　Astrea — Pureza

Donzela do Relâmpago — Um Olho　　　　　　　　　　Mulher Golfinho — Chefe da Paz

(Verde-Profundo)

Estrela do Arco-íris Rodopiante — Menino Sagrado

Amora — Eros　　　　　　　　　　　　　　　　　　　　*Lumina — Apolo*

(Amarelo-Brilhante)　　　　　　　　　　　　　　　　　　(Laranja-Profundo)

　　　　　　　　　　　　　Amazônia — Hércules

Estrela da Noite — Homem Estelar　　　　　　　　　　Unci Lua — Águia Solar

(Magenta)

Lança do Relâmpago — Leão da Montanha

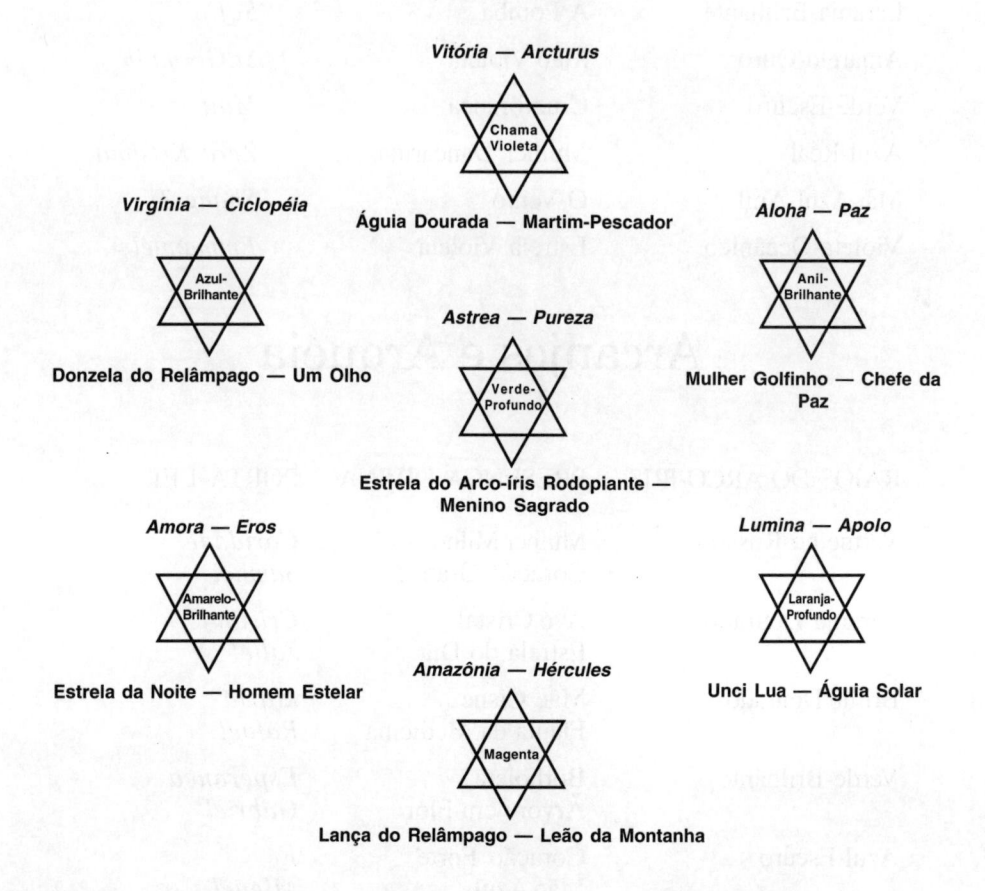

Arco-íris dos Espíritos da Natureza

Mestres de Luz

RAIO DO ARCO-ÍRIS	PRESENÇA SAGRADA	MESTRE PROFESSOR
Vermelho-Rubi	Bastão de Luta	*Quan Yin*
Laranja-Brilhante	A Pomba	*Sofia*
Amarelo-Ouro	Mão Violeta	*St.Germain*
Verde-Escuro	Cruz branca	*Maitreya*
Azul-Real	Mulher Dançarina	*Zera Krishna*
Mar Azul-Anil	O Vento	*Shang Ti*
Violeta-Oceânico	Estrela Violeta	*Emmanuel*

Arcanjos e Arquéia

RAIOS DO ARCO-ÍRIS	PRESENÇA DIVINA	PORTA-LEI
Vermelho-Rosado	Mulher Milho Coração Grande	*Caridade* *Samuel*
Laranja-Dourado	Avó Cristal Estrela do Dia	*Cristina* *Jofiel*
Brilho Dourado	Mãe Cisne Flauta da Medicina	*Maria* *Rafael*
Verde-Brilhante	Borboleta Árvore em Flor	*Esperança* *Gabriel*
Azul-Escuro	Coração Forte Mão Azul	*Fé* *Miguel*
Azul-Real	Aurora Seta Flamejante	*Aurora* *Uriel*
Violeta-Magnético	Morugem Garça	*Santa Ametista* *Zadquiel*

Eloim

RAIO DO ARCO-ÍRIS	PRESENÇA SUBLIME	PASTORES ESTELARES
Magenta	Lança do Relâmpago Leão da Montanha	*Amazônia* *Hércules*
Laranja-Profundo	Avó Lua Águia Solar	*Lumina* *Apolo*
Amarelo-brilhante	Estrela da Noite Homem Estelar	*Amora* *Eros*
Verde-Profundo	Arco-íris Rodopiante Menino Sagrado	*Astrea* *Pureza*
Azul-Profundo	Donzela do Relâmpago Um Olho	*Virgínia* *Ciclopéia*
Anil-Brilhante	Mulher Golfinho Chefe da Paz	*Aloha* *Paz*
Chama-Violeta	Águia Dourada Martim-Pescador	*Vitória* *Arcturus*

Quer dizer, **Metatron, Muitas Faces e Mammy** vêem desse modo, Uma Aliança do Arco-íris Rodopiante que seus Antepassados fizeram para que eles pudessem viver novamente.
Novamente é Agora!
O Arco-íris Rodopiante está aqui outra vez!

A ação Rodopiante é o Poder da Trindade:
Os Antigos Professores — *Os Chohans*
Os Porta-Leis — *Arcanjo* — *Arquéia*
Protetores da Terra — *Eloim* — *Eloim* — *Eloim*

Nós somos seu Governo e Aliança Sagrados.
As Trindades do Arco-íris trazem estes quatro Altares Estelares
Altar da *Translação* — Quatro portas de Metatron
Altar da *Ressurreição* — Estrela do Menino Sagrado
Altar da *Transfiguração* — Altar Estelar do Criador
Altar da *Ascensão* — Altar da Estrela da Manhã

O Arco-íris Rodopiante é a ação que energiza esses **Altares Estelares**:
Os Chohans dançam o Reiki por meio das *Quatro Portas de Metatron*.
Os Arcanjos evangelizam a Lei Estelar através do
Altar das Sete Estrelas.
Os Elohim harmonizam a Árvore da Vida por meio do
Altar Estelar do Criador.
O Arco-íris Rodopiante cura a Consciência e a Freqüência
por meio do *Altar da Estrela da Manhã*.

As Quatro Portas de Metatron

Para realizar uma cerimônia das Quatro Portas, você deve conversar com os Chohans.
A Linguagem da comunicação é o Reiki por meio do Símbolo e da Harmonização:

Chacra	Símbolo Reiki	Harmonização com Chohan
Raiz	Serpente de Fogo Tibetana	Quan Yin
Sacro	*Raku*: Espírito do Relâmpago	*Espírito Santo — Sofia*
Solar	*Sei he Ki*: Dragão da Proteção	Saint Germain
Coração	*Hon Sha Ze Sho Nen*: Ponte do Arco-íris	Maitreya
Garganta	*Cho Ku Rei:* Poder do Universo *Krya*: Tudo é Um	Zera Krishna
Olho	*Dai Ko Myo* Tibetano: Dança em Graça	Shang Ti
Coroa	*Dai Ko Myo* Usui: Rumos do Mestre	*Emmanuel*

A discussão diz respeito aos 12 Reinos da Humanidade nas Quatro Portas do Coração, Mente, Corpo e Espírito da Unidade Espiritual e do Indivíduo.

O tópico são os Pólos Centrais da Vida Humana:
Pórticos de *Purificação, Cura, Renovação*
Pórticos de *Sabedoria, Iluminação, Conhecimento*
Pórticos de *Pureza, Inocência, Verdade*
Pórticos de *Introspecção, Silêncio, Reverência*

A Comunhão é andar pelas Quatro Portas — 12 Leis com a Dança Reiki dos Chohans!
O resultado é a translação da fraqueza humana para a Força dos Mestres.

Translação Reiki dos Chohans

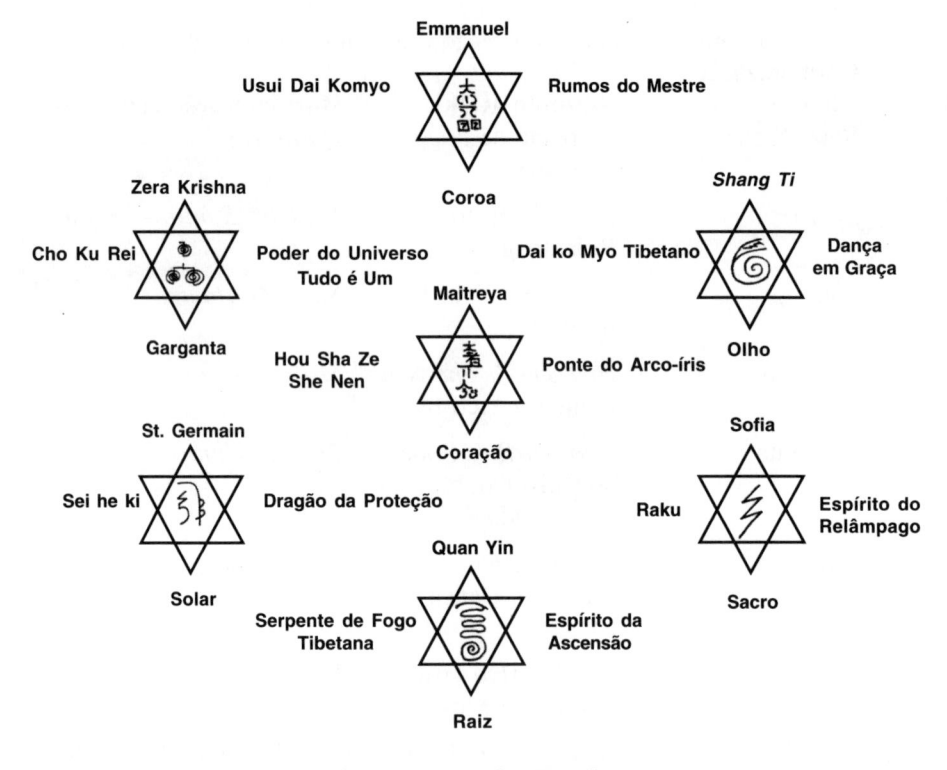

Emmanuel

Usui Dai Komyo — Rumos do Mestre

Coroa

Zera Krishna — *Shang Ti*

Cho Ku Rei — Poder do Universo / Tudo é Um — Dai ko Myo Tibetano — Dança em Graça

Maitreya

Garganta — Olho

Hou Sha Ze She Nen — Ponte do Arco-íris

St. Germain — Sofia

Coração

Sei he ki — Dragão da Proteção — Raku — Espírito do Relâmpago

Quan Yin

Solar — Sacro

Serpente de Fogo Tibetana — Espírito da Ascensão

Raiz

Arco-íris do Reiki

Estrela do Menino Sagrado:
Altar das Sete Estrelas

Os Arcanjos são os enviados. As *Leis Universais e Espirituais* são seus instrumentos;
Nós somos sua linha de frente e também sua retaguarda!
Assim, para andar com o Menino Sagrado, você deve falar a linguagem dos Anjos e também a dos Arcanjos:

Arcanjo-Arquéia	Dispensação do Raio	Favoritas
Samuel Caridade	**Amor**	*Lei Universal do Amor* *Lei Universal da Vida* *Lei Espiritual da Cura,* *Força, Saúde,* *Felicidade* *Crescimento* *Espiritual do Homem*
Jofiel Cristina	**Luz**	*Luz, Som e Vibração* *Lei Universal* *do Livre-Arbítrio* *Lei Universal da* *Natureza* *Lei Universal da* *Simetria, Inocência,* *Verdade e Família* *Lei Espiritual da* *Escolha*
Rafael Maria	**Paz**	*Lei Espiritual da* *Igualdade* *Lei Universal da* *Percepção* *Proteção Espiritual* *da Família* *Lei Universal da Vida* *Crescimento* *Espiritual do Homem*
Gabriel Esperança	**Unidade**	*Lei Universal da* *Simetria* *Lei Universal da* *Mudança*

		Movimento e equilíbrio *Lei Universal da Vida* *Lei Espiritual* *da Visão Futura* *Lei Universal da* *Natureza, Força,* *Saúde, Felicidade*
Miguel Fé	**Harmonia**	*Lei Espiritual da* *Escolha,* *Luz, Som e Vibração* *Proteção Espiritual* *da Família* *Lei Espiritual da* *Proteção* *Lei Universal* *da Percepção* *Lei Universal da* *Natureza* *Força, Saúde,* *Felicidade Inocência,* *Verdade e Família*
Uriel Aurora	**Verdade**	*Lei Universal* *do Livre-Arbítrio* *Lei Universal da* *Mudança* *Lei Universal da Vida* *Lei Espiritual da* *Visão Futura* *Luz, Som e Vibração*
Zadquiel Santa Ametista	**Liberdade**	*Liberdade Espiritual* *do Homem* *Lei Universal da* *Simetria* *Lei Universal do* *Amor, Inocência,* *Verdade e Família Lei* *Espiritual da Intuição* *Lei Universal do* *Julgamento* *Lei Espiritual do* *Carma*

Para que, quando vocês andarem pelas Sete
Estrelas com o Menino Sagrado
Pela Coroa e Raiz, Garganta e Sacro
Pelo Olho e Solar, Encerrados no Coração,
Com o Altar das Seis Consciências
Os Arcanjos e Arquéias trarão a Ordem Estelar para
a Terra e as Pessoas
O Mineral e o Vegetal
O Animal e o Espírito!
Assim, a Ressurreição está na Terra!
A conseqüência é a Ressurreição da Sabedoria e do Respeito!

Ressurreição Estelar Arcangélica

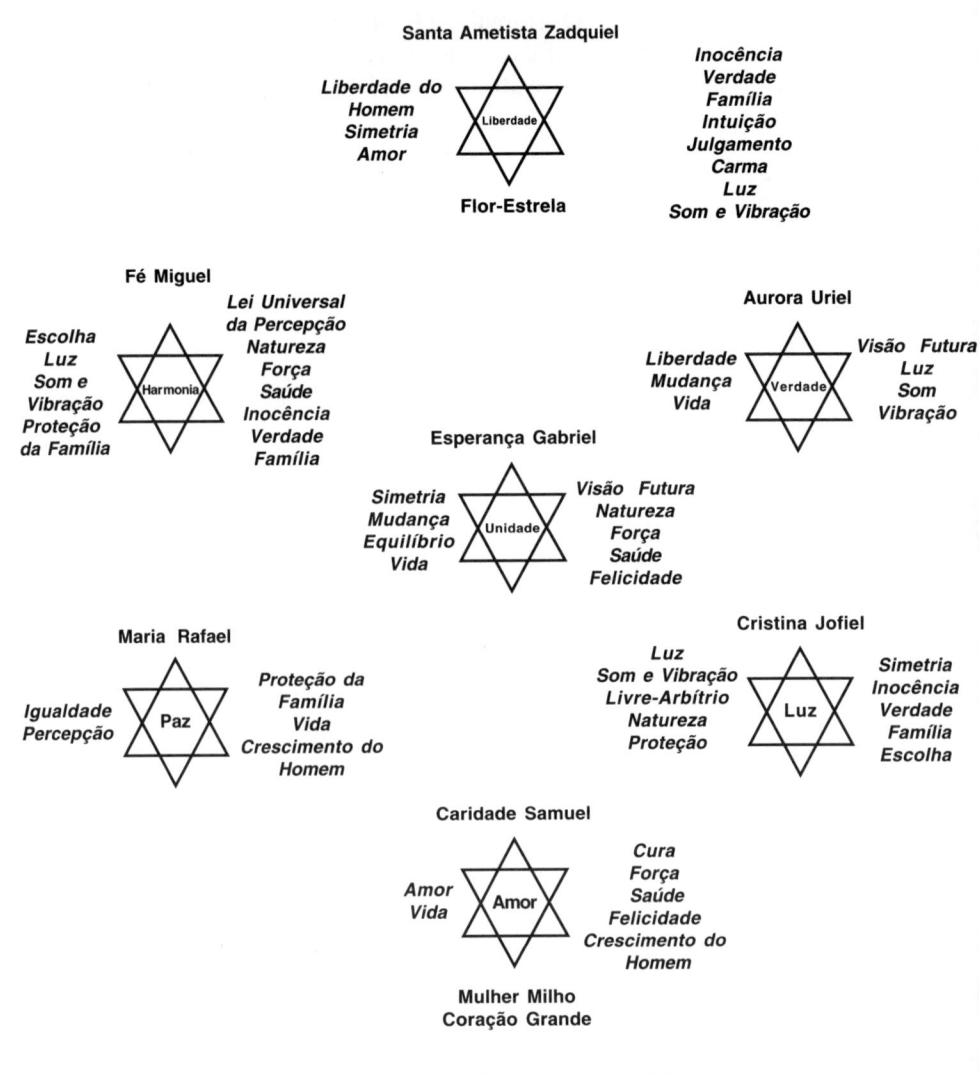

Santa Ametista Zadquiel

Liberdade do
Homem
Simetria
Amor

Liberdade

Inocência
Verdade
Família
Intuição
Julgamento
Carma
Luz
Som e Vibração

Flor-Estrela

Fé Miguel

Escolha
Luz
Som e
Vibração
Proteção
da Família

Harmonia

Lei Universal
da Percepção
Natureza
Força
Saúde
Inocência
Verdade
Família

Aurora Uriel

Liberdade
Mudança
Vida

Verdade

Visão Futura
Luz
Som
Vibração

Esperança Gabriel

Simetria
Mudança
Equilíbrio
Vida

Unidade

Visão Futura
Natureza
Força
Saúde
Felicidade

Maria Rafael

Igualdade
Percepção

Paz

Proteção da
Família
Vida
Crescimento do
Homem

Cristina Jofiel

Luz
Som e Vibração
Livre-Arbítrio
Natureza
Proteção

Luz

Simetria
Inocência
Verdade
Família
Escolha

Caridade Samuel

Amor
Vida

Amor

Cura
Força
Saúde
Felicidade
Crescimento do
Homem

Mulher Milho
Coração Grande

Arco-íris da Harmonia Estelar

Transfiguração da Vida dos Elohim

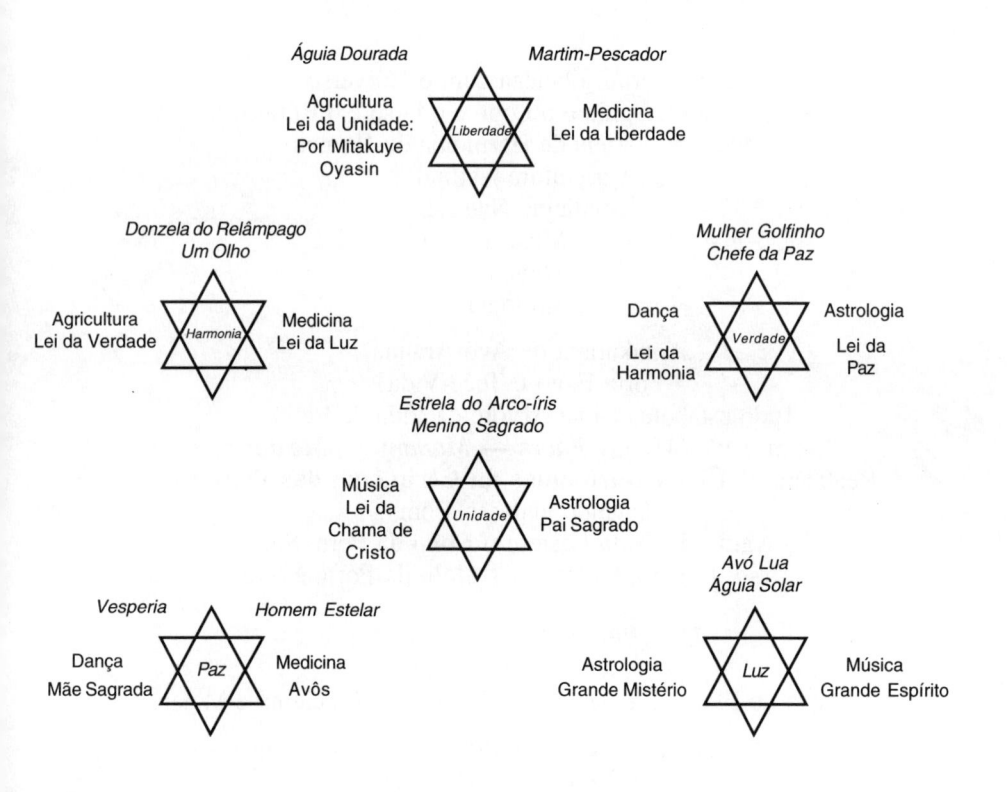

Águia Dourada   *Martim-Pescador*

Agricultura   **Liberdade**   Medicina
Lei da Unidade: Lei da Liberdade
Por Mitakuye
Oyasin

Donzela do Relâmpago   *Mulher Golfinho*
Um Olho   *Chefe da Paz*

Agricultura   **Harmonia**   Medicina   Dança   **Verdade**   Astrologia
Lei da Verdade   Lei da Luz   Lei da   Lei da
                                          Harmonia   Paz

Estrela do Arco-íris
Menino Sagrado

Música   **Unidade**   Astrologia
Lei da   Pai Sagrado
Chama de
Cristo

                                                      Avó Lua
                                                    Águia Solar

Vesperia   *Homem Estelar*

Dança   **Paz**   Medicina   Astrologia   **Luz**   Música
Mãe Sagrada   Avôs   Grande Mistério   Grande Espírito

Altar Estelar do Criador

Para co-criar a beleza com o Universo
Andem com a Águia e o Lobo e o Urso e o Búfalo!
Andem na Estrela de Harmonia do Homem:
Agricultura Natural
Medicina Natural
Música
Dança
Astrologia

Antakarana da Avó Aranha,
Porta-Fogo e Tece-Vida
Tudo estabelecerá na Árvore da Vida de Eloim!
Assim dizem **Muitas Faces — Mammy — Metatron,**
Realizem as **Cinco Harmonias da Cerimônia das Estrelas**
Quando andarem com
a **Águia** da Porta Leste e o **Lobo** da Porta Sul,
o **Urso** da Porta Oeste e o **Búfalo** da Porta Norte,

Um Olho da Porta do Criador!
Invoquem! Orem, invoquem!
A Canção do Elohim, a Dança e as Estrelas, a Medicina e Maiar!

Através das Harmonias de **Elohim** — As Sete Estrelas —
Ore! Ria! Vá dentro de si!
E harmonize-se
com o Grande Jardim Pacífico da Terra da Mãe!
Assim, o Poder do Espírito através dos Eloim,
por intermédio da Árvore da Vida da Mãe,
Transfigura a ilusão humana na Pulsação da *Antakarana!*

Altar da Estrela da Manhã

Vermelho, Branco, Preto, Amarelo
Telestial, Terrestrial, Celestial
Mineral, Vegetal, Animal, Espírito!
São as Dimensões do 11:11:
O Conselho dos 22.

Ascensão é o Caminho da Estrela da Manhã!
A Estrela da Manhã é a ação do Arco-íris
do **Reiki** do Chohan
da **Lei Estelar** Arcangélica
da **Árvore da Vida** dos Elohim.

A Estrela da Manhã é a ação 11:11 por meio do
Altar dos 13: *Translação*
Altar dos Sete: *Ressurreição*
Altar dos Cinco: *Transfiguração*
Altar dos 22: *Ascensão.*

O Arco-íris Rodopiante cura a Consciência, cura a Freqüência.

Por meio do 11:11 da Estrela da Manhã,
Por meio do Altar dos 22 de Emmanuel
os Chohans dançam o **Reiki** do Altar dos 12.

Os Arcanjos — as Arquéias integram as **Leis Estelares**
por meio da Estrela do Menino Sagrado.

Os Elohim harmonizam as Relações e equilibram a Criação
— **a Árvore da Vida da Mãe-Terra** —
Pelo Altar das Quatro Direções;
O Arco-íris Rodopiante da Estrela da Manhã
— Elohim e Arcanjo e Chohan —
Co-criam a Ascensão de
Vermelho, Branco, Preto, Amarelo
Telestial, Terrestrial, Celestial
Mineral, Vegetal, Animal, Espírito!

Antakarana do Coração de nossa Mãe!

Ascensão do Arco-íris da Estrela da Manhã

Arco-íris Rodopiante	Ação	Consciência	Freqüência
Chohans	Reiki	Humanidade	**Terra das Avós e dos Avôs** 7:21
Arcanjos Arquéias	**Leis Estelares**	*Mitakuye Oyasin*	**Sete Estrelas** 11:11
Elohim	**Arco-íris Galáctico Árvore da Vida**	Cósmica	**Antakarana** 13:20
Estrela da Manhã	**Estrela do Arco-íris Merkaba**	Intradimensional	**Reinos Ascensionados** 11:11::11:11

Ascensão do Arco-íris da Estrela da Manhã

NORTE
INVERNO
Estrela da Manhã

7:21
Estrela do
Arco-íris
Merkaba

Estrela da Manhã

11:11::11:11
Vênus:
Intradimensional

Ascensão
Reinos Ascencionados

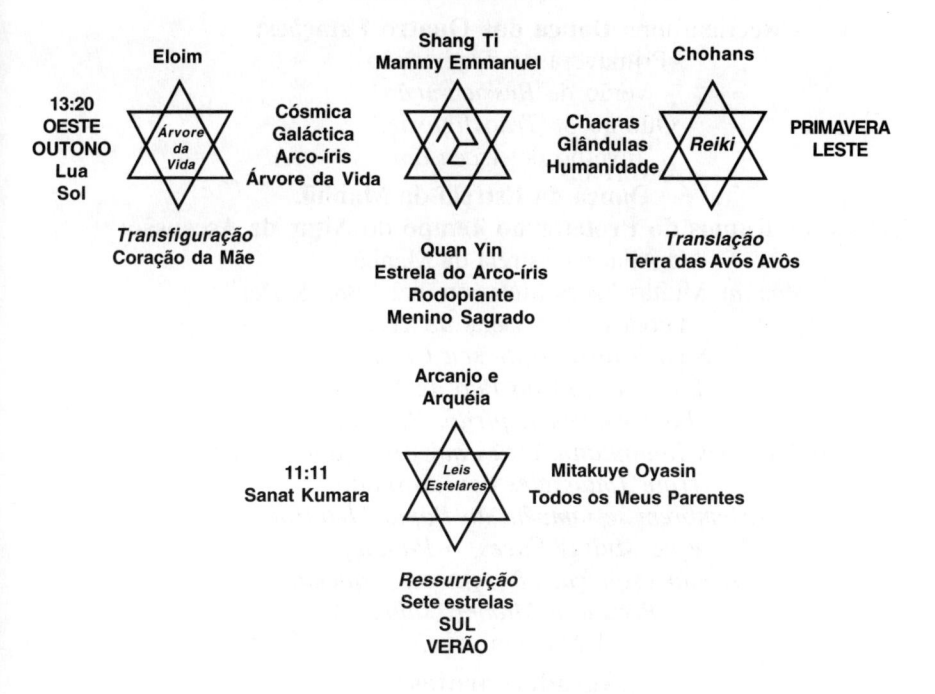

Eloim

Shang Ti
Mammy Emmanuel

Chohans

13:20
OESTE
OUTONO
Lua
Sol

Árvore da Vida

Cósmica
Galáctica
Arco-íris
Árvore da Vida

Chacras
Glândulas
Humanidade

Reiki

PRIMAVERA
LESTE

Transfiguração
Coração da Mãe

Quan Yin
Estrela do Arco-íris
Rodopiante
Menino Sagrado

Translação
Terra das Avós Avôs

Arcanjo e
Arquéia

11:11
Sanat Kumara

Leis Estelares

Mitakuye Oyasin
Todos os Meus Parentes

Ressurreição
Sete estrelas
SUL
VERÃO

Arco-íris de Emmanuel

Portanto, através das ações de
11 Leis Universais
11 Leis Espirituais
Quatro Altares em Quatro Dias:
Dia dos Mestres
Dia das Asas Arcangélicas
Dia dos Arco-íris de Elohim
Dia das Estrelas do Arco-íris Rodopiante!
Curam os Três Mundos, as Quatro Raças e os Quatro Reinos!
Recriam uma **Dança das Quatro Estações:**
Primavera de *Translação*
Verão de *Ressurreição*
Outono de *Transfiguração*
Inverno de *Ascensão!*

Tal é a **Dança da Estrela da Manhã.**
Tais são os **Rumos do Protetor do Tempo** do **Altar da Ascensão:**
O Altar da Estrela da Manhã.
Mammy Muitas Faces Metatron diz: "Boa Sorte!"
A todas as Pessoas da Terra!
Siga o instinto de seu Coração.
Ele te levará ao Pão de Milho!
Falem a seu Espírito, Pessoal
o Arco-íris Rodopiante está aqui pra ajudar 'ocês!
Trate Todos eles com Respeito.
E lembrem-se também do Papai Metatron
e de Muitas Faces, o Palhaço.
E não esqueça, não, nunca esqueça.
Porque a Mammy sabe.
A Mammy sabe!

Agradecimentos
às Hostes Celestiais e
Aos Servos da Criação
(*Os visíveis e os invisíveis*)
Um caloroso *"Muito Obrigada"* **a nossa**
Federação Galáctica.